U0063230

# 天未亮

台灣歷史館 12

追憶一九四九年四六事件（師院部分）

處理違警事件起因
警員學生發生糾紛
臺大、師院學生一度列隊向警局
請願，已有結果。

藍博洲 著

晨星出版

# 目次

卷一

# 天未亮——四六事件紀實

# 一九四九年四六慘案始末

一九四九年三月廿日，晚上九點十五分左右，台大法學院一年級學生何景岳和師範學院博物系學生李元勳，共乘一輛腳踏車，經過大安橋附近時，被中山路（一說中正東路）派出所的謝延長警員看見；謝姓警員認為這兩名學生違反交通規則，於是上前取締；因而發生衝突。兩名學生被警員打了好幾下，並於十點左右，押送臺北市第四警察分局拘押，事態即由此展開。

## 搶救被拘禁的同學

大約十一點十分，首先得到這個消息的師院學生，集合了兩三百人，趕抵肇事警察所屬的台北市第四警察分局交涉；他們沿途唱歌，經過新生南路臺大男生宿舍（當時的大同中學，曾一度改為市女中、金華女中，現在是金華國中）時，聽到歌聲的台大學生，於是也集合參加，出動了四五百名。

到了第四分局，兩校學生便要求警方釋放何、李兩名學生，並要求警察總局局長劉監烈出來向學生道歉。也許是迫於學生的群眾壓力，第四分局局長林修瑜立刻將何、李兩名

處理違警事件起因

# 警員學生發生糾紛

臺大、師院學生一度列隊向警局請願，已有結果。

1949年3月22日《公論報》關於「單車雙載」事件的報導。

學生釋放，並將肇事警員拘押，一面搖電話向總局請示。學生們於是耐心的等候總局長出面。過了一個多鐘頭左右，學生情緒漸漸不耐起來；這時候，台大訓導長鄭通和也乘著傅斯年校長的小汽車趕到現場，疏勸學生；可是學生還是堅決要見總局長。第四分局長又搖了幾次電話，但都沒有結果。不久，警察局的督察長龔經筲趕到現場，代表總局長前來調解，但是學生仍然堅持要由總局長親自解決。

到了廿一日凌晨三點左右，大家覺得再等下去並沒有結果，於是共同決定先回宿舍。之後，學生們就偕同龔經筲和林修瑜回到新生南路台大宿舍的廣場，向其他學生報告事情的始末經過。過了好一會，天已將亮，有些學生支持不下，便提議解散。

## 遊行抗議警察暴行

三月廿一日，上午八點左右，住在公園路宿舍的台大學生首先整隊出發，由女生領先，走到羅斯福路校本部；師院學生也整隊出發。兩校學生經過一度會商，選出台大學生王惠敏（民）等十二名和師院學生趙制陽等六名合組主席團，前往市警局，向劉監烈局長請願。

學生隊伍約千餘人，經整隊後，由台大校本部出發，經南昌街，進入市區；沿途合唱「團結就是力量」歌，並呼口號；碰到經過的車輛都用粉筆寫上：「反迫害」、「保障人身自由」、「反對警察打人」、「反對官僚作風」等標語。十一點，學生隊伍抵達市警局門口。學生們有的坐在路上，有的站立著；圍觀的路人將所有空地都佔滿了。一時之間，警局廣場的空氣頗爲緊張。後來，由主席團成員代表學生進入警局，在樓上會議室，向劉監烈局長交涉。

在商談的過程中，學生代表提出了五項要求：

一、嚴懲肇事人員

二、受傷同學由警局賠償醫藥費

三、由總局長登報道歉

四、請總局長公開向被害同學道歉

五、登報保證以後不發生類似事情

針對學生代表的五項要求，劉監烈局長先是表示要向上峰請示，但是學生代表卻要求他在十分鐘內答覆；結果，劉監烈就在學生的壓力下，當場在那五項要求的書面上簽了字。最後，他又在學生代表的要求下，親自下樓，向廣場上的學生道歉說：「各位今天到本局來，給予我們很多的指示，各位是智識份子，社會中堅……」。

他剛說到這裡，底下的學生就有人抗議說，這種「訓話」式的話，他們不愛聽。劉監烈局長於是改以簡短的語氣表示：肇事警員已經看管起來；登報道歉完全照辦。學生們得到了圓滿答覆，十二點十分，兩校學生於是又整隊，由中華路走回學校。龔經笥督察長和第四分局長林修瑜也離開台大宿舍的閱覽室，回到警局。這場風波才算平息。①

## 兩校學生敬告各界

當「反對警察暴行」的遊行請願結束以後，兩校學生又以「國立台灣大學學生自治會聯合會」和「省立台灣師範學院學生自治會」的名義，共同發表了一份題爲〈爲何李二同學被毆事敬告各界〉的公開聲明。兩天後（三月廿三日），《公論報》以「讀者的話」爲名，全文刊載了這則聲明。

敬愛的父老們：

我們不得不向你們報告一件似甚平常而又極沉痛的事件，即於本月二十日台大何景岳師院李元勳二同學，乘腳踏車經過中正東路時被台北市第四分局中正東路派出所的警員謝延長毆傷。當時何李二同學力辯無效，反被拘送到第四分局，師院同學聞訊，即派代表十餘人乘車趕至第四分局要求立即釋放被捕同學，該分局竟一口否認，不予理睬。是夜十時師院住校同學全體集隊趕至，該分局林局長見勢不佳，乃承認拘捕同學並立刻釋放了何李

學生警察糾紛 業已圓滿解決

【本報訊】前（二十日）晚九時一刻，有師院學生何景岳，及臺大學生李元勳，共乘自行車一輛，經中山路派出所警員謝延長，認為違背警章，前往取締，致發生衝突，至十時許遂將何李二人轉送四分局辦理，約十一時十分，有師院學生二百餘人，包圍四分局提出三項條件：（一）嚴懲肇事人，（二）同學如有傷害，賠償醫藥費，（三）警局長登報道歉。經林分局長應允後，學生於十二時十分，全部回校，約半小時，復有師院、臺大學生三百餘人，再圍四分局，并要求總局劉局長親自到場簽字，以昭信實，劉局長當偕警察長前往，是時臺大鄭訓導長，已先赴到勸勉臺大學生回校，該生等以劉局長未到場，遂勉強偕林二人離開分局，二十一日晨九時，師院及臺大學生數百人，續臨警務總局，要求除前三條件外，加提兩條件：一、請總局長公開向受害學生道歉，二、登報保證以後不發生同樣事件，五項均經劉局長應允，遂分別返校照常上課。

1949年3月22日《新生報》的報導。

讀者的話

敬告各界

為何李二同學被毆事

敬愛的父老們：

我們不得不向你們報告一件似甚平常而又極沉痛的事件，即於本月廿日臺大何景岳師院李元勳二同學，乘腳踏車經過中正東路時被臺北市第四分局中正東路派出所的警員謝延長毆傷。當時何李二同學力辯無效，反被拘送到第四分局，師院同學聞訊，即派代表廿餘人乘車趕至第四分局要求立即釋放被捕同學，該分局竟一口否認，不予理睬。是夜十時師院住校同學全體集隊趕至，該分局林局長見勢不佳，乃承認拘捕同學並立刻釋放了何李二同學，且將警員謝延長綁至該分局門首，欲加體刑，藉以疏導衆怒，此時隊伍中反對之聲大起，同學並聲明立場，我們對事不對人，絕對不要刑罰一個無知的警士，而要主管當局負起平素訓教不嚴之咎。適時臺大同學趕至，一同交涉，共同要求：一、嚴辦肇事警員，二、賠償被傷害同學損失及醫藥費，三、由總局登報道歉，四、由總局局長公開向二位被傷害同學道歉，五、由總局登報保證今後不再發生警察打人事件。這合理的要求，第四分局表示不能負責，一再催總局局長親自答覆同學要求，截至夜深二時許卻來了一位「冒牌」的局長，結果被同學發覺，一致認為警局欺騙，大家非常憤慨，事情更僵持不決，直至四時左右仍不得要領。

今天早上臺大師院全體同學為著迅速解決問題，集合於臺大操場，由大會決定產生主席團，並議決直接到總局交涉，十一時許，隊伍到達總局，由主席團向劉局長重申上述五項要求，結果由局長簽字答應，當時全體同學一致要求局長當面向同學及在場民衆保證，確實履行五項條件，此事件至此大致解決。

父老們，當我們說完這次事件的經過後，我們是被非常沉痛的心情逼迫著，我們知道警察是人民供養的，是用來保護人民生命和財產的安全的，現在反而變為迫害人民的工具，我們站在人民的立場，不得不提出嚴重的抗議！我們反對任何無理欺凌人民大衆的行為，我們要永遠為人民說話，我們呼籲「人權至上，自由第一」我們深信公正而又慈愛的地方父老們，必能予我們以深切的同情與有力的聲援。

國立臺灣大學學生自治會聯合會、省立臺灣師範學院學生自治會同啟

三月廿一日

1949年3月23日《公論報》刊載的學生「敬告各界」書。

二同學，且將警員謝延長綁至該分局門首，欲加體刑，藉以疏導眾怒，此時隊伍中反對之聲大起，同學並標明立場，我們對事不對人，絕對不要刑罰一個無知的警士，而要主管當局負起平素訓教不嚴之咎。適時台大同學趕至，繼續交涉，共同要求：一、嚴辦肇事警員，二、賠償被傷害同學損失及醫藥費，三、由總局登報道歉，四、由總局長公開向二位被傷害同學道歉，五、由總局登報保證今後不再發生警察打人事件。這合理的要求，第四分局表示不能負責，一再電催總局局長，親自答覆同學要求，截至夜深二時許卻來了一位「冒牌」的局長，結果被同學發覺，一致認爲警局欺騙，大家非常憤慨，事情更僵持不決，直至四時左右仍不得要領。

今天早上台大師院全體同學爲著迅速解決問題，集合於台大操場，由大會決定產生主席團，並議決直接到總局交涉，十一時許，隊伍到達總局，由主席團向總局長重申上述五項要求，結果由局長簽字答應，當時全體同學一致要求局長當面向同學及在場民眾保證，確實履行五項條件，此事至此大致解決。

父老們：當我們說完這次事件的經過後，我們是被非常沉痛的心情逼迫著，我們知道警察是人民供養的，是用來保護人民生命和財產安全的，現在反而變爲迫害人民的工具，我們站在人民的立場，不得不提出嚴重抗議！我們反對任何無理欺凌人民大眾的行爲，我們要永遠爲人民說話，我們呼籲「人權至上，自由第一！」我們深信公正而又慈愛的地方父老們，必能予我們以深切的同情與有力的聲援。

國立台灣大學學生自治會聯合會、省立台灣師範學院學生自治會同啓

三月二十一日

從內容來看，針對這場遊行事件的起因與經過，學生的說法與媒體的報導顯然頗有出入。

## 警員投書反駁學生

針對學生的公開聲明，警察當局立即有了不同立場的回應。同樣是在《公論報》的「讀者的話」一欄，第二天（廿四日）立即刊登了一則署名「一警員」的投書：

編者先生：

我們一位同志因執行公務而遭到台大、師院兩校的學生糾集數百乃至千人以上於前昨兩天曾一再搗毀警察第四分局，並強抓警察長、林分局長於臺大宿舍不法監禁一晝夜另外毆傷總局警備隊長等無情無理而擾亂社會治安行爲，這種毀法亂紀的舉動這幾天由報紙上輿論間盡人皆知，並且也是彰彰的事實；但是我們因職務賦予的使命乃以維持社會秩序爲

要旨，故忍辱負重，不願將事擴大，孰知該兩校的學生竟得寸進尺，更無理要求我們向彼等道歉，總局長為弭爭息事，竟忍痛應諾，本為我們全體員警所不認可，同樣預備實行罷勤，並與臺大、師院兩校學生據理力爭，不達目的決不中輟。嗣經游市長，警務處長諄諄告誡，再三慰勉，我們於是打消原意，仍舊固守崗位，照常執行勤務，豈知台大、師院兩校學生竟歪曲事實，於今（二十三日）貴報「讀者的話」欄內，濫放一面之辭，蓋我們才作此嚴正說明。

現在我們要問：該案糾紛之起因，責任無論誰屬，但我們卻被迫而（向）台、師學生

讀者的話

1949年3月22日《公論報》「一警員」反駁學生說法的投書。

道歉，然彼等之糾眾搗毀第四分局，毆傷警備隊長，是否應負賠償責任？並且其何景岳、李元勳兩生違章事實是否應該給予其應得的處分？否則，不但以後我們無法執行任務，更養成我們忍讓而使彼等認爲僥倖得勝的「傲慢」錯誤心理，殆無疑問。

最後，我們要向社會說明：台灣大學，師範學院是得天獨厚的最高學府，也是每一個勞苦甚至受飢寒的國民（我們自己在内）的一滴滴血汗所累成的機構，乃冀培育如許知識分子，優秀青年，將來爲國家社會而效忠！作人民的準繩，然而，他們今天不但沒有做到標準的國民，他們更沒盡到服從國家法律的義務，反而毀法亂紀，破壞社會秩序。試想，這樣所謂「堂堂的大學」豈不等於虛設，所以由此次糾紛的教訓，固然我們要檢討今後的工作態度，可是教育當局若不嚴格糾正台大、師院兩校的「少數不肖」學生的胡作妄爲的行爲，則其教育前途，不問可知！以上數語敬祈披露，以正視聽，則不勝感激。

一警員啓

從「一警員」這則與學生針鋒相對的投書看來，因爲警員處理學生違警事件而引起的警員與學生的糾紛，雖然在表面上已經「圓滿解決」了；但是，警察與學生之間潛存的矛盾，顯然並沒有就此化解。

## 如何看待青年運動

就在刊登「一警員」投書的同一天，《公論報》也以題爲〈青年運動〉的社論，就此事件可能引發的「不可控制的後果」，對「當局者」和「青年運動的從事者」分別提出忠告。

該篇社論開頭就指出：「青年運動自來就是一個國族中的新生力量。」對於青年運動，它有兩個看法；第一：「它是進步的力量，同時它必不可免地帶有感情用事底成份。」第二：「它雖然必有感情越過理智的地方，然而它本身底進步意義是不容否定的。」

基於這樣的認識，它建議當局，對於青年運動的「合理的要求」應該採取「同情底考慮」的態度；對於青年運動「逾越理智底感情因素」則應作出能夠令人心服底「適當的解釋」。否則，要求改革的潛在爆炸力將加大，而這種得到理論基礎的奔放的感情，也將繼續高漲。因此，它又特別鄭重的向當局指出：「切不可嘗試用壓服或拆散群衆的嘗試來處理這種運動。因爲它是國族底生機所繫，當局者無權摧傷國族的元氣。」

站在支持「青年運動」的立場上，它也建議「青年運動的從事者」，「應該先對本身運動底意義和領導作徹底的檢討」；因爲「當前國家事令人憤怨的是太多了」。但是，它認爲「那是轉形（型）期中必有的痛楚，一個落後的殘破的封建帝國要變成進步的、民主的現代國家，其過程當然不會順利。半世紀以來，我們經歷著意料中和意料外的苦難現在還難以立刻結束。」所以，它呼籲：「青年，未來社會的中堅，應當使自己的運動充分把握住時代的使命。」

然而，什麼是「時代的使命」呢？它說，那就是「一切爲了進步，一切爲了民主。」

從這篇社論的內容看來，它顯然是看到事情正在朝向「不可控制的後果」發展，因而在「一切爲了進步與民生」的立論基礎上，呼籲當局千萬不可以暴壓的方式處理「青年運

1949年3月24日《公論報》的社論〈青年運動〉。

動」，以免摧傷國族的生機元氣！

最後，它又語重心長地呼籲「青年運動的從事者」：「不應當把小圈子裡的利害看得比生民疾苦重，也不可讓感情過份氾濫，而召（招）致不可控制的後果。」

但是，歷史的進程顯然是朝著人們「所不忍見的」方向前進著。

## 三·二九的營火晚會

一九四九年三月廿九日，「單車雙載事件」引起的學生抗議風潮過後一個星期，以臺大和師院為主的臺北市中等以上學校的學生自治會，以「紀念黃花崗革命烈士」的名義，在臺大法學院廣場舉行了一場慶祝青年節的營火晚會。

師院學生在學生自治會糾察部長莊輝彰的指揮下，排成四行縱隊，女生領前，男生殿後，高唱著革命歌曲，走向會場，雄壯的氣勢贏得了友校同學的歡呼和鼓掌。②

除了台大和師院兩校的學生，台北市各中等以上學校的學生也都熱烈參加；另外，臺中農學院和臺南工學院的代表也遠來赴會。

當天的營火晚會活動，以臺大「麥浪歌詠隊」的歌舞表演為主，除了各種民歌之外，還演唱了〈你是燈塔〉、〈你是舵手〉及〈王大娘補缸〉……等大陸學生搞學運時常唱的歌曲。當天的晚會簡直成了公開的「解放區」了！當「麥浪」成員在臺上唱〈王大娘補缸〉

的時候，全場連「秧歌」都扭起了……。③

最後，大會宣佈：要在各校學生自治會的基礎上，成立「台北市學生聯合會」，以「爭取生存權利」、「反對饑餓和迫害」、「要求民主自由」等口號，號召全省學生的聯結。

然而，當台灣的學生運動正一波又一波地朝向組織化的縱深發展時；在內戰中節節敗退、大勢已去的國民黨黨政要員，也一批又一批地從大陸撤到台灣；同時，爲了防止共產黨對這塊淨土的滲透，據傳，各系統的特工也利用這個機會，換成平民身分打入臺灣。

事實上，當「單車雙載事件」引起警方與學生的衝突風波之後，「敏感的記者已競相預測學潮勢將有擴大可能，並預示這是本省自三十六年冬學生反美大遊行示威運動以來的另一次大規模風潮到來的朕兆。」④

治安情報機關則認爲：「臺灣社會運動的過程之中，類似『學潮』的發生，尚以這次爲濫觴，以毫無社會運動基礎的學生，決不可能發生如此有條不紊地大規模的學潮，而且從這製造學潮的方式來看，它的發展演變過程，完全與大陸上中共的手法相同。」⑤

當台灣的學運被這樣定性之後，它的被鎮壓也只是遲早之事了。

風暴是從海峽彼岸的大陸吹過來的。

## 從南京飄來的血腥氣

一九四九年一月廿一日，蔣介石發表文告，表示爲「彌戰銷兵解民倒懸」，宣布引退；由李宗仁副總統代行總統職權。四月一日，南京派出張治中爲首的和平代表團，北上與共產黨議和，希望隔江而治。也就在這樣和戰不定的政治悶局下，南京各大專院校的近萬名學生，爲了貫徹眞正的和平，於是在代表團搭機啓程之時，齊集在總統府門前，舉行一場堅決反對內戰的集會和示威遊行；然而，當和談代表們的座機剛剛降落北平機場時，南京的空氣中卻已經瀰漫起衝天的血腥氣味。「學生隊伍遊行經過的柏油路面上，到處是遺落的鞋子及濕漉漉的猩紅鮮血……鮮血從上午十時緩緩地流向下午五時，然後從南京流向全國。」⑥

這時候，三月十六日應代理總統李宗仁電召，到南京述職的臺灣省主席兼警備總司令陳誠返台。當他聽完下屬報告處理臺北學運的經過後，當場大發雷霆；面對大陸的頹勢，銜命整肅後方臺灣的他，於是下令由警總副司令彭孟緝負責，清查「主謀份子」，準備抓人。

與此同時，學生們也發現一些特務潛入校園，偷看學生的壁報和招貼，刺探學生的活動情況；師院連續兩任學生自治會糾察部長莊輝彰於是一再通知同學們，一旦發現形跡可

京「四一」事件

學生軍人起衝突

互毆受傷百餘人

重視此事 何應欽院長

滬「反政府」學生

當局將決予遣送

監院新工作

重視「四一」事件

糾舉劉維熾貪污

【本報收南京四日電】關於四一事件，監委萬？重視，今日上午教育委會小組會中已推監委王向宸、宋英、陳大榕三委赴監院，教育部，衛戍部等有關機關調查真相。

1949年《新生報》關於南京「四一慘案」的報導。

京衛戍部發表談話

詳述學生遊行經過

謂「四一慘案善後會」之書面談話，完全歪曲事實。

疑的陌生人，一定要問清來意，必要時，馬上通知學生會。⑦

一時之間，臺北的大學區便籠罩在白色恐怖的風暴即將吹來的威脅之下，到處風聲鶴唳，學生人人自危。

四月五日，恰逢清明節；師院貼出：「清明節放假一天」的布告。許多本省學生就回家過節，外省學生也有不少人外出；第一宿舍裡剩下不很多在複習功課的學生。

這時候，南京的血腥氣終於跨越海峽，飄到台北。陳誠指令的逮捕行動展開，頭一個被捕的對象便是：師範學院新選出的學生自治會主席——周愼源。

當天中午，師院第一宿舍的同學首先聽到，三•二一遊行師院主席團委員之一的趙制陽在火車站被捕的傳聞⑧，各寢室於是議論紛紛；然而，因爲消息並不十分確切，所以一時之間並沒有採取行動。

到了傍晚，兩名便衣特務來到龍泉街口的師院學生第一宿舍，然後向一個正在附近的小雜貨店買東西的劉姓學生搭訕道：「我們是周愼源的親戚，剛從南部上來，想看看他，請你回宿舍叫他出來。」這名學生不疑有詐就跑回宿舍去叫周愼源。周愼源也以爲眞有親戚來訪，很快就出來；當他來到雜貨店門前，還沒來得及看清這兩名「親戚」時，就被架上停在一邊的三輪車。

周愼源知道上當了，於是就表現得非常馴服，特務的戒備也就漸漸鬆弛下來；當車子

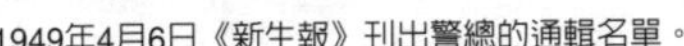

警備總部
電令台大師院兩校
拘訊不法學生十餘人

【中央社訊】警備總部，近據確報有臺大及師院學生十餘人，首謀張貼標語，散發傳單，煽惑人心，擾亂秩序，妨害治安，甚至搗毀公署，私擅拘禁執行公務人員，居心叵測，實甚明顯，而該生等昨晚復又糾衆築壘，希圖擴大擾亂，[illegible]該部爲維護社會安全，保障大多數純潔青年學生學業起見，已電令兩校當局迅將該生等拘案依法偵訊，以便其餘學生仍可照常安心上課，茲將各該學生名單探錄如下：（一）臺大：曹潛、陳實、許華江、周自強、朱光權、盧秀如、孫達人、王惠民、林火鍊、許冀湯、王耀華、簡文宣、陳琴、朱承治。（二）師院：周愼源、鄭鴻溪、莊輝彰、方啓明、趙制陽、朱商彝。

1949年4月6日《新生報》刊出警總的通輯名單。

陳誠

經過公園路的臺大學生宿舍時，學過柔道的周愼源就趁機掙脫夾坐兩邊的特務，奮身跳下行進中的三輪車，向宿舍奔逃，並一路大喊：「特務抓人！」那兩名特務沒有提防到周愼源會突然跳車，連忙拔槍追趕，並且開槍示警；但是因爲許多學生已聞聲趕來，他們不敢貿然衝進學生宿舍，只好「夾著尾巴離去」。⑨

台大醫學院的學生然後就打電話給師院第一宿舍的同學，告知周愼源被捕逃脫的經過，並要師院同學派人去接。師院的學生聽到這個消息後，群情激憤；學生自治會糾察隊立刻派了三十位同學，各騎一輛腳踏車，奔赴醫學院宿舍，迎接周愼源；台大醫學院的學生也出動了三十輛腳踏車，加入護送周愼源的行列；不久，周愼源就在六十名騎著腳踏車的學生護送下，回到師院第一宿舍。同學聞訊，莫不群情激憤，慷慨激昂。

這時候，師院的一些先進學生才警覺到，清明節放假，是「反動政府」鎮壓學生預謀的第一個步驟。因爲

「遍查中國學校史，清明節向來不放假」，可是政府摸清了大學生一放假就東奔西走的習慣，於是一面宣布放假，一面在學院周圍張布羅網，針對他們要捕捉的目標，個別地秘密逮捕；這樣，其他同學既無從打聽「失踪」同學的消息，也就營救無門。而趙制陽與周愼源在同一天被捕的事實，正說明了他們已展開鎭壓學生的第二個步驟了。同時，也因爲周愼源的脫逃破壞了他們秘密逮捕，各個擊破的預謀，一場更大規模、更加激烈的鎭壓行動，也就不可避免了。

當天晚上，師院第一宿舍的學生群集在宿舍的大飯廳召開緊急會議；第二宿舍的同學也派代表來參加。周愼源披垂著蓬鬆的頭髮報告了他被誘捕和脫險的經過，並亮出「一副亮堂的手銬」；學生們的情緒因而激動得幾乎不能控制，大家「爭先發表意見，抒發激情」。經過一個多鐘頭「似乎沒有人主持會議，又似乎大家都是會議主席」的會議後，通過決議：

一、無期限罷課；

二、天亮之後，上街遊行，抗議綁架學生的暴行。

同時，安排周愼源更換房間，住到一年級同學的寢室。

會議之後，師院第一宿舍的學生送走了第二宿舍的代表，然後「熱血沸騰，精神旺盛」地繼續籌劃明天罷課遊行的事宜；爲了壯大第二天的聲勢，又決定連夜通知師院女生宿舍和台大新生南路宿舍，公園路的醫學院、法學院宿舍等九個學生宿舍的學生。⑩

就在這時候，師範學院代理院長謝東閔接到台灣省警備總司令部兼總司令陳誠發出的「特字第貳號代電」，指名要逮捕「周慎源、鄭鴻溪、莊輝彰、方啓明、趙制陽、朱商彝」等六名學生；同一個時間，台大校長傅斯年想必也接到了同一電令。據報載，台大被點名的學生名單包括：曹潛、陳實、許華江、周自強、朱光權、盧秀如、孫達人、王惠民、林火鍊、許冀湯、王耀華、簡文宣、陳琴、宋承治等十四名學生。

電文指控這些學生：「首謀張貼標語散發傳單煽惑人心擾亂秩序妨害治安甚至搗毀公署私擅拘禁執行公務之人員肆行不法殊屬居心叵測」。接著又說：「該生等本（五）日晚復又糾衆集議希圖實施擴大擾亂」；因此，警備總司令部基於「維護社會安全保障多數純潔青年學生之學業起見應即予以拘逮」；最後，電文命令兩校當局立即將這些學生「按名指交到案以肅法紀至于其他學生希善爲撫慰安心照常上課幸勿盲從附和致干法究」。⑪

從電文的內容看來，這份代電應是偵悉學生們將於第二天早上發動示威遊行而緊急發出的吧。而人們也可根據這份電文的白紙黑字判定：它既是引發「四・六事件（慘案）」的導火線，也是當局蓄意製造「四・六事件（慘案）」的證據。

彭孟緝證實說，陳誠也在當天晚上，找了他和師範學院代理院長謝東閔及台大校長傅斯年，到陳誠家裡開會，並決定當天晚上驅離學生。⑫

對此，多年以後謝東閔解釋說：「（四六）事件爆發前一天晚上，我和傅校長以及當時的警備司令，名字我也忘了。我們三個人開會，提出因應之道；警備司令部堅持要動用軍隊進入校園內抓人，我和傅校長主張學生的事可以慢慢勸，不要用軍隊；後來司令部仍堅持軍隊抓人，我就告訴他，那能不能槍裡頭不要塡子彈。」⑬

但是，關於他們三人當天晚上的態度，彭孟緝的說法和謝東閔卻有很大的出入。根據彭孟緝所說，謝東閔並沒有像他自己所說的那樣——主張不要用軍隊抓學生。彭孟緝只提到：「謝東閔先生向陳辭公（陳誠）鞠了一個躬，他說，師範學院的院長他不做」。同時，傅斯年對彭孟緝講：「我有一個請求，你今天晚上驅離學生時，不能流血，若有學生流血，我要跟你拚命！」彭孟緝就對傅斯年說：「若有人流血，我便自殺。」彭孟緝又說，後來他就「調來部隊，不拿槍，只拿繩子，士兵和警察把這些犯法的學生捉起來，差不多抓了五、六百名學生」。⑭

但是，彭孟緝關於部隊「不拿槍」的說法，證諸事件當時身在現場的所有學生的證言，顯然有極大的出入。

## 四月六日的大逮捕

四月五日晚上，負責聯絡其他宿舍學生明天遊行事宜的師院第一宿舍學生代表剛走出宿舍，就遇到便衣特務的包圍、阻擋，不得已又退回餐廳；接著，幾名代表和學生自治會的糾察隊手挽著手，往前衝去，還是被擋了回來；他們想要打電話通知，可電話線早已被特務切斷，撥不出去了。這時，那些學生們才感到第一宿舍已經陷入特務的重重包圍之中了。

收文第257號

臺灣省警備總司令部（代電）

師範學院謝院長

兼總司令 陳

警總於4月5日發給師院代院長的電令。

總統府戰略顧問彭孟緝病逝

享年91歲 二二八事件時任高雄要塞司令 生前頗受爭議

彭孟緝也是「四六事件」的幕後黑手之一。
（1997年12月20日《聯合報》）

這時候，夜已深了，再加上風雨淒淒，外頭又一片漆黑，伸手不見五指，只有宿舍和餐廳燈火輝煌。幾個學生幹部判斷，「反動派」一定會利用從深夜到天亮前的幾個鐘頭，展開鎮壓行動；他們應該設法在黑暗中突圍奮戰。因此，他們採取了「輪流站崗守衛」的行動。

師院第一宿舍有兩幢樓，南樓和北樓，各兩層，樓上住二年級學生（每間六人），樓下住一年級學生（每間八人），樓正中設樓梯，樓梯向東向西各十間寢室，一共四十間寢室。

學生們於是在南樓、北樓各組一班「站崗守衛」的巡邏隊，每班十人，一次一小時，以暗號輪流交接班；只要發現狀況就敲面盆示警；聽到敲面盆的聲音，大家立刻起來，一起戰鬥。儘管採取自動報名的方式，住在第一宿舍不分省籍的學生，仍然爭先報名；大家都認爲守夜站崗是最偉大光榮的任務。

到了半夜，也就是四月六日的凌晨一點以後，天空突然下起大雨。大多數的學生們都在危疑不定的心情中進入夢鄉。突然間，一陣又一陣急促而激動的面盆聲響徹靜寂的夜空。學生們紛

事件現場（師院男生宿舍）。

紛披衣起來，往窗外探看究竟。這時，他們看到路燈下，頭戴鋼盔，手持上了刺刀的步槍的全副武裝的士兵正一排排、一隊隊向南樓逼近。不久以後，睡覺醒來的學生和守夜站崗的學生，紛紛集中到餐廳；大家的臉孔都顯得十分嚴肅和緊張。這時候，由莊輝彰組織起來的糾察隊就在餐廳的周圍放哨，保護其他同學。

然而，軍隊越逼越近了；軍隊前面又出現了穿黑制服的警察、佩帶短槍的憲兵與穿便衣的特務，黑壓壓一大片、一大堆。由於餐廳的四面全是玻璃窗，在探照燈的照射下，學生的活動完全暴露在光亮之中；學生們於是決定：餐廳與南樓由糾察隊防守，其他學生退出餐廳，轉移到北樓。因為寡不敵衆，不久，餐廳與南樓先後失守。學生覺得光靠糾察隊，力量不夠，不如也撤離北樓樓下，依仗樓梯的「險要」，只守北樓樓上，全體投入戰鬥。學生們很快地修築好防禦工事——把課桌椅搬到樓梯口，重重阻擋堆疊；同時把餐廳的所有碗筷搬去，準備必要時當石頭來丟。⑮

後來，警備總司令部遞進來一份以周愼源為首的黑名單，同時表示：只要把人交出來，就平安無事。學生們商量以後，決定抗爭到底，以便爭取時間，讓被點名的同學脫逃。

起初，雙方只是在樓上、樓下對峙，互相喊話；學生們不斷地喊說：「中國人不打中國人！同志們辛苦了，回家吧！保障人權，反對特務抓人！……」並且一直唱著〈團結就是力量〉歌。軍警部隊也向學生們喊話說：「你們只要把周愼源等人交出來就沒事了。」

在對峙中，師院代理院長先後兩次上樓，苦言勸告學生們交出周愼源等「黑名單」上的同學。但是，謝東閔的勸導不但得不到學生的依從，而且還遭到學生的批判。

「以鄭鴻溪爲首的學生強烈質問謝東閔，對周愼源被秘密誘捕的事情作何感想？」原師院學生自治會學術部長，名列師院黑名單之一的朱商彝說：「謝東閔被批得受不了，最後，他說了一句——『我謝東閔今天還不如一條狗！』然後狼狽不堪地和陪同的訓導人員離開。」⑯

謝東閔無功而退之後不久，學生們就警覺到憲警準備動手抓人了。

多年以後，謝東閔在接受記者專訪時提到：「因爲我知道軍方的態度，所以第二天一大早我告訴學生，你們把少數幾個職業學生交出來，事情就可以解決了。但是學生不從，所以軍隊進來之後就開始抓人。」⑰

黎明前，一名排長沉不住氣地對空開了一槍，把情勢突然升高了起來。那些軍警見學生沒有下樓的意思，於是開始搬動堵在樓梯口的桌椅，以十餘人爲先鋒，硬衝上來；爲了自保，學生們也就拿起碗筷、椅子，砸下去；到後來，連墨水瓶都派上用場了！最後，還是被他們衝上樓來，他們見了人就打，然後把學生們一個個綁起來，串成一列，押到等在路邊的軍用卡車上，每裝滿一車就開往陸軍第三部隊的營房（今中正紀念堂）。⑱

當天，住在新生南路台大男生宿舍的學生，也同時遭到集體逮捕。

那天，宿舍跟往常一樣。大概是早上六點左右吧！許多學生在睡夢中被寢室外頭鈄啦鈄啦的皮鞋聲吵醒。他們才知道宿舍四周已經被包圍了。他們手持著步槍，把新生南路到後面巷子的周圍都包圍起來，不讓學生離開宿舍。因爲走廊是水泥地，那些軍警跑來跑去的，所以很大聲。後來，他們從門縫裡塞進來一張條子，上頭有一、二十個他們要抓的人的名單。其他同學不願意交出這些人，就紛紛起來鬧了。

後來，學生們就到走廊的洗手台刷牙、洗臉；然後走到餐廳吃早餐。當學生們在吃飯的時候，那些兵就乘機縮小包圍圈，把他們團團圍在餐廳裡頭。學生們吃過飯後，那些兵

## 謝東閔：我從頭到尾沒有把學校關掉

記者謝公秉／專訪

總統府資政謝東閔昨天接受訪問，對當年四六事件師大關校之說提出說明。他說，事發後，他個人並沒有關學校，「我年紀那麼大了，不必要講假話」。以下為訪談紀要：

記者問：台灣師大四六事件調查報告指你當時把學校關掉，和傅斯年作風完全不同，請你談談過程？

謝資政答：當年我原是省教育廳副廳長，因師院院長奉派到浙江省政府任職，廳長要我去代兼院長。我說我外行，不想去，結果在長官堅持下還是去了。兼職沒多久，大陸方面發生美軍強暴北大預科學生沈崇案，當時國、共之間鬥爭激烈，學校中或多或少都有職業學生，即以此藉題發揮，鼓動風潮。

事件爆發前一天晚上，我和傅校長以及當時的警備司令，名字我也忘了。我們三個人開會，提出因應之道；警備司令部堅持要動用軍隊進入校園內抓人，我和傅校長主張學生的事可以慢慢勸，不要用軍隊；後來司令部仍堅持軍隊抓人，我就告訴他，那能不能槍裡頭不要填子彈。

問：當天的情況如何？

答：因為我知道軍方的態度，所以第二天一大早我告訴學生，你們把少數幾個職業學生交出來，事情就可以解決了。但是學生不從，所以軍隊進來之後就開始抓人。那時候包括台大在內，抓了好幾百人，抓到以前的日本軍營（中正紀念堂現址）。日本投降之後，軍營空著，就當關學生的地方。

問：所謂的關校之說又如何？

答：學生被抓的次日，我怕學生出事，帶著香蕉、橘子探望學生。他們有些人還笑嘻嘻的說，院長你來看我們喔，我說，你們實在是太調皮了。我從頭到尾沒有把學校關掉，我年紀那麼大了不必要講假話。後來陳誠當行政院長時，找了當時立委劉真接師院院長，我才沒有兼這份職務。

1997年6月，謝東閔向《聯合報》記者說明當時的情況。
（1977年6月19日，《聯合報》）

也不讓他們離開餐廳；除非他們把名單上的同學交出去。這樣，雙方僵持了大概半個鐘頭到一個小時後，有一個叫陳錢潮的同學就舉著手喊說：「我們一定要衝出去！」他這麼一喊，大家的情緒都很激動，就鬧起來了。陳錢潮一衝出去就首先被捕了。這時候，那些軍人也緊張了，乾脆就一個一個抓起來。

當那些軍人在抓人的時候，學校收發室那個管理信件的人，就躲在他們的背後指指點點的。這個人年紀很輕，平常經常穿著軍裝；這時，學生們才知道，他原來是國民黨的特務。當時，大部分的學生因為在大陸的同學很多，互相的信函往來也很多；有時候是從安徽大學、政大、交大，甚至還有更遠的地方寄來的。那些平常信很多的同學，一定早就是他特別注意的人了。事實上，那些軍人並不認識名單上的同學；因為，他在管信，他認識學生，所以，一定要通過他的指認，他們才知道要抓誰吧！當然，他還是有不認識的人，所以他們也錯抓了一些並不在名單上的同學。

學生們被捕以後，就一個個由四、五個持槍的兵押走。到了新生南路的宿舍門口，那些兵就把他們押向左轉，踩著新生南路上的碎石子路，走到現在的信義路、新生南路口（那裡剛好是八路公車的終點站）。當時，那裡已經停了幾部十輪大卡車，學生們就一個個被推上卡車；上了車，那些兵立刻就用繩索把他們五花大綁。幾個先被抓的學生，就這樣動彈不得地，看著他們一批又一批地把其他同學抓來。大概是過了好幾個小時吧！快要中午了，他們的抓人行動才告一段落；學生們於是就一車一車地被載離現場。當卡車就要開動時，那名收發員還在車下指指點點的。⑲

據官方後來發布的消息，當大一共有一百多名以台大與師院爲主的學生被捕入獄；⑳但是，彭孟緝在上述訪談中卻說「差不多抓了五、六百名學生」。㉑

此一事件就是一般所說的「四六事件」或「四六慘案」。

## 整頓中上學校學風

四月六日清晨的逮捕行動結束以後，陳誠特別以「台灣省警備總司令部兼總司令」的身分，向社會各界發表「整頓學風」的聲明。他說：「台省學風，向甚淳樸，惟近來台大及師院有少數外來學生，迭次張貼破壞社會秩序之標語，散佈鼓動風潮之傳單，甚至搗毀官署，私擅拘禁公務人員，凡此種種違法干紀之行動，絕非學生所應爲，本部爲維持公共治安保障大多數純潔青年學生起見，經查報確實，業將首謀者予以拘捕，依法處理中」；接著，他又向「社會各方」說明，台灣省警備總司令部「此種措施，爲青年前途及本省前途計，實出於萬不得已」；最後，他再度警告說：「學風之敗壞，自非一朝一夕，政府與學校當局，及學生與其家長，均難辭其咎，政府整頓學風，已具決心，尚望今後各方皆能善盡其責，務使不再有此類事情發生……」。

四月七日當天，作爲官方喉舌的《中央日報》，除了刊登陳誠的「聲明」全文之外，也刊載了一篇批判學生、擁護政府，題爲〈法紀與治安〉的短評。首先，它說：「在全國動亂的局面下，台灣至今仍是一個比較安定的省分。這誰也不能否認是台省全體人民的幸福。」它認爲：「台省之所以比較能保持安定，並在安定中求經濟的發展，謀民生的改進，一半誠然是由於特殊的地理環境，另一方面也是由於民情純樸，法紀較易維持，治安較易確保的原故。」而「維持法紀，確保治安，是全體人民的要求，也是政府的責任。沒有一個求安定的人民會贊成妨礙治安的舉動，沒有一個政府應該容忍破壞法紀的陰謀。……」但是「不幸近來有少數學生，竟受到京滬等地帶來的囂張風氣之傳染，屢次鼓動學潮，進而擾亂治安，破壞法紀。」短評強調：「這種情形，如果聽任其發展，台灣的安定，便將毀損無遺。」因此，「爲著全省人民的福利，省政當局遂以必要的措施，來抑制這種不良風氣。」

最後，短評呼籲全省人民，支持省政當局這種「不得已的」措施；同時，它也「竭誠盼望，大部分的青年學生能夠以人民的希望爲希望，以人民的要求爲要求，不要隨風附和，爲人利用，類此的事情，就一定不致再度發生」；而它「更盼望學生的家長們，如果發現子弟染有不良的習氣，應該盡力勸導，重建純樸的學風。」㉒

從陳誠的「聲明」與中央日報的「短評」內容看來，官方顯然是把這次的大逮捕行動，定性爲主要是針對「少數」所謂「受到京滬等地帶來的囂張風氣之傳染，屢次鼓動學潮」的「台大及師院外來學生」；也就是彭孟緝在上述訪談中所說的「職業學生」、「共產黨」。

另外，四月六日當天，台灣省政府也在逮捕行動之後，以同樣的理由，電令師範學院「即日暫行停課，聽候整頓」；同時還通令全省中學以上學校：「務希剴切告誡學生，安心求學，不得再有越軌行動，違者應由該校開除學籍，政府亦必加以有效制裁。」[23]

就在陳誠的「聲明」發表以後的當天下午，立刻就有部分據云對於台北「學潮」「甚感憂慮」的學生家長，在中山堂集會，「討論如何協助政府整頓校風」。並於四月七日，以「台北市各級學校家長會」的名義，聯合發表〈告各家長及在校同學書〉，除了表示「對於當局此種不得已之處置，深爲同情」之外；並希望在校青年「均能體念時艱及政府苦衷，各安本位，努力學業，勿受外界誘惑，勿

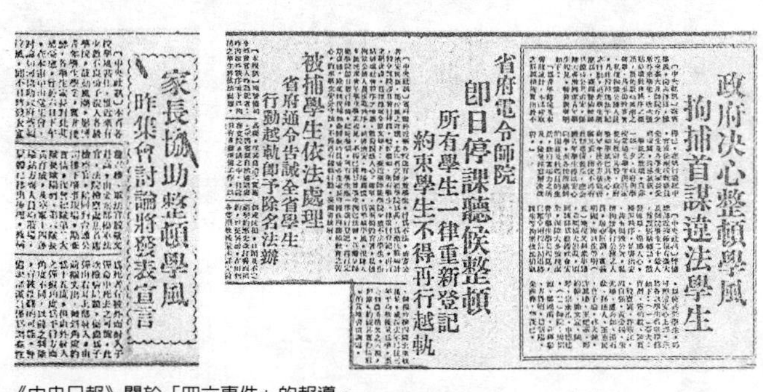
政府決心整頓學風
拘捕首謀違法學生

省府電令師院
即日停課聽候整頓
所有學生一律重新登記
約束學生不得再行越軌

被捕學生依法處理
省府通令告誡全省學生
行動越軌即予除名法辦

家長協助整頓學風
昨集會討論將發表宣言

《中央日報》關於「四六事件」的報導。

整頓學風·維護青年
陳兼總司令發表談話
望各方今後能善盡其責
家長昨集會討論協助整頓學風

4月6日陳誠發表「整頓學風的談話」。

省府電令師範學院
即日停課聽候整頓
所有學生一律重行登記
並令全省學生安心求學

省府電令師院「即日停課」。

以感情用事，讀書以外，心毋他求」；尤望全體家長「對於子弟嚴加管束，時予訓誡，一切囂張言行，皆宜勸阻，毋令流爲越軌行動」。㉔

同一天，作爲台灣民意最高代表機構的台灣省參議會，針對學生被捕事件，也發表了四點書面談話，表明態度：

一、本省過去學風，頗稱淳樸優良，光復後仍保持此種敦美風氣，年來因內地戰禍瀰漫，各省學生均紛紛來臺就學，其間不無摻雜極少數輕率份子，不時鼓動風潮，行動逾越常軌，致使素稱社會安定之臺灣，亦感不安，多數臺灣學生，亦被捲入漩渦，深表遺憾。

二、目前國步艱困，政治未上軌道，經濟波動，物價狂漲，人民生活困難，青年學生亦屬如此，本會對此素極關懷，本省學生向極純潔，甚望共守秩序，度此難關，在此較安定環境中，運用理智，檢束自己，並盼各家長教導子弟，安心求學，以冀將來造福人群。

三、關於此次政府所拘捕之學生，其屬於善良者，希迅予訊明釋放，其確有違法者，亦盼依照法律途徑辦理。

四、國立台灣大學，三年來更換校長四次，而省立師範學院，自去年迄今，尚未派定專任院長，當局不無失當與疏忽之處，此後政府除整頓校風外，應特別確立人事制度，謀校長教授工作之安定。㉕

四月八日，台灣省教育會也緊跟著發表「擁護整頓學風」的〈告教育界同仁書〉，宣稱：「臺灣教育發達，學風淳樸，……但近年以來，少數學生習於澆薄，每藉細故，鼓動風潮，由小而大，而漸及深，起初只是搖旗吶喊，口講筆畫，最近更聚衆要挾，目無法紀，以致學風敗壞，研讀的風氣一天不如一天」；該會認爲，此種學風「如不速加整頓，不僅廣大青年的學業被犧牲，社會治安受影響，而在此環境中薰染出來的青年，是否能成就擔當國家未來重任的健全國民，頗堪憂慮。」因此，「站在愛護臺灣教育，愛護青年前途的立場，」他們認爲省政府「最近決心大加整頓，採取斷然處置」的措施，「實屬必要。……」㉖

重建台灣優良學風
省教育會發表書告
擁護省政府整頓學風

省教育會「擁護整頓學風」。
（4月9日《新生報》）

擁護政府整頓學風
勉勵青年安心向學
省參駐委例會發表談話
市家長會聯合發表書告

省參議會與市家長會表態支持「整頓學風」。
（4月8日《新生報》）

## 陳誠的兩手策略

爲了有效地「整頓學風」，陳誠除了一手採取強硬的逮捕政策之外，同時也另一手採取懷柔的措施，來安撫社會大衆與台大和師院兩校的教職員。

首先，在四月八日上午九時舉行的省府第九十三次例會上，他以省府主席的身分，對臺灣今後的教育，作了三點指示：

一、教育計劃應該和施政方針配合，以解決學生出路問題。

二、設法改善教職員生活，使能安心教學。改善辦法包括：配售各校教職員家屬米、煤、油、鹽、糖、布等生活必需品；加發職務加給與研究費等。

三、各校學生務須嚴予管教，定期招生，嚴格考試，並須有家長保證。㉗

四月九日中午十二時，陳誠又在中山堂光復廳邀集台大教授餐敘，傅斯年校長、鄭通和訓導長、各學院院長及科系主任、教授等一百七十餘人出席。餐後，陳誠首先致詞表示：「此次整頓學風，承各位諒解協助，實深感謝。此種舉措事非得已，殊深歉憾。吾人之共同出發點爲愛護青年，使大多數學生皆能安心讀書，故決定將幾個首謀不法學生，以公開方式與不流血方法，依法迅予處理，以免影響大多數學生之課業。以後希望不再有同樣事件發生，否則政府爲貫徹整頓學風之決心，對於不良分子，仍非繼續法辦不可。」

陳誠批判了「幾個首謀不法學生」之後，接著，他又表示非常關切各校教職員的生活，他「以堅定的口吻」說：「最近期內決定配售生活必需品，先從教職員家屬做起，同時加發教職員之職務加給及研究費。」

最後，陳誠並簡略地說明本省的經濟情形。

陳誠的致詞結束以後，先前住宅被搜查過的台大教授會代表蘇薌雨，立即起來答謝，同時表示：「此次少數學生，行爲不法，事前未能加以管教，深感歉疚。」接著，工學院長彭九生、訓導長鄭通和及傅斯年校長相繼起來致詞，他們一致表示：「贊同政府整頓學

陳主席邀臺大教授敍
闡述整頓學風問題
各教授等致詞表示贊同
師院積極進行整頓以期早日復課

陳誠拉攏台人教授。（4月10日《新生報》）

陳主席在例會上指示
解决學生出路問題
並改善教職員生活
希有關各單位研擬具體辦法施行
省府例會通過要案多起

陳誠對事件處理採取「兩手策略」。
（4月9日《新生報》）

風，惟希望被捕學生除行爲不法者，即予依法辦理外，其餘早予保釋，對於各校實際困難問題，亦望能協助解決」等等。談話一直到下午兩點才結束。[28]

台大的教授們擺平之後，兩天後（四月十一日），陳誠接著又在同一時間與地點宴請師院教授；一共有劉眞院長及各科系教授九十餘人出席。陳誠在即席致詞時同樣表示：「整頓學風實非得已！」並且強調：「師院爲本省最高師資訓練機關，學生不法行爲，如不嚴加糾正，則畢業後何以爲人師表」；最後，爲了安撫教授們，陳誠同樣表示，他非常關切各校教職員生活之艱苦，並且同樣「以堅定的口吻」說：「除加發教職員之職務加給及研究費外，決於最近期間配售實物，以期逐漸改善教職員生活。」[29]

## 香港《大公報》與島內學生的聲援

從當年島內各大報的報導看來，輿論顯然是一面倒地批判台大及師院的「少數外來學生」；只有遠在香港的《大公報》，在四月九日，通過「台北通訊」的方式，以〈戰犯陳誠在台灣製造屠殺人民的「四六慘案」〉爲題，報導了從「三月二十日學生被警察無理毆打起，一直到「四月六日清晨」大逮捕的「四六慘案」經過。

《大公報》的報導提到：當師院學生數人被警備總部派出的大批軍警「架走」以後，「有百餘同學自願與被捕同學共患難，分乘六輛警備車而去。新生南路台大宿舍學生爲反抗這種無理迫害，曾與軍警衝突，一說學生三人重傷身死，但因附近交通隔絕，無法證實。公園路台大宿舍內則歌聲嘹亮，一次又一次地交織著堅決的呼喊『團結就是力量！』『為人權自由奮鬥！』武裝軍警堅持要交出被拘學生，直到深夜，四處仍緊密包圍，交通斷絕，甚至台大教授蘇某㉚等住宅亦被無理搜查。」㉛

除了遠在台中的幾名農學院學生之外，我們更看不到其他學校有任何聲援學生的言論或行動，公開出現。

當台中農學院的學生聽到「四六慘案」的消息時，「群情激憤」。一個下著小雨的深夜，福建莆仙籍的農經系女學生薛秋帆，與進步學生社團「便當」社同學呂從周（高雄縣人）、秦長江，摸黑到學校「民主牆」，貼上寫著大字的標語：「抗議當局逮捕學生的反動暴行」，「支援台大、師院同學的正義鬥爭！」

第二天，這些抗議標語在學生間引起了廣泛而激烈的討論；學校當局也感到十分震驚。

陳誠開刀台灣學生

特務橫行學生街頭被毆

在迫害下組織起來

孤島上夜漫漫

香港《大公報》是僅有的聲援學生的報紙。

第三天晚上，大約九點左右，正當薛秋帆、呂從周及秦長江與一批同學在宿舍樓上討論如何支援台北兄弟學校同學的鬥爭時，忽然，有名莆仙籍的台大學生跑來通知薛秋帆說，台北形勢緊張，要她也趕緊離開。台中農學院學生的聲援行動，因而也才停頓下來。㉜

## 師院學生的營救行動

四月六日，住在師院第二宿舍，倖免於被捕的原師院學生自治會常務理事（主席前身）陳玉成，立刻與同學林慶清、黃旭東，共同組織了「四・六事件」營救會。㉝

陳玉成在題爲《台灣師院學生運動片段》的回憶文章中指出：

「四・六事件」發生了，我眼睜睜地看見共同戰鬥的二百多同學，遭到國民黨反動當局逮捕、毆打等殘酷的鎮壓，義憤塡膺，痛心疾首。早晨十時許，我和第二宿舍同學林慶清、黃旭東三人，組織了「四・六事件」營救會，推選我爲主席，林慶清、黃旭東爲委員。我們決定先印發傳單，揭露、控訴陳誠迫害學生的罪行眞相。呼籲社會各界人民聲援，這份〈爲陳誠迫害台灣學生告全國同胞書〉的傳單，由黃旭東同學主筆。我負責對外聯絡，發動募捐，進行慰問。㉞

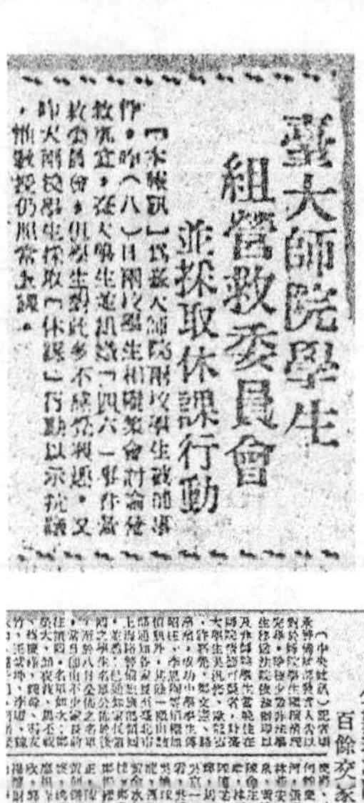

臺大師院學生
組營救委員會
並採取休課行動

師院被捕學生
警部清理完畢
少數送法院辦理
百餘交家長領回

解決學生出路問題
具體改善教職員生活
陳主席昨指示教育治本辦法

台大、師院兩校學生組織營救委員會。
（4月9日《中央日報》）
四月九日，校園裡頭的學生已經秘密流傳著一份由「台灣學生控訴『四五暴行』聯合會」發表的、控訴陳誠暴行的〈告全國同學同胞書〉：

同學們！同胞們！

戰犯和劊子手們剛在南京製造了「四一慘案」，接著便在台北市演出了「四五暴行」。四月五日晚上十點鐘時，反動政府動員了大隊的軍警憲包圍和平東路的師範學院宿舍和新生南路與公園路的台灣大學宿舍，荷槍實彈封鎖交通，如臨大敵。包圍以後即分頭衝入，要求交出所謂「黑名單」上的學生。同學們因為這些學生們正是最善良、最能為同學謀福利的人，拒絕交出。武裝的匪徒們乃持木棍鐵尺，衝入房內，並開槍示威，同學們赤手空拳被打得頭破血淋，結果師院捕去二百餘人，台大被捕去四十餘人，都綑綁上銬，途中棍拳交加。同學們被捕時在卡車上英勇地唱著「團結就是力量」的歌子。有很多人是自動爬上卡車，願意陪伴被捕同學的，旁觀的人民都搖頭嘆息，婦女有流淚者。

同學被捕後大批武裝人員仍舊駐在宿舍內，翻箱倒篋恣意搜查，自來水筆手錶鈔票，大都易手。迄八日晚封鎖仍未解除，被捕的二百餘人，仍舊拘禁在警備旅內。戰犯陳誠更於六日發表強詞奪理、歪曲事實的談話，並令師範學院停課，聽候整頓。御用參議會非但不能站在道義的立場上爲人民講話，反幫著反動政府，甘心作幫兇的工具。

同學們！同胞們！反動政府於一夜間，非法逮捕二百餘大學生，並濫施非刑，軍警封鎖達三天之久。這種暴行，是日本帝國主義統治台灣的五十一年中所未有，而在「光復」三年後的今天乃見之。

同學們！同胞們！我們不用抗議，我們不用呼籲，向劊子手和幫兇們抗議和呼籲有什麼用呢？我們要控訴，向全省、全國、全世界的正義人士們控訴，大聲地控訴這種非人的暴行，我們要把憤怒深深的埋在心頭，等到最後一次的爆炸。㉟

據陳培基說，這份傳單主要由薛愛蘭、李德育、張森元、劉永生、王登寅等等同學負責分發和郵寄各地。後來，薛愛蘭和李德育也因此而先後被捕。

女同學薛愛蘭在寄給大陸××大學的弟弟那份傳單的信封上，寫上個「蘭」寄字，暗示是自己的姐姐寄的，這封信，被特務郵檢了，他們認定「蘭」字，一定是女學生寄的，特務查遍台大女學生，沒有一個叫「蘭」的，師院女學生有叫「蘭」的，台灣的軍警就包圍師院女生宿舍，進行大搜查。薛愛蘭面對突然的搜查，迅速將剩下的一張傳單揉成一團從樓窗中扔出，卻不意被樓下的軍警拾得，他們立即逮捕她。可薛愛蘭始終供認是在路上撿到的，從未洩露過營救委員會和傳單的撰稿人、印刷場所等，堅貞地掩護了參加營救的所有同學。

爲了營救被捕同學，陳玉成等人除了出面向同學、教授員工等募捐之外，同時也多方打聽受難同學被關押的所在。後來，當他們探知同學被關押在東門警備司令部軍營內，便組織一些學生代表，陪同王德昭、謝似顏和黃肅秋等教授，前往慰問被捕同學，鼓舞他們的鬥志。表示廣大同學都在支持他們，全國人民也都在支持他們。㊱

四月廿一日，「人民解放軍」分三路渡江；一夕之間，江南變色。

陳培基說：「五月中旬，師院方生社讀書會會長陳澤論和學生自治會秘書長鄧傳青離開台灣到了廈門時，又印發一個〈爲「四・六事件」告全國同胞書〉。」㊲

然而，由於歷史的動盪，這份珍貴的文獻並沒有被保留下來。但是，我們仍然在被湮滅的斷簡殘篇中找到一份由「台灣全省大中學生聯合會」署名，於五月十日發表的「告全國父老兄弟姊妹們」宣言：

全國父老兄弟姊妹們！

當人民解放軍就要徹底解放全國人民於苦難的今天，國民黨反動政府戰犯陳誠正在加緊進行剝削殘害我台灣人民，掠奪我台灣所有資源，企圖建立反動的最後堡壘，反抗全國人民到底。爲了壓制我同學正義的呼聲，到處利用流氓特務的恐怖手段橫加迫害。「四六」血案發生以後，這批在人民審判下落魄逃亡的奴才，更瘋狂地大批逮捕虐殺我大中學生，接著整頓學風，師範學院橫遭解散，全省各地學生相繼失蹤，紛紛被迫離校逃亡。文化流氓傅斯年、靠豢養特務起家的陳雪屏、鄭通和以及陳誠的忠實走狗劉眞之流，狼狽爲奸，大加獻媚主子，想繼承法西斯匪徒的衣鉢，對我台灣學生加緊壓迫奴化，甚至挑撥省內省外同學間感情，收買少數敗類，勾結美、日帝國主義，作著賣身投靠的無恥勾當。

同胞們！在日本帝國主義奴役我台灣人民五十一年中，血腥事實給我們的教訓是慘痛的。光復三年多來，在國民黨反動政府特務槍桿子的統治下，我們的回憶是更加沉痛啊！但是，歷年來全國波瀾壯闊的學生運動和一切解放運動給了我們莫大的鼓舞和無比堅強的信念。爲了國家民族的前途和拯救我台灣文化教育於淪亡，我們台灣十萬大中學生只有在學聯的組織下，團結一致，加緊學習，爲台灣的徹底解放而奮鬥，爲新民主主義新中國的建設而努力向前！

今天，從遼遠的海島上，在我們十萬大中學生的大團結下，我們含著滿眶興奮的眼淚，悲壯地發出了迎台解放的呼聲，我們正熱切地需要著全國同胞的鼓勵和援助！[38]

## 台大學生的營救行動

除了學生證言所提的營救活動之外，另一方面，據報載，台大和師院兩校學生在大逮捕之後，也在四月八日採取休課行動，以示抗議；但教授仍照常上課。當天，兩校學生也相繼集會，討論營救事宜。台大學生並且組織了「四六」事件營救委員會。[39]陳培基的回憶文章也指出：兩校的營救會，互有聯繫；台大的聯絡人是匡敏，師院的聯絡人則是匡介人。

根據當年台大歷史系學生樊軍的回憶文章〈四六風暴〉所提，台大學生的營救活動，大致如下：

四月六日上午十時許，倖免於被捕的台大學生們，在文學院大廳召開了學生大會，經討論作出了如下決定：

一、成立「台大、師院『四．六事件』營救會」，由文、理、農、工、醫、法六學院各選派學生代表一名組成大會主席團，進行集體領導，主席團下設報導、糾察、總務三組，分頭負責各項具體工作。

二、由主席團出面找校長傅斯年，要他立即出面和台灣當局就相關事宜進行交涉，並允許學生代表立即慰問被圍被捕同學，向他們提供生活物品。

上午十一時許，學生大會再次召開，經過一番緊急討論，大會推舉出主席團，並由報導組的十餘名同學負責編輯《營救快報》，撰寫說明此次事件真相、控訴台灣當局暴行的〈告全國同胞書〉、〈告全校師生員工書〉、〈告寄讀同學書〉，同時向台灣各報記者散發〈書面談話〉，並進行營救動態和實況採訪。

晚六時許，由於校方和警總交涉的結果，台大師生被允組團向被圍宿舍慰問並運送生

偵查被捕學生
交涉各方很多
——檢察官正積極辦理

臺大學生
昨招待記者
表示營救同學
只是訴訟問題
該校今召開校務會

台大學生展開救援行動
（4月16日《中央日報》）

活物資。

七日清晨，細雨濛濛，台大校園，人潮洶湧，人流如織，一時達二千多人。除了在市區住宿的同學們，大多是來自台灣中南部和東部各縣市未在校住宿的同學。大家對國民黨的惡政與暴行極爲憤恨，紛紛表示要和台灣當局鬥爭到底。

九時以後，主席團見校園人數激增，再次召開學生大會。主席團介紹了昨夜慰問、採訪經過，然後宣布全校學生罷課、教授罷教、校工罷工，並要求與會同學充分發表意見，共商營救之策。大會一致決定，向台灣當局提出六點要求：

一、立即解除兩校學生宿舍戒嚴，恢復市區正常交通。

二、對根據省警備總部命令被捕的同學，不得刑訊施暴，確保其人身安全，由情報處移送法院，依照司法程序處理，不得搞「莫須有」。

三、立即無條件釋放師院全部被捕同學。

四、立即無條件釋放在警總搜捕中與軍警衝突的全部被捕同學。

五、允許學生代表團慰問根據省警備總部命令被捕的同學，並向他們提供生活物資。

六、台灣當局保證今後不再發生類似事件。

大會一致決定，仍由台大代表團負責出面與台灣當局交涉。

上午十點半，代表團銜命出發。會談是在台北市重慶南路警總進行的。經過師生們和彭孟緝一番唇槍舌劍，據理力爭，總算從彭孟緝嘴裡得到了以下承諾：「你們提出的六點要求，我們將向陳主席請示加以考慮，但是，我有一個先決條件，就是你們必須馬上復課，停止一切抗議活動。」

代表團歸來，主席團立即召開學生大會，通報談判情況，並號召廣大同學為實現自己的正義要求，繼續堅持不懈的抗爭。

八日早上，台北市東區的戒嚴解除，市內交通恢復，新生南路和公園路宿舍已解圍，

家長會為整頓學風 書告同學
各安本位努力學業勿受外界誘惑
勿以感情用事讀書以外心勿他求

師院昨日成立
整頓學風委會

逮捕學生移送法院
如罪證確鑿絕依法懲辦
百餘學生已交家長領回

臺大師院學潮
參會發表談話

4月7日百餘學生由家長保釋（4月8日《中央日報》）

師院學生又百餘名
警部通知家長領回

4月8日師院學生百餘名被釋放（4月9日《新生報》）

全部同學已來校……。連日來全體師生全力以赴的營救工作，總算取得了初步成果。

九時許，又傳來消息說：台灣當局已允許學生明天去看望根據命令被捕的同學，並將五日夜因衛護自己的同學而被抓的學生全部釋放，要代表團明天下午備車去延平北路警察總局領回。

中午，《營救快報》的「號外」一出，學校內外，一片歡騰。

九日上午十時，代表團車載慰問品去上海路警備旅營房慰問被捕的同學後，立即又由幾位師生備車去延平北路警察局，接運因與軍警搏鬥被抓的同學回學校。

當接運同學的兩輛救護車到達校本部所在的羅斯福路四段時，校門內外人聲鼎沸，鑼鼓喧天，炮竹之聲，不絕於耳，一派喜慶氣象，連附近的台北市民，亦為之夾道歡呼不已。

進入校園，每從車上下來一個同學，大家便一擁而上，把他們用肩膀高高架起，一口氣抬到設在食堂大餐廳的會場。布置得五光十色的會場裡，燈光輝煌，蒙難而回的同學被安排在主席台前就座，享受著全體與會者的鼓掌歡呼。

本來寬敞明亮的會場，被參加歡迎的同學們擠得水洩不通，連兩面窗台上都站滿了人。主席團報告了連日來營救工作的經過，被捕歸來的同學則用他們的切身感受，控訴了台灣當局的暴行。會上，群情激昂，紛紛仗義發言，大家一致表示，今後一定要和台灣當局繼續交涉，直到所有被捕同學恢復自由，重返學校。

大會在慷慨激昂的氣氛中一直進行到深夜，最後，在全體同學高唱〈團結就是力量〉的歌聲中結束。

持續五天的「四．六」風暴，像一場強勁的颱風，終於過去了。台大校園裡，又逐漸恢復了往日的平靜。但國民黨當局對愛國進步學生的迫害卻仍在進行之中。㊵

## 分批釋放學生

彭孟緝說，四六當天的大逮捕，「差不多抓了五、六百名學生，……以後我每天早上把學生叫到操場上，跟他們一同做早操、一同吃飯」；他並且說：「職業學生、共產黨一定要出來。」㊶

另外，據這些被抓的學生說，那座還沒有拆掉的日據時代的兵營，是日本人拿台北城牆的石頭來蓋的，所以，圍牆都是一塊塊很好的大石頭蓋的。學生們被抓進去時，眼睛都被矇著；進去以後，就兩個人一個手銬，一個人一隻手，一個左手一個右手，銬起來！然後，就把他們隨便堆在地上躺著不管。當天下午，他們就被一個個地分別偵訊。偵訊的內容不外就是：「有沒有人煽動他們去遊行？有沒有發覺同學裡有共產黨的活動或組織？幕後主謀者是誰？」等等了無新意的問題。因爲人數多，每個人的審問都只有幾分鐘就結束

拘訊學生移送法院

計周自強等十九人

另臺大學生十二名，師院學生一〇五名 通知家長領回管教

警總發言人宣稱：逮捕學生乃「不得已」！（4月8日《新生報》）

了。一般被捕的學生也認為，軍警單位主要的目的還是要抓名單上面的那些人，當然，也借這個機會看看，有沒有其他「非法分子」？同時也想多打聽一些校園情況。所以，只有叫去問話，沒有刑求。㊷

謝東閔也說：「學生被抓的次日，我怕學生出事，帶著香蕉、橘子探望學生。他們有些人還笑嘻嘻的說，院長你來看我們喔，我說，你們實在是太調皮了。」㊸

三天後，部分被認為沒有問題的學生開始由家長具保領回。

然而，據四月八日報載，警備總部發言人又對外宣稱：「該部拘捕台大及師院非法學生，當時原將應行拘捕姓名送請學校當局指交，台大業已照辦，惟師院方面學生拒絕，不得已乃由憲警入內查拘，當時自知將受拘捕之少數學生，故意造成混亂，鼓動全體學生擁上車，致使憲警不得不將所有上車學生一齊帶

回，以便清理。」清查結果，除了「因無學生證或身分證，正向學校當局查詢」的學生之外，已將台大學生十二名，師院學生一〇五名，通知家長，領回管教；並已備文將「原定拘捕（的）極少數份子」——「周自強、莊輝彰、許華江、王耀華、丘宏義（仁）、黃金揚（榮）、盧秀如、許冀湯、趙制陽、孫達人（又名孫志煜）、陳錢潮、張光貞（直）、申德建、陳琴、藍世豪、徐桂邨、鮑世渚、方啓明、陳炳章」等十九名「拘訊」學生，移送台北地方法院檢察處，「如罪證確鑿絕依法懲辦」。另外，史習枚（《新生報—橋副刊》主編歌雷）與董佩璜（《中華日報》記者）二人，也已另案移交法院。㊹

然而，第二天各報又刊載了一則台大當局的「來函照登」。台大方面針對警備總部發言人：「該部拘捕台大學生，當時原將應行拘捕姓名送請學校當局指交，台大業已照辦。」的發言，指稱「全非事實」，並聲明「此次警備司令部在本校拘捕學生，全係警備司令部自行辦理」。㊺

四月八日，警備總部發言人又對外宣稱：「對於師院學生繼續清理完畢，除極少數非法學生移送法院依法辦理，以及非師院學生當晚住在師院情節可疑者，計台大學生吳汎修、歐龍雲、許嘉熒、鄭文憲、駱濱濱，成功中學學生傅昭杜、李思陶等，須續加偵訊外，其餘一概由該部通知各家長全台北市上海路警備旅旅部領回。」據報載，該部同時公布「百餘名」已通知家長領回的學生名單；據悉，名單公布的當天，就有不少家長前往領

回。㊻

四月十二日，警備總司令部發表處理學生事件經過，宣稱：「此次事件，純依法定手續，迅捷處理，目下所有學生，除十四名解送臺北地方法院檢察處依法辦理外，餘均已由家長或該兩校當局領回管教」。由於釋放名單並沒有公布，我們因而無從得知，原先送交臺北地檢處「依法辦理」的十九名學生當中，有哪五名已經被釋放？

針對警備總司令部四月十二日宣稱的：「此次事件，純依法定手續，迅捷處理，目下所有學生，除十四名解送臺北地方法院檢察處依法辦理外，餘均已由家長或該兩校當局領回管教」的說法，台灣大學學生自治會於四月十五日上午，在學生食堂舉行記者招待會，招待會主席首先向各媒體記者報告說：「在本校同學周自強等二十八名，及師院的三百多同學被捕後，本校全體三千多同學乃被捲入恐怖的浪潮中。我們是有熱情有正義感的青年，雖然我們不能不顧到本身的安全，但同時我們更沒有忘懷被捕同學的鐵窗之苦。在同學們一致的要求下，我們的營救會就宣告成立了。我們並不願擴大事態，造成血案，我們誠心實意地企圖將此次事件，通過學校當局和政府的交涉，大事化小，使已波及於本校三千同學獲得自由和安全。」㊼

然後，學生又針對當局所謂「少數外來學生鼓動學潮」的說法澄清說：「本校同學無論本省外省，根據以往的事實，在學習上都是密切砥礪，互相觀摩，在感情上親愛互助，

# 警備總司令部發表
# 處理學生事件經過
## 盼學校及家長通力合作
## 尤望學生重視理智正義

【中央社訊】記者茲探悉：警備總司令部公佈，關于此次處理學生事件之經過，如左：

「查此次臺大及師院學生事件，政府之動機，純爲愛護大多數學生，使能安心學業，成爲國家有用之才，並確保社會秩序，維持公共治安，實出於不得已，此種苦衷，幸獲各界同情，至于此次事件，純依法定手續，迅速處理，目下所有學生，除十四名解送臺北地方法院檢察處依法辦理外，餘均已由家長或該兩校當局領回管教，政府對於此次事件，雖已結束，內心實感歉疚，尚望學校當局及諸家長，今後通力合作，嚴加管教，不僅防止此類不幸事件于未然，使青年學生均能安心攻讀，尤望青年學生，體諒政府當局善意愛護之苦心，萬勿再感情行動，被少數不良份子所利用，辜負國家栽植人才之至意，與父母養育期望之殷切，宜視理智與正義，奮迫學業，發揚自愛愛校之精神，幸甚。」

據悉，十二日首次偵訊學生案件，由檢察官兩人分別訊問，問畢仍還押看守所。據有關當局稱：在押學生每兩人居一室，所受待遇較一般嫌疑犯略優，普通嫌疑犯需四人居一室。按臺北看守所係附設於臺北監獄之下，其所受待遇亦較臺北監獄略優。

4月12日警總發表事件經過
（4月13日《新生報》）

# 被捕學生法院昨初審
## 在監羈押所受待遇較優
## 警部發表處理學潮經過

4月12日被捕學生依「法」初審。
（4月13日《中央日報》）

並無任何裂痕。」㊽

接著，他們又向記者報告營救工作的狀況：「在六日到十二日的一星期內，我們沒有一天沒有一小時不是爲了被捕同學的自由而奔波。終至在九日下午，名單外之十二名同學，獲得釋放。」㊾

同時，他們又指出：「對於營救被捕同學，我們當前工作重點只是訴訟上問題，希望當局對尚未開釋同學早依法辦理，完成偵審，無罪者應即開釋，並希望各界主持正義。」㊿

然而，據同一天報載的傅斯年校長擬具的，即將於十六日起連續三天舉行的校務會議的報告書全文，卻對學生的呼籲，隻字未提。[51]

另外，同一天，臺北地方法院檢察處

沙姓首席檢察官又告訴《中央日報》記者：「該案正積極偵查，因爲證據確鑿，還沒有特別困難，不過因爲各方牽涉很多，偵查起來很費時間，現在他們已商請警備總部派員協同偵查。」[52]

從沙姓首席檢察官的這段談話看來，這十四名送交「依法辦理」的學生命運，終究還是掌握在警備總部的手上。據四月十三日的《公論報》和《中央日報》根據「中央社訊」的報導，台北地方法院檢察處在四月十二日「首次偵訊學生案件」的「十四名涉案學生」之後，隨即把他們「還押看守所」；有關當局並且宣稱：「在押學生每兩人拘一室，所受待遇較一般嫌疑犯略優，普通嫌疑犯需四人拘一室。按台北看守所係附屬於臺北監獄之下，其所受待遇亦較台北監獄略優。」

至於，他們的下落如何？我們卻因爲在後來的報章媒體上看不到任何相關的報導而無從得知。一直要到四十五年後的一九九四年六月三十日，當時的警備總部副總司令彭孟緝在接受中研院學者的採訪時，才透露了這段秘密。針對「四六」被捕學生的處理情形，彭孟緝是這樣向採訪者說的：

其中師範學院（學生）就解散由家屬領回，台大是國立大學，我們不能管，所以我叫傅斯年負責台大的學生，後來他也叫家屬來領回去。我清查以後約不到四十人是大陸派來的職業學生，你們看，四十個人便可搞這麼大的事情。我想這些年輕人雖然其罪不可免，但我同情他們，我問他們：「願意留在這兒的人我辦個學校訓練一下你們，要回去的就送你們回去，請你們考慮三天。」結果只有一個人願意回去，後來我也送到馬祖，派個船送他回去。其餘的三十幾個便在板橋辦了一個「新生訓導處」，請了大學教授來授課，他們也都很感激我，所以後來有幾個留美的回來，帶了妻子、小孩特地到日本來看我。我這個人是非常善良的人，我雖然是軍人，但我對敵人很大方，對親人非常愛護……。㊿

如果「對敵人很大方」的「非常善良的軍人」彭孟緝的說法是事實的話，那麼，當時未被即時釋放的學生就不只是送交台北地檢處「依法辦理」的周自強等「十四名」學生而已！而且，當時媒體根據中央社提供的資訊所作的各項報導，顯然也就不符事實了。但是，彭孟緝的說法又與那「十四名」學生當中的孫達人、張光直等人的證言有很大的出入。

在張光直的記憶裡面，一同被關在情報處的「四六事件的受害者」，一共有「十九個人」。這十九個人，包括四月八日報載的送交台北地檢處「依法辦理」的周自強等十九名學生當中的「王耀華、周自強、陳錢潮、盧秀如、黃金榮、許冀湯、許華江、申德建、孫志煜（達人）、藍世豪、陳琴」等十一名台大學生；以及師院學生「莊輝彰、趙制陽」；

成功中學學生「丘宏仁（義）」；建中學生「張光直（眞）」；新聞界的「史習枚（新生報）」和「董佩璜（中華日報）」；另外，還有原先不在報載名單上的師院學生宋承志和職業不明的王惲。至於原在報載十九名學生名單中的「徐桂邨、鮑世渚、方啓明、陳炳章」等四人則不知下落？54

在沒有確切的檔案資料可供參考的情況下，歷史的眞相究竟怎樣？看來，只有等待官方公布當時的檔案（如果還有的話），才能眞相大白吧！

## 師院的整頓過程

四月六日當天，台灣省政府即以「鑑於近來各校迭有少數學生，行爲不法，妨害公共治安殊極，而校風之敗壞，尤以省立師範學院爲甚」的理由，以「卅八卯魚府字綜機字20252號」電令師範學院：「即日暫行停課，聽候整頓，所有學生應一律重行登記，再行定期復課」，以便「徹底整頓」。同時要求「該校轉知全體教職員暨各生家長，仰體政府整頓教育之苦心，約束學生安分守法，不得再有越軌行動。」55

四月七日，台灣省當局爲表明整頓本省學風之決心，也組織成立了「師範學院整頓學風委員會」；委員包括：省參議會代表、台北市參議會代表、省政府秘書長、教育廳長、台北市長、省立師範學院院長、劉明、劉眞、陳蔡煉昌、謝似顏；並指定劉眞爲主任委員。

與此同時，台灣省政府也發表師範學院院長的任免令：

一、兼省立師範學院院長謝東閔，請辭兼職，應予照准；

二、聘師範學院整頓學風委員會主任委員劉眞，暫行代理師範學院院長。㊱

四月九日，中午十二時，在省主席陳誠「儘速召開會議」的要求下，「師範學院整頓學風委員會」舉行第一次會議，游彌堅、劉眞、陳蔡煉昌、蘇惟深、周延壽、劉明、謝東閔、謝似顏、蒲薛鳳等人出席；黃朝琴列席，由主任委員劉眞主持。會議討論了以下五項事情並作出決議：

一、請劉兼代院長即日接事並執行本會決議事項等。

二、整頓範圍以學生爲對象；至應復課爲止，暫以約二星期爲整頓期間。

三、學生學籍重行登記，由謝東閔委員請教育廳負責，于本學期內草擬「台灣省立師範學院學生學籍重新登記辦法」，經本會通過後，呈請省政府核定施行；「關於不予登記之標準及名單，以及重行登記手續，由劉主任委員與謝委員東閔研究後，提經本會商討決定之」。

四、本會開會地點可臨時決定；印信請省政府刻製頒發。

五、本會辦公人員由省政府教育廳及師範學院調用之。㊲

# 師院成立整頓學風委員會
# 劉眞任主委兼院長

【臺新社訊】省當局決心整頓本省學風，掃除[illegible]，故除：師範學院整頓學風委員會，昨經組織成立，並併該會委員名單如下：（一）省參議會代表，（二）臺北市參議會代表，（三）省政府秘書長，（四）教育廳廳長，（五）臺北市市長，（六）省立師範學院院長，（七）劉明，（八）劉眞，（九）陳蔡煉昌，（十）謝似顏，並指定劉眞為主任委員。

【臺新社訊】省府昨發表任免令如下：（一）兼省立師範學院院長謝東閔，[illegible]照准，此令。（二）聘師範學院整頓學風委員會主任委員劉眞，暫行代理師範學院院長，此令。

## 劉眞院長簡歷

【本報訊】省立師範學院院長劉眞，係安徽人，早歲進學東瀛，畢業於日本東京高等師範教育研究部，歸國後曾任河北教育學院暨國立師範學院教授，兼訓導長等職，著有「教育行政」（中華書局大學叢書）、「儒家倫理教育心理」、「思想漫談」、及「新式測驗編造法」等書，治學謹嚴，為人誠懇，平日對於青年，尤為關切愛護，想該院經劉氏接長後，必有良好發展云。

……及因無學生證，或身份證，正向學校當局查詢外，現已有一百零[illegible]名，均已由該部通知其家長領回，並探悉業已通知其家長領回之學生姓名如左：陳華瑞、陳澤華、黃淑賢、汪花、潘椿熄、愈永培、陳玉賓、曾榮途、愈元淡、張儒葉、劉紹卿、林民松、胡炯章、林炳、傅志棠、趙文樹、黃永凱、王天昌、鄒蔭文、蔡……

4月7日師院成立「整頓學風委員會」。（4月8日《新生報》）

劉真

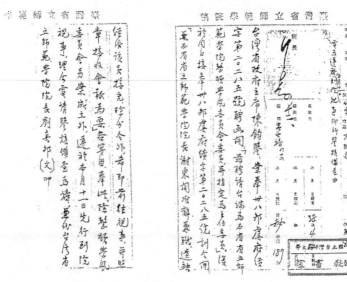

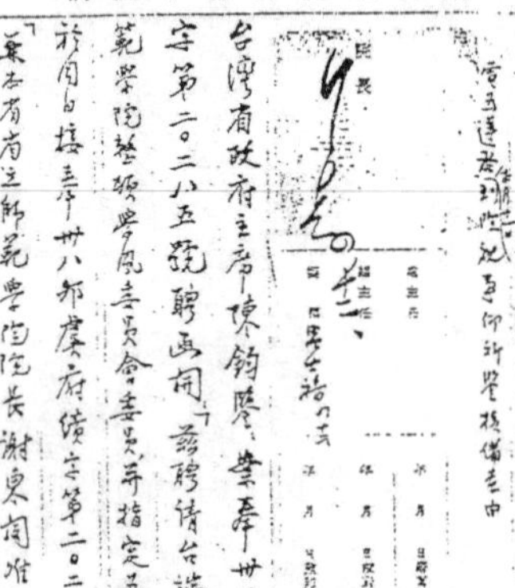

臺灣省立師範學院箋

台灣省政府主席陳鈞鑒：案奉卅八卯庚府繕字第二○二八五號聘函開「茲聘請台端為本省省立師範學院整頓學風委員會委員，並指定為主任委員」，復於同日接奉卅八卯庚府繕字第二○二八五號訓令開「案本省省立師範學院院長謝東閔准辭兼職，遺缺

臺灣省立師範學院箋

任俟該員接充，除分令外，希即前往視事，并照章接收，會報為要」各等因，奉此，除整頓學風委員會另案成立外，遵於本月十一日先行到院視事，理合電請鑒核備查為禱。兼代台灣省立師範學院院長劉真卯（文）印

4月11日劉真接掌師院。

四月十一日，劉眞接掌師範學院。當天，陳誠在中山堂邀宴師院全體教授，表示「整頓學風實非得已，希望迅速登記早日復課」。[58]

四月十三日，師院學風整頓委員會主任委員向記者表示：該會「爲整飭學校秩序，維護學生學業，並樹立良好學風起見」，業經訂定「師範學院學生學籍重行登記辦法」一種，並經呈奉省政府核准，即可實施，其要點包括：一、所有師院學生須一律重行登記，聽候甄審；二、自四月十六日起至二十五日止，在師院辦理申請登記手續，逾期不得申請補登；三、申請登記時，應繳登記表、保證書、戶口抄本、最近二寸半身像片三張；四、經該會甄審合格者，由師院換發學生證及證章，重行取得正式學籍；五、甄審合格的學生，憑新發之學生證重行註册上課，上課日期由學院另定；六、本辦法自公佈之日實行。[59]

整頓學風委員會顯然是想通過學生重新登記、甄審的程序，進行學生之審查；並據此「合法」的去除「不法學生」。[60]

當天下午三點，師院新任院長劉眞特在該院會議室，舉行茶會，招待全校一百二十名教授，就「學風之整頓，經費之增加，設備之充實，員生之福利」等問題，「熱烈交換意見」。[61]

四月十六日，師院學生開始重行登記學籍。據報載，師院學風整頓委員會「爲從速辦理登記，以期早日復課免誤學生學業起見」，除了「預發每人照相費一萬元，以示體恤」

師院學風整頓委會
訂定學籍登記辦法
——劉眞院長昨舉行茶話會 招待教授熱烈交換意見——

【本報訊】臺灣省立師範學院整頓學風委員會，自成立以來，工作極爲緊張，頃由該會主任委員劉眞氏，據悉該會業經訂定「師範學院學生學籍重行登記辦法」一種，並經呈准省政府核准，即可實施，其要點如下：

一、臺灣省立師範學院整頓學風委員會（以下簡稱本會），爲整飭學校秩序，維護學生學業，並樹立良好學風起見，特訂定臺灣省立師範學院學生學籍重行登記辦法（以下

臺灣省立師範學院學生，申請登記時，應繳下列各件：1登記表，2保證書，3戶口抄本（家屬在本省，居住者，應繳戶口抄本，不必副保），5最近二寸半身像片三張。

一、全體教授學生服務，並力求提高學術研究風氣，安定員生生活，希望諸同仁多予指教協助爲語。繼由孫總中、林本、謝似顏、徐照、王志義、鄭嬰、許世瑛諸教授先後發言，對於劉

4月13日確立學籍登記辦法。
（4月14日《新生報》）

師院學生登記踴躍
第一日達二百餘人
星期日亦照常辦理登記
該院留日同學會歡宴劉眞

【本報訊】師範學院整頓學風委員會，爲從速辦理登記，以期早日復課免誤學生學業起見，會辦理規定登記程序，並預發每人照像費一萬元，以示體恤。關於登記辦法，除先期台各報發佈消息刊登廣告，並請新聞處利用電台廣播全省外，復恐僻遠鄉村不易周知，特再由會個別函知學生家長，告以登記辦法及日期，請其督促子弟如期辦妥登記事宜。該會主委劉眞氏昨復規定各辦理登記人員，自本月十六日至廿五日登記期間，星期日照常辦公，昨日爲該會辦理登記第一日，記登學生頗爲踴躍，人數達二百二十四人，該院學生對該會辦事認眞負責及周詳備極讚敬佩。

【又訊】師範學院教授中，畢業於日本文理科大學及高師者頗多，昨日下午五時，該院留日文理科大學、高師畢業同學會，特假該院會議室歡迎新院長劉眞，並備便餐招待，出席者計有林本等二十餘人，座間[illegible]，備極歡洽。

4月16日師院學生開始重新登記。（4月17日《新生報》）

師院整會公告
五月一日開學

【本報訊】師範學院自治整頓委員會公告：本月十六日舉行登記以來，迄今四日已登記學生約[illegible]餘人，據該校負責人稱：於二十五日定可以辦理完竣，決定五月一日正式開課。

4月19日師院整委會公告預定5月1日開學。
（4月20日《中央日報》）

師院學生登記
已達五百餘人
開學日期尚待決定

來函照登

4月20日，登記學生已達五百餘人，但開學日期未定。（4月21日《中央日報》）

以外，並「在各報發布消息刊登廣告」，同時也「請（省）新聞處利用電臺廣播全省」；該會「復恐僻遠鄉村不易周知」，又特地「個別函知學生家長，告以登記辦法及日期，請其督促子弟如期辦竣登記事宜。」經過這樣那樣的努力之後，據統計，當天一共有二百二十四名學生辦理登記。劉眞並且規定，登記期間，所有辦理登記人員，星期日照常辦公。[62]

然而，據四月十九日《中央日報》「學府風光」欄的報導，師院宿舍雖已開放，但是返宿的學生卻僅及原來人數的五分之一；而且，這些學生都有「不堪回首」的感慨。

四月十九日，師院學風整頓委員會公告，登記手續於二十五日一定可以辦理完竣，並定五月一日正式開課。[63]

第二天，該會負責人又對外宣稱：學生登記已達五百餘人，但是，正式復課日期尚待開會決定。[64]

四月二十五日，師院學生重行登記學籍截止，該會辦事人員「日夜趕辦各項通知復課事宜」。[65]

四月二十六日下午三時，「師範學院整頓學風委員會」在省府秘書長辦公室舉行第三次會議，出席者有劉眞、蒲薛鳳、游彌堅、謝東閔、陳蔡煉昌。會中討論決議事項有三：

一、甄審學生計有逾期不來登記學生周愼源等十四人（詳見表一），現在法院有案者朱乃長等十人，教育部令僞造證件法辦者趙制陽等四人（詳見表二），應個別通知不予合格外，經治安機關偵明屬重大罪者章志光等十二人，除阮庭瑜一名經陳蔡煉昌先生保證確係優良學生，暫予以留校察看外，餘十一名（詳見表三）應予以不合格處分。

二、決定四月二十九日正式復課。

三、「學生及宿舍管理員，因四月六日學生與憲警衝突事件遺失衣物錢財，請求救濟」之事，決議：「不討論」。

會議結束後，該會隨即以「整頓學風委員會」名義，將處理情形結果函致：「台灣警備總司令部、（保安處）林（秀欒）處長、警務處」及「台北市警察局」等警政機構：

查省立師範學院學生，經本會甄審不予不合者，計有朱乃長等二十五名（內趙制陽、程皓蘭、王立榮、徐俊等四人僞造證件，教育部曾令法辦在案），除由會分別通知即日遷離學院外，相應抄送名單一份函請備查。又學生周愼源等十一人因逾期未來會申請重新登記，亦經依照規定予以除名，併希查照爲荷。

文後並附有「省立台灣師範學院整頓學風委員會除名學生名單」一份：

一、逾期未重新登記規定應予除名之學生（計十一人）：

| 姓名 | 性別 | 籍貫 | 科系 | 備註 |
| --- | --- | --- | --- | --- |
| 周愼源 | 男 | 台灣台南縣 | 本科數學系 | |
| 鄧傳青 | 男 | 江西清江縣 | 本科教育系 | |
| 鄭鴻溪 | 男 | 台灣彰化市 | 本科教育系 | |
| 朱商彝 | 男 | 台灣彰化市 | 本科教育系 | |
| 陳澤諭 | 男 | 福建南安縣 | 本科史地系 | |
| 李德育 | 男 | 河北清苑縣 | 本科教育系 | |
| 黃旭初 | 男 | 台灣新竹縣 | 本科教育系 | 師院的學籍資料未見退學記事 |
| 方孔裕 | | | | 同右 |
| 張泰賚 | 男 | 台灣台中縣 | 二年制先修班 | 師院的學籍資料記載是因曠課過多而退學 |
| 簡素嬌 | | | | 同黃旭初等 |
| 李淑美 | | | | 同右 |

## 二、偽造證件經教育部會知法辦之學生（計四人）：

| 姓名 | 性別 | 籍貫 | 科系 |
|---|---|---|---|
| 趙制陽 | 男 | 浙江溫嶺 | 本科教育系 |
| 程皓蘭 | 女 | 浙江溫嶺 | 本科教育系 |
| 王立榮 | 男 | 浙江紹興 | 本科教育系 |
| 徐　俊 | 男 | 浙江富陽 | 本科教育系 |

## 三、甄審不予合格之學生（計二十一人）：

| 姓名 | 性別 | 籍貫 | 科系 | 備註 |
|---|---|---|---|---|
| 朱乃長 | 男 | 上海市 | 本科英語系 | 師院學籍資料的記載是「未重新登記」 |
| 宋承治 | 男 | 浙江紹興縣 | 本科英語系 | 同右 |
| 莊輝彰 | 男 | 台灣高雄縣 | 本科英語系 | 同右 |
| 薛愛蘭 | 女 | 福建仙遊縣 | 本科數學系 | 同右 |
| 毛文昌 | 男 | 浙江江山 | 本科國文系 | |
| 王俊廷 | 男 | 台灣高雄市 | 本科數學系 | 同右 |

| 姓名 | 性別 | 籍貫 | 科系 | 備註 |
|---|---|---|---|---|
| 魯教興 | 男 | 河北豐潤 | 本科國文系 | |
| 郎立巍 | 男 | 河北臨榆 | 本科國文系 | |
| 樓必忠 | 男 | 浙江義烏 | 本科數學系 | 同右 |
| 方啓明 | 男 | 福建仙遊縣 | 本科國文系 | 同右 |
| 章志光 | 男 | 浙江永嘉縣 | 本科教育系 | |
| 陳光第 | 男 | 江蘇武進 | 本科教育系 | |
| 譚震中 | 男 | 山東威海衛 | 本科教育系 | |
| 林加坤 | 男 | 福建仙游縣 | 本科史地系 | |
| 汪應楠 | 男 | 浙江杭縣 | 本科英語系 | |
| 劉君任 | 男 | 福建莆田縣 | 勞圖專修科 | |
| 頻義俊 | 男 | 浙江溫嶺 | 本科教育系 | |
| 連占武 | 男 | 福建仙遊縣 | 本科國文系 | |
| 匡介人 | 男 | 江蘇上海縣 | 本科英語系 | |
| 陳錦清 | 男 | 福建仙遊縣 | 本科國文系 | |
| 樓高 | 男 | 浙江諸暨 | 本科教育系 | |

總計，在「重新登記甄選」之後，師院學生共有三十六人被除名。㊅

四月二十七日起，該會「按照預定計劃辦理註冊手續」，據報載，「當時秩序進行迅速，一日之間註冊者即達六百二十人（全院八百餘人）。」二十八日，註冊事宜辦理完畢。㊆

四月二十九日，師範學院正式復課。據報載，清晨五點左右，劉眞院長就已經到達學校，並且親自前往各教室、宿舍等處巡視；到了七點半，他就「領導全體學生在大操場舉行業已停頓半年的升旗典禮」，並「作極懇切扼要的講話，勗勉學生應提高學術研究興趣，養成優良生活習慣及發揮愛護國體之精神。」據載，復課常天，「師生教學情形極爲良好，學校秩序亦已恢復常態。」㊇

十月十五日，「整頓學風委員會」的整頓工作正式結束。

師範學院復課
師生教學情形良好
新聘教授先後到校

4月29日，師院正式復課。（4月30日《中央日報》）

師院定令復課
註冊手續迅速順利
昨日已逾六百廿人

4月27日，註冊人數已逾六百人。（4月28日《中央日報》）

「四六事件」以後官方的「學風整頓」工作，至此告一段落。⑲

## 恐怖的延續

經過「整頓」後的師院校園，事實上是處在情治機構的監視之下；台灣省警備總司令部從此可以直接行文學校按名指交「不法」學生，學校成爲警總的下屬機關。⑳

一九四九年八月，師院學生王家儉、丁權、陳培基和姚清發等人又同時被捕。

據當時《南洋商報》駐台灣訪特派員蘇菲在《台灣魔窟歷險記》中報導：「因爲分發《爲國民黨迫害台灣學生告全國同胞書》而被捕的師院學生李德育，於一九四九年十月卅日，慘遭秘密殺害。」㉑

一九五〇年五月十日起，前台灣省保安司令部又以「涉嫌叛亂」之由，陸續逮捕了陳水木等四十幾名台大及師院學生，許多「四六事件」的受難學生爲恐牽連，聞訊紛紛展開長達數年的逃亡生涯。十一月二十九日，陳水木與同案共十九名難友被槍決，其餘則被判十五年以下的不等刑期。

至於名列「黑名單」之首的周愼源，則在流亡當中，在桃園蘆竹鄉慘遭特務亂槍擊斃！㉒

**臺灣省政府代電**（參卅八午東府綏二字第三五七六號（不另行文）中華民國卅八年七月一日）

事由：電希轉飭嚴緝奸嫌曹潛等廿名歸案

各縣市政府：

一　准臺灣省警備總司令部電以，潛伏本省之奸嫌份子，經先後偵查逮捕漏網者計有曹潛等二十名，請予通緝歸案。等由。

二　除分電表緝暨電復外，特抄發年貌表一份，電希轉飭嚴緝歸案，逕解總部訊辦並具報。

主席陳誠

通緝人犯年貌表

| 姓名 | 性別 | 年齡 | 籍貫 | 住址 | 案由 | 請緝機關 | 緝獲通知機關 | 備考 |
|---|---|---|---|---|---|---|---|---|
| 曹潛 | 男 | 二八 | 江蘇蘇州 | 不詳 | 為匪職業學生，將報宣論反動宣揚共匪政策 | 警備總司令部 | 同上 | 前臺大政治系二年級學生 |
| 盧伯毅 | 〃 | | 臺灣臺中 | 〃 | 「二二八」事件為氣象局控制全省測候電台出版日文反動刊物 | 〃 | 〃 | 前臺大經濟系學生 |
| 陳實 | 〃 | | 福建連江 | 〃 | 反對當局招新生，代傳共匪主義與福州林森通訊鼓動學潮 | 〃 | 〃 | 前臺大學生自治會聯合主席 |
| 趙[illegible]衷 | 〃 | 二八 | 江蘇 | 〃 | 為復旦大學前出刊「文摘」社社長來臺上級偵知有案 | ？ | 〃 | 前臺大政治系學生 |
| 朱光[illegible] | 〃 | 二三 | 廣東 | 〃 | 為左傾人文報通訊員，反對被招運動，主張堅持到底「三二一」事件[illegible] | 〃 | 〃 | 前臺大文學院學生 |
| 劉茂己 | 男 | 二四 | 臺灣臺北 | 不詳 | 接受與香港匪黨通訊乙件，搜獲匪方抗議美軍暴行委員會傳單 | 警備總司令部 | 同上 | 前師院藝術系學生 |
| 簡文宣 | 〃 | | 臺灣嘉義 | 〃 | 學術會對內外之各項反動刊物如「燎火」「光明」報等均由其負責交換 | 〃 | 〃 | 前臺大電氣系學生 |
| 周慎源 | 〃 | | 臺灣 | 〃 | 「三二一」事件首要領導人物，學生自治會第一任主席，平日言論乖曲 | 〃 | 〃 | 前師院教育系學生 |
| 鄭鴻溪 | 〃 | | 臺灣彰化 | 〃 | 前師院第一任學生自治會總務部主席，改造理事會委員，思想激烈份子 | 〃 | 〃 | 〃 |
| 朱商彝（實） | 〃 | | 臺灣 | 〃 | 組織學術會出刊潮流社編寫論反動思想左傾 | 〃 | 〃 | 〃 |
| 王惠民 | 〃 | 二三 | 浙江 | 〃 | 為「三二一」事件主席，發起召集開會鼓動學潮 | 〃 | 〃 | 前臺大法學系學生 |
| 孫約翰 | 〃 | 三二 | 福建仙遊 | 〃 | 鼓動罷課聚眾抗議事件，為「三二一」事件代表之一 | 〃 | 〃 | 前臺大農經系學生 |
| 莊子除 | 〃 | 二四 | 河南 | 〃 | 與上海學生聯係通訊，為奸匪吸收工作人員，時常發表共黨言論 | 〃 | 〃 | 前臺大物理系學生 |
| 林火棟 | 〃 | | 臺灣 | 〃 | 與香港共匪來往之匪黨學生 | 〃 | 〃 | 前臺大學生 |
| 汪玉英 | 女 | 一九 | 山東 | 〃 | 奸匪派駐臺北地委家中有秘密電台擔任夜工作 | 〃 | 〃 | 前任基隆港務局職員 |
| 林廷國 | 男 | | 江蘇上海 | 〃 | 自稱為民盟份子，以反宣傳刺激統關係左傾刊物 | 〃 | 〃 | 原任新竹南岡國民學校教員 |
| 李蘋招 | 〃 | | 臺灣 | 〃 | 言論反動 | 〃 | 〃 | 原任臺中埔裡警察隊職員 |
| 洪[illegible]發 | 〃 | | 臺灣嘉義 | 〃 | 托人高價收買槍枝與人反動傳單，邀人參加其組織 | 〃 | 〃 | 不詳 |
| 武乃鴻 | 〃 | | 江蘇連雲 | 〃 | 化名武可抗，抗大畢業，為奸匪派遣部對工人發表反動性言論 | 〃 | 〃 | 原任高雄港站路警署員 |
| 鄧傳、青 | 〃 | | | 〃 | 在校內壁報上常撰文指責學校當局及財政當局，思想反動 | 〃 | 〃 | 前師院教育系學生 |

7月1日，警總繼續通緝「四六」脫逃的學生。

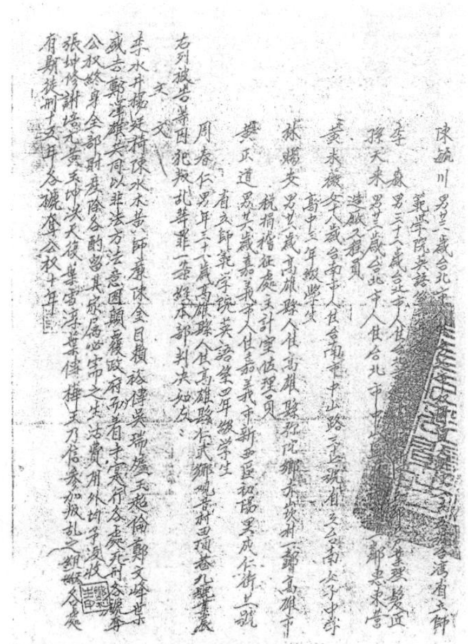

陳水木等19人於1950年11月29日槍決。

# 臺大還在清理階段
## 新生教學將予改革
### 傅斯年談辦臺大的目的與願望

一直到1949年9月台大還在「清理階段」
(1949年9月16日《中央日報》)

註釋：

①一九四九年三月廿二日台北《公論報》。

②陳培基〈「四・六事件」中的台灣師院〉，收錄於福建省台灣大專院校校友會編《「四・六」紀念專輯》，一九九九年二月。

③胡世璘證言，一九九三年十月，採訪於北京民族飯店。

④〈鄭畏三懺悔錄〉，一九五二年《中央日報》。

⑤裴可權《台共叛亂及覆亡經過紀實》，一九八六年五月，商務出版。

⑥一九四九年四月三、四、五日台北《新生報》，及于禁《上海1949》，台北，風雲時代出版，一九九七年一月。

⑦前引陳培基〈「四・六事件中的台灣師院〉。

⑧據趙制陽自述，他是在當天傍晚，在師院校門口被捕的；詳見一九九七年六月十一日《聯合報》，記者李青霖專訪〈劫後餘生趙制陽憶四六亂象〉。

⑨一貫〈一九四九台北四・六學生運動〉，紐約，《台聲》雜誌，一九七五年四月。

⑩陳澤論〈回憶「四・六事件」〉，收錄於前引福建省台灣大專院校校友會編《「四・六」紀念專輯》。按，陳澤論當時是師院史地系學生，就讀期間曾經擔任過該校方生社社長、筆聯會主席及一九四九年師院「二月罷課」委員會委員之一。

⑪ 一九四九年四月六日台北《新生報》。又宋承治是師院英語系二年級學生，並非台大學生。

⑫ 賴澤涵、許雪姬〈彭孟緝先生訪問記錄〉，中研院近史所《口述歷史》第五期，第三三七至三三八頁，一九九四年六月卅日。

⑬ 謝公秉專訪〈謝東閔：我從頭到尾沒有把學校關掉〉，一九九七年六月十九日《聯合報》。

⑭ 前引賴澤涵、許雪姬〈彭孟緝先生訪問記錄〉。

⑮ 前引陳澤論〈回憶「四・六事件」〉。

⑯ 朱商彝歷史證言，一九九五年十一月十七日，採訪於日本京都立命館大學。

⑰ 前引謝公秉專訪〈謝東閔：我從頭到尾沒有把學校關掉〉。

⑱ 盧兆麟歷史證言，一九九〇年四月六日，採訪於台北盧宅。

⑲ 孫達人歷史證言，一九九六年五月廿四日，採訪於台北孫宅。

⑳ 一九四九年四月八日，台北《中央日報》。

㉑ 前引賴澤涵、許雪姬〈彭孟緝先生訪問記錄〉。

㉒ 一九四九年四月七日，台北《中央日報》。

㉓ 一九四九年四月七日，台北《中央日報》。

㉔ 一九四九年四月七、八日，台北《中央日報》。

㉕ 一九四九年四月八日，台北《中央日報》。

㉖一九四九年四月九日，台北《中央日報》。
㉗一九四九年四月九日，台北《中央日報》。
㉘一九四九年四月十日，台北《中央日報》。
㉙一九四九年四月十二日，台北《中央日報》。
㉚根據四六當時被捕的建中學生張光直在回憶錄《蕃薯人的故事》第五十八頁所載，台大教授蘇某，應該是指蘇薌雨教授；當時，蘇教授住在溫州街二十巷一號，因爲張光直曾經在那裡住過一段時間，那些軍警爲了抓張光直，所以也跑到那裡「搜查」。
㉛轉引自《近代史資料》一九五四年第三期，〈台灣問題資料輯錄〉第九十二頁，北京科學出版社。
㉜薛秋帆〈我在「四・六事件」的前前後後〉，前引福建省台灣大專院校校友會編《「四・六」紀念專輯》。
㉝前引陳培基〈「四・六事件」中的台灣師院〉。
㉞陳玉成〈台灣師院學生運動片段〉，原載《仙遊文史資料》，一九八四年六月，收錄於前引福建省台灣大專院校校友會編《「四・六」紀念專輯》。
㉟前引《近代史資料》一九五四年第三期，〈台灣問題資料輯錄〉第八十九頁。
㊱前引陳玉成〈台灣師院學生運動片段〉。

㊲ 前引陳培基〈「四・六事件」中的台灣師院〉。

㊳ 前引《近代史資料》一九五四年第三期，〈台灣問題資料輯錄〉第九十二頁。

㊴ 一九四九年四月九日，台北《中央日報》。

㊵ 樊軍〈四・六風暴〉，台北《遠望》雜誌，一九九七年十一月。

㊶ 前引賴澤涵、許雪姬〈彭孟緝先生訪問記錄〉。

㊷ 前引孫達人歷史證言。

㊸ 前引謝公秉專訪〈謝東閔：我從頭到尾沒有把學校關掉〉。

㊹ 一九四九年四月八日，台北《中央日報》及《公論報》。

㊺ 一九四九年四月九日，台北《中央日報》及《公論報》。

㊻ 一九四九年四月九日，台北《中央日報》及《公論報》。

㊼ 謝漢儒《關鍵年代（一九四八——一九五二）的歷史見證——台灣省參議會與我》，第七十一頁，台北唐山出版社，一九九八。

㊽ 一九四九年四月十六日，台北《中央日報》。

㊾ 前引謝漢儒《關鍵年代（一九四八-一九五二）的歷史見證——台灣省參議會與我》。

㊿ 一九四九年四月十六日，台北《中央日報》。

51 一九四九年四月十六日，台北《中央日報》。

52 一九四九年四月十六日，台北《中央日報》。
53 前引賴澤涵、許雪姬〈彭孟緝先生訪問記錄〉。
54 前引張光直《蕃薯人的故事》，第六十三頁。
55 一九四九年四月七日，台北《中央日報》。
56 一九四九年四月八日，台北《中央日報》。
57 一九四九年四月十日，台北《中央日報》。又，據師大「訓導字第11卷第19號」檔案所載該次會議於四月八日舉行，轉引自《國立師範大學「四六事件」研究報告》。這裡，根據的是《中央日報》的報導。
58 一九四九年四月十二日，台北《中央日報》。
59 一九四九年四月十四日，台北《中央日報》及《公論報》。
60《國立師範大學「四六事件」研究報告》，第六頁，一九九七年六月十八日。
61 一九四九年四月十四日，台北《公論報》。
62 一九四九年四月十七日，台北《新生報》。
63 一九四九年四月二十日，台北《中央日報》。
64 一九四九年四月二十一日，台北《中央日報》。
65 一九四九年四月二十八日，台北《中央日報》。

⑯ 前引《國立師範大學「四六事件」研究報告》。
⑰ 一九四九年四月二十八日，台北《中央日報》。
⑱ 一九四九年四月三十日，台北《中央日報》。
⑲ 前引《國立師範大學「四六事件」研究報告》。
⑳ 前引《國立師範大學「四六事件」研究報告》。
㉑ 前引陳培基〈「四．六事件」中的台灣師院〉。
㉒ 詳見藍博洲〈尋找周慎源〉，載《人間思想與創作叢刊》第二集，一九九九年秋。

天未亮

卷二

# 無悔的青春——四六事件證言錄

# 歷史必然下的受害者

## ——洪敏麟的證言

洪敏麟

南投草屯人，一九二九年生。

原師院史地科學生，

一九四九年四月六日，在宿舍被捕，繫獄兩天一夜。

洪敏麟

我的小學和中學教育，都是在日據時代完成的。我從草屯的新庄公學校畢業後，考上州立台中一中，那是台中、草屯地區排名第一的中學校。一九四一年十二月八日，「太平洋戰爭」興起以後，一天到晚都有美軍來轟炸；那時候，我才中學二年級。差不多每天十點左右，美軍就來轟炸。所以，我讀到中學二年級開始，幾乎就沒有眞正正常上過課。

## 學徒兵

〔一九四三年十月二十五日，因為戰事吃緊，日本當局開始臨時徵召學生兵；一九四四年三月十九日，它又公布「學生動員實施要綱」。〕

日本發布學生動員令時，我已經升上三年級了。後來，我們三、四年級的學生就被徵召，去清水當「學徒兵」。

當時，我們駐在現在的清水國民學校，主要的任務就是在大度山挖戰壕。那段期間，美軍幾乎每天都會來轟炸；晚上，它們都在現在的台中港上空投那個照明彈。後來，美軍的飛機又經常投擲宣傳單下來，宣傳單的內容主要是關於盟軍戰勝的報導。我記得，有一張宣傳單是用漫畫表現義大利跟德國已經投降的消息；還有一張宣傳單畫的是媽祖在天上擋炮彈的漫畫，那個媽祖畫得很生動，我注意到媽姐還流汗呢！因爲炮彈都被媽祖擋住了，所以底下的百姓都平安無事。通過這些宣傳單透露的訊息，那時候，我就已經預感到：日本愈來愈沒希望了，戰爭應該快要結束了……。

後來，我因爲感染瘧疾，提早從學生部隊回學校上課。那個時候，三年級和四年級的學生都去清水服役了，學校裡只剩一年級和二年級的學生，我回來以後就變成班長；每天早上的升旗典禮，我就負責指揮隊伍，喊口令。

## 光復以後

有一天，應該就是一九四五年八月十五日吧！我們聽說日本天皇有很重要的事要廣播，可是，因爲廣播的雜音很多，我們聽得不是很淸楚；日本老師告訴我們說，他好像是在宣布日本投降。我們都認爲他講得不會錯！日本投降了。

日本投降之後，我們學校去淸水做「學徒兵」的那些同學都回來了。學校改制後，我們這些四年級的學生就被編進高中二年級。

當時，在我們台中，朝鮮女人很多。就我所知，那些朝鮮女人都是爲現實所迫而來這裡做私娼的：她們平常都穿著短短的裙子；日本投降了，他們就急著要回去她們的祖國。人家問她們：「你們回去祖國以後要做什麼？」她們都說：「我們要脫離這樣子的生活，回去從

慶祝光復

良。」顯然，日本的戰敗，讓她們對自己的未來充滿希望；但是她們絕對想不到：她們回去以後卻要面對更嚴峻的生活挑戰，因爲戰後沒多久朝鮮又發生了動亂。

另外，台中成功路有一個專門幫人做西裝的俄國人（白俄），平常看到他，都咬著一個煙斗；十月初十，國慶節前一天，我在路上遇到他。他對我說：「你們已經回到你們的祖國了！」我就問他：「你現在要怎麼辦？」他說：「我也要回去我的祖國！」我覺得很納悶，他們白俄人本來就是因爲俄國共產革命之後才跑出來的，怎麼現在又要回去了呢？我想，這也反映了日本戰敗以後一般人的心情吧！

相較於朝鮮人和白俄人，我所看到的日本人，情況又有所不同。那時候，日本人還沒有被遣送回去；我們學校裡也還有一些日本老師留下來；有教數學的、教英語的、教理化或博物的。

有一天，我看到有一個日本老師在磨日本刀，另外一個教自然的嘉仁老師就問他說：「你在磨刀做什麼？」在那邊磨刀的老師回答說：「國家興亡，匹夫有責，現在，日本已經滅亡了，我要切腹！」嘉仁老師聽了就勸他說：「你不要手腳這麼快，你應該想說，現在日本就要靠你復興啊！」那個磨刀的老師於是說：「好！既然這樣，我要爲日本的復興好好活下去。」其實，他根本就沒有要切腹的意思。我和一些同學在旁邊看了就忍不住地笑了出來。

又有一天，那個要切腹的日本老師穿了一身筆挺的西裝來上課。本來，他們上課都穿文官服；我們都很好奇他今天怎麼突然穿起西裝來了？後來，他故意把西裝掀開；我們發現裡頭的襯衫卻只剩下領子跟袖子，其他地方都是空空的。我們忍不住就哄堂大笑！當我們的笑聲漸漸停下來時，他才嚴肅地跟我們說：「現在的日本就像這套西裝一樣，已經打到什麼都沒了……」。停了一會之後，他又再說：「我們現在不能再叫中國『支那』了，要叫中華民國。」

的確，當時的台灣人都沉醉在回歸祖國的興奮當中。雖然我們只是學生，可我們認定：祖國一定比日本較優秀，因此也對未來抱著很大的希望。我們想說，既然我們已經是中華民國的國民了，那麼，我們首先就應該認眞學國語。我們頭一個國語老師是台中一中一個去過北京的本省人老師。他教我們的國語是：「你要去哪裡？」「我要去北海公園。」我們就這樣跟他一直學。後來，金校長從大陸來接收台中一中的時候，大家集合在禮堂聽他講話，那個去過北京的台籍老師就負責通譯。結果，金校長講的話，他也聽不懂，亂譯一通。

除了學習國語，我們也很認眞的學唱一些抗戰歌曲。荒謬的是，我們學唱的第一首中文歌曲，就是現在的中共國歌——〈義勇軍進行曲〉；當時，誰也不知道它後來竟會成爲中華人民共和國的國歌。我記得，台灣一光復，各學校就開始教唱那首歌；後來，只要有什麼節慶遊行的時候，我們學生就唱那首歌；光復第二年的國慶節，那時候他們日本人還沒完全回去；大家在遊行慶祝國慶節時，一路上唱的就是那首〈義勇軍進行曲〉。

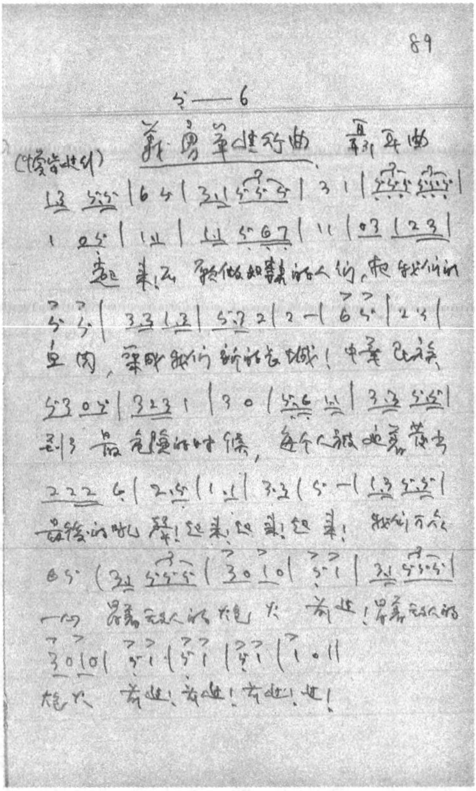

一個台灣青年的〈義勇軍進行曲〉抄本

## 師院史地科

我很喜歡美術，我知道南京有一間美術專科學校，日本還沒投降的時候，我本來準備要去南京讀這間美術專科學校的；但是，我老爸反對，他要我中學畢業後去讀醫科，因此沒去成。但是，我眞的很喜歡美術，後來日本戰敗，我又想去北京讀北京的美專；或是去杭州，讀一個猶太人辦的杭州藝專。但是，我爸又以大陸局勢不穩的理由不讓我去。

沒多久，台灣省立師範學院創立（一九四六年五月），並且在八月招生，我就去報考。我本來還是打算要學美術的，但是那一年還沒有美術科系，我就去考史地科。第二年，師院專修科才又添設一班圖畫、勞作科，我本來還想降級一年去讀的；但是，想說不值得爲此浪費一年，就放棄了。

李季谷

師範學院第一任校長李季谷先生，是留日的；他請來的老師很多也是留日的，日語會通；所以，我們考試的時候，可以用日語寫，也可以用國語寫。但是，我們第一批考上的讀的卻是四年制的「專修科」（包括：國文、英語、史地、數學、理化、博物、體育、音樂等九科）；後來，師院又再招生一次，錄取的卻是「本科」（計有：教育、國文、英語、史地、數學、理化、博物等七個學系）。

就我所知，「本科」的學生有很多都是第一次沒考上「專修科」的人；他們是重考以後才考上「本科」的；照道理，那一年應是「本科」不如「專修科」才對；但是，在學制上卻剛好相反。其實，在報考的時候，我們都不知道什麼叫「專修科」？什麼叫「本科」？一直要到入學以後，我們才知道「本科」跟「專修科」是有差別的。因爲這樣，大家都爲了這事在鬧；結果，這個問題始終沒解決。

## 南腔北調

我在師院首先要面對的學習障礙還是語言問題。師院的教授什麼地方的人都有，他們講的國語也是南腔北調，很難理解。比如說，我們班有一個同學叫鄭昭隆，每次，三民主義的老師點名時都把他叫作「鄭驕龍」，所以，鄭昭隆就變成「鄭驕龍」了；有一次，他叫鄭昭隆同學，起來解釋一段課文，他說：「鄭驕龍同學，你嗲下嗲下一下。」鄭昭隆雖然知道老師在叫他，但是卻搞不清楚老師叫他做什麼？只好站著發呆；搞了半天，大家才弄清楚，原來老師是要鄭昭隆「解釋解釋一下」。

另外，也許是因爲抗日戰爭剛結束不久吧！有些老師在上課的時候，只要提到日本，總要罵個兩三句。可是，奇怪的是，同樣是「日本」兩字，通過他們那種南腔北調的國語講出來以後，卻有了完全不同的發音：有的老師說「爾本帝國主義」，有的說「你本帝國主義」，有的說「實本帝國主義」，也有的說成「義本帝國主義」；結果，我們也搞不清楚：到底日本是該唸成「爾本」、「你本」、「實本」，還是「義本」；大家都亂掉了。

總之，當時我們在師院上課，根本就是在訓練耳朵的聽力；因爲一個老師教一門課，每一門課就有不同腔調的國語；有的老師說的國語是廣東腔，有的是蘇州腔，不同的腔調所講的同樣內容的話，在我們聽來就有很大的差異；所以，我們的學習首先就碰到語言的障礙；同時，也因爲我們的老師來自大江南北，所以，我們這些同學所學的「標準」國語，其實也是一種南腔北調吧！

因爲這樣，再加上我個人認爲那些教授的水準很低，他們上課所講的內容，在我看來差不多都是一些「八股」，或是從日本的大學講義翻譯過來的東西；所以，我在課堂上並沒有學到什麼。因爲師院的前身是日據時代的高等學校，圖書館的藏書很多（除原有中、英、德、日各國文字書籍三萬餘冊外，又新購有關國學書籍數千冊），所以，我就自己跑圖書館自修。

我很愛買書，一有時間，我就去逛舊書店；就在那段時期，我買了很多日本人留下來的有關台灣研究的書，自己研究；像是：安倍名義有關地名研究的書，高山族研究的書，台灣總督府出版的有關台灣政策的書等等。另外，我也經常買一些日本當時出版的、較便宜的相關書籍來讀。

## 市虎傷人

我讀師範學院的時候，台灣的社會秩序眞的很混亂，那些軍隊和官場的紀律都很壞；還有，日本人在台灣的財產分爲公有的和私有的，公有的當然被政府接收去，很多私有的也應該接收爲政府的財產，但是很多人（包括台灣人）卻拿封條自己去封，去侵佔……等等；像這樣的問題層出不窮，實在很混亂。

那時候，軍隊的卡軍出來經常壓死人，一般市民就把它叫做「市虎」。

另外，當時還經常可以看到當街槍斃的情景。有一次，我就親眼目睹這種不可思議的情景：那時候，師院附近的羅斯福路、和平東路交界處有一家牛肉店，因爲它賣的牛肉湯便宜又好吃，我們學生很喜歡到那裡去吃。有天中午，我和同學去那裡吃午飯，聽說附近的部隊要在交叉路口槍斃一個兵，大家就好奇地跑去看。到

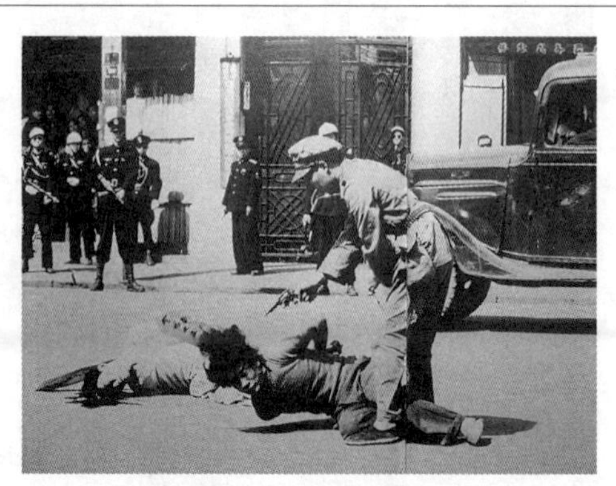

台北也經常看到這種情景

了那裡，我看到有一個剔光頭的兵，吊在柏油路旁邊的樹上；背後插著一隻木牌，牌子上面寫著中華江西某某人；整個槍斃的過程，看起來就跟戲台上包公辦案的情形一樣，只差沒有畫押丟筆；後來，那個兵被放下來，並被迫跪著，然後另一個執行任務的兵就從後面開槍，一共打了好幾槍；那個兵立刻倒了下去，血就一直流出來，然後，蒼蠅馬上就飛過來……。

那天中午，當我們回到那家牛肉店的時候，每個人都噁心的吃不下東西了。其實，像這種當街槍斃的事情，在整個中國大陸各地到處都在發生，只是我們那時候還很單純，對中國的社會狀況並不了解而已。漸漸地，我們原先對祖國所抱的期望就失落了。

## 廁所壁報

我在當時的師範學院屬於一般的學生。就我個人的理解，我認為，我們那時候的師院學生，從政治傾向上來分的話有三種：一種是經常參加讀書會或自治會活動的「左傾」學生；還有一種是國民黨派來臥底的「職業學生」；第三種就是像我一樣不管事的普通學生。

每天早上，我去上廁所的時候，就會看到廁所的牆壁上，塗寫著他們二種學生罵來罵去的話；譬如：這邊罵對方是「共產黨派來的特工」什麼的，另一邊就罵對方是「國民黨的走狗」等等。他罵他一句，他就罵他一句。他們就這樣透過廁所的牆壁，罵來罵去，每天如此。所以，我們就把這種情形叫做「廁所壁報」。

究竟哪些人是「職業學生」，我想，連我們這種不管政治的普通學生也都知道；因爲我們那時候沒人在外面打工，可是這種學生的生活條件卻比一般學生較好，那是他們的特徵，誰都瞞不住。這些人畢業以後都可以直接派去省立中學任教，後來也很快就可以做校長；但是，我們畢業後卻要自己去找學校，找得要死要活的，要進省立或市立的學校，更困難……。因此，我們很難不去懷疑他們是國民黨的「職業學生」。

至於那些思想左傾的學生是不是「共產黨派來的特工」什麼的？我不知道；但我們知道這些學生都是後來陳誠想要抓的對象。我不敢講他們一定是共產黨的「職業學生」，但我認爲，最起碼，他們的確是反對政府的，是搞學運的。也許他們會有什麼組織？但我不是很清楚。

楊義堅

後來，這些人有很多被送去綠島。比如說，其中有一個叫楊義堅（學生自治會常務監事）的同學，他被捕的時候還沒有畢業，從綠島回來以後，沒法到學校教書，就在台北南陽街辦了一個立達補習班，賺了好多錢；後來，聽說他以美國華僑的身分回大陸定居了。就我所知，他當年就是學運分子，時常上台演講；你說，他是不是共產黨的「職業學生」？我也不知道。但最少，我敢肯定他是和國民黨的特務學生搞對抗的學運分子。

## 讀書會

那時候，我們師院新的第一宿舍蓋好了。宿舍是二層樓的建築，一間寢室住八個人，每間有四個雙層的床鋪；我就住在宿舍二樓某寢室的上層。第一宿舍隔一條馬路就是師院最旁邊的音樂教室；我們師範學院跟法商學院、台灣大學搞讀書會的學生，經常去那邊唱歌。唱什麼歌呢？

每天晚上，我都聽到他們在唱〈團結就是力量〉，還有「起來，不願做奴隸的人們」的〈義勇軍進行曲〉，那就是後來的中共的國歌；還有唱那條「安息吧，死難的同學，別再為我們擔憂」（安息歌）。據我所知，這好像是郭沫若為了悼念那些被國民黨抓去槍殺的學生而寫的歌詞；歌詞裡面還說：「黎明前的黑暗，我們會跟著你走」（你流著血照亮的路，我們繼續向前走）。這些歌，我雖然沒有參加讀書會，但每天聽，聽到後來也都會唱了。

那個時候，師院的音樂教室，就變成學生搞讀書會的集中地。

我想，在那樣的時代，師院那些思想較左傾、人脈關係較好的同學會積極的參加某種讀書會的組織，也是自然的；假如我有那樣的關係，我想我也會加入。因為我很愛畫漫畫，會寫美術字，對他們的文宣工作一定特別有好處，所以，後來，我感覺班上比較傾向於這方面的同學，曾經和我接近過，要我加入自治會的活動，但是，他們和我接近後，大概發現我只是對美術方面較有興趣而已，可能對我信心不夠，所以就放棄了。這樣，我就變得比較孤單，只好自己去逛舊書店什麼的。

## 遊行活動

四．六之前，我並沒有參加學校的任何社團活動，更談不上什麼秘密的讀書會了。我說過我是很普通的一個學生，但是，民國三十五、三十六年左右，我就對政府的很多做法不滿了。我認爲，當時很多政府官員的言行舉止都太霸道；然而，在我看來，來台灣接收的這些人水準很低；他們認爲，台灣是戰敗國；所以，他們都有種接收戰敗國的勝利者的意識形態。因此，我覺得，國民黨所講的「民族主義」已經變成「雜菜麵」了。因爲心內對政府有所不滿，我也參加過幾次遊行活動。

一九四九年春天，大學生經常罷課、遊行。每次有遊行的時候，師院宿舍就會有一些比較積極的學生來動員，在那種時代氣氛下，有人動員，大家就一起去遊行；包括那些臥底的「職業學生」也一起去。

我記得，第一次，我是跟大家一起去現在的行政院，包圍教育廳；不知爲了什麼事情去圍，訴求我也不記得了。我記得，那好像是學生自治會發動的。

第二次，我想，這就是一般講「四六事件」的導火線那次。好像是法商學院的學生被第四分局的警察抓去關，我曾經跟大家一起去新生北路（新生南路）那邊，去包圍分局；結果，他們就放學生出來。其實，那根本就不是什麼遊行，只是大批學生去包圍而已，並不是事先編隊去遊行。我那時候也只不過是跟著大家去看，去參觀而已；但是，跑去看，在當局看來也等於是去聲援一樣。第二天，他們遊行到警察局抗議的行動，我就沒有參加了。再後來的三・二九晚上，聽說他們在法學院操場有一個營火晚會；那個活動我也沒有參加。

我記得我參加過的活動就這二次而已。

## 四月六日

「四・六事件」發生的時候，天還沒有亮。師院的第一宿舍有兩排，它的樓梯在兩邊；警察就是從兩邊的樓梯上來抓人的。警察來的時候，整棟宿舍都哇哇地叫著，所有穿著短褲正在睡覺的學生都被吵起來了。我跑下床看的時候，整個樓梯口都已布滿了警察。我看到他們正拿著棍子在打學生；因爲另一邊的樓梯人比較少，我就跑到那邊去，不料那些警察也追著我，跑來這邊，然後，我的頭就被打了，流了多少血，我也不知道。

一般說來，那些，警察都是考不上大學才去讀警察學校的；再加上，學生又經常和警察衝突，所以，警察都很討厭學生。也許就因爲這樣，當時，那些警察都是一邊打人，一邊罵三字經；那時，我們聽到的都是台語的三字經。當然，這裡頭有本省人，也有福建人。

我們被抓下樓後，就被押進大型的軍用卡車裡，然後用繩子把二個人綁在一塊，一個左手，一個右手；再用帆布蓋起來，把我們載走。因爲看不到外面，起先我們並不知道被載去哪裡？後來，我們才知道那個地方是日據時代的一個軍隊所在地，地點就是現在的中正紀念堂。到了那裡，我才感覺到後腦勺那裡怎麼冷冷的，用手一摸，全都是血。

沒多久，天就亮了。吃早餐的時候，走廊放了兩個桶子，一個裝湯，一個裝飯，桶子很大，筷子也很長；是我們普通的四、五倍長，很粗，像我們煮麵時在拿的那種。我看那些兵既不用湯匙，也不用飯匙，就這樣就地吃了起來。這時候，我才知道原來國民黨的軍隊都是移動性的，從來就不用桌子。

我於是也跟他們一樣就地吃。但是，第一頓，我只有吃飯，不敢喝湯。當時，我一直認爲他們可能要把我們槍決，所以才會三更半夜來抓人，而且還把卡車蓋起來，不讓外面的人看到；我怕他們爲了防止我們逃跑，會在湯裡頭放藥，所以沒喝湯。到了第二頓飯送來的時候，我看大家都好好的，才開始喝湯。

那天晚上，我睡到三更半夜的時候，耳朵裡還是警覺地聽著他們巡邏的腳步聲，不敢熟睡。第二天，因爲我們可以在裡頭打籃球，我才放下心來。那天，師院的教授送東西進來給我們吃，裡頭也有皮蛋；台灣光復前，我沒有吃過這種東西，沒想到被關在裡頭的時候才有機會第一次吃皮蛋，這個經驗讓我印象很深刻。

## 家長具領

過了一天二夜後，他們通知家長來把我們領回；我們算是最早釋放的一批。我那不識字的母親就自己一個人從草屯搭車到台中，然後再坐五個小時的火車到台北；到了台北以後，她就一路問路，最後終於找到我們被關的地方。她然後又在保證書上蓋印，才把我領出來；出來前，他們還要我寫「悔過書」。我覺得很奇怪，我又沒做什麼壞事情，爲什麼還要我寫這種東西呢？雖然心裡不願意，我還是無可奈何地寫了。

我爲了將來做田野調查，一直想買一台照像機；照像機在那個時候有夠貴，我爲了買台照像機，平常就很省，很節儉。另外，因爲太平洋戰爭的時候，我們穿的褲子是人造纖維的，很容易破；所以很羨慕美軍穿的「純綿的」卡其褲（台語「純綿的」就變成「讚」的意思）。我就回去家裡拿了好幾千塊錢，到中華市場附近的走私商店，買了一條「純綿的」褲子和一台照像機。因爲師院的宿舍沒有什麼放行李的地方，所以我就把剩下的錢跟照像機放在枕頭下，那件褲子就擠在棉被底下。出來以後，我立刻趕回宿舍，想要拿我放在寢室的東西。但是，我回到寢室的時候，相機、褲子和錢，全都沒了；書倒是都沒丟。

那時候，宿舍四周都還是軍人在站崗。那些兵就告訴我：「你們裡面有什麼好的東西，早就被搬光了，你還想找什麼？」

東西丟了，學校又停課了，我只好跟著母親回去草屯家裡；等到學校通知我們開始復學的時候（四月二十九日），我才又回去上課。我所經歷的四六事件大致如此。

## 歷史的必然

我認爲任何歷史事件的發生都有它必然的時代背景。一九四九年那個時候，正好是國民政府就要敗退台灣的危險時刻；從大陸陸續來了一批又一批的軍人、公教人員，或是一般百姓，他們的表現又處處引起本省同胞的非議，經常發生衝突；而在這之前，台灣又有過二・二八事件；再加上當時台灣的經濟崩潰，貨幣膨脹得一塌糊塗；在這樣混亂的情況底下，國民政府一定認爲，學生若是時常發動學潮、罷課，會影響整個社會秩序；所以，他們當然要把學運鎮壓下去。

因此，一九四九年年頭的時候（一月十八日），就成立了警備總司令部，並由省主席陳誠兼任總司令，副總司令就是原高雄要塞部的彭孟緝。我想，他們認定在大陸就是學運把他

| 姓名 | 籍貫 | 通訊處 |
|---|---|---|
| 許博雅 | 澎湖縣 | 澎湖縣馬公鎮光復里八六五號 |
| 趙碧德 | 臺北市 | 臺北市千歲町二丁目二四番地 |
| 林清淵 | 高雄市 | 高雄市[illegible]梓街九六號 |
| 洪敏麟 | 臺中縣 | 臺中縣南投區草屯鎮加老里二六〇號 |
| 陳重光 | 嘉義市 | 嘉義市西門街二段一二五號 |
| 蔡長華 | 高雄縣 | 高雄縣潮州鎮潮州里一〇八號 |
| 蘇合成 | 嘉義市 | 嘉義市新北區慶昇里東賓旅社 |
| 羅光明 | 新竹市 | 新竹市竹東區竹東里康寧三巷二號 |
| 鄭昭隆 | 臺南縣 | 臺南縣新化區善化鎮西關里一四號 |
| 周　康 | 江蘇 | 臺北市和平東路泰順街三八巷一八號轉 |
| 王強華 | 〃 | 右同 |
| 蕭泳欽 | 臺中縣 | 臺中縣豐原區潭子鄉栗林村中山路一二五號 |

—17—

師院畢業時的洪敏麟與同學們

們搞垮的，但台灣的學生又經常遊行、請願；那麼，他們一定會認爲台灣有中共的地下組織，或是中共的外圍組織；所以，警備總司令部就要開始整頓校園。「四・六事件」就是在這樣的歷史背景下發生的。

一九四九年，我終於從師院專修科畢業了。畢業典禮的前一天，大家想說要畢業了，就聊天聊得很晚，沒怎麼睡。第二天，畢業典禮在師院禮堂舉行。陳誠也帶著他的軍樂隊來參加。在我的印象中，陳誠長得不高，矮矮的；那天，他穿著長統鞋和一身剪裁筆挺的軍服進來，一副不可一世的樣子。因爲大家前一晚沒睡好，當他起來致詞的時候，許多人就忍不住地打起瞌睡；陳誠當場就毫不客氣地罵這些同學。因爲這樣，我覺得他這個人很霸道，很像北洋軍閥。

我知道，陳誠曾經在東北實施土改，但沒成功；後來，他在台灣卻實施得很成功。我個人認爲，這是因爲過去在大陸反對土改的人，到了台灣以後都贊成。相對地，台灣土改的最大受害者是林獻堂。聽說，因爲林獻堂對土改有意見，陳誠就要抓他；林獻堂於是就流亡日本。不幸的是，像林獻堂這樣一直都在反對日本統治、思念祖國的人，最後卻死在日本，死在他最反對的國家的國土上。

我想，那就是一個這樣「錯亂」的時代；可那也是歷史的一個潮流。如果我們想要去了解那個時代發生的事，首先，我們還得先去了解那個時代的歷史背景。從這樣的認識來看，我認爲，假如當時沒有發生「四・六事件」，以後也會發生其它事件。總之，那是歷史的必然就對了；而我就是那歷史必然下的受害者之一。

## 一生清白

師院畢業以後，我好不容易才到苗栗中學教書；後來，又換了幾個學校。一九六四年，當時的南投縣長保我做南投初中的校長，可是教育廳卻以我在師院時代參加過遊行，沒通過安全檢查的理由，而議決：不便同意。當時有一個督學就跟我說，像我這樣的案例有好幾個，全都這樣；但是，他們花了幾個錢就把問題解決了。我知道他在向我暗示什麼？然而，我決定一輩子不要做這種不乾淨的事情，所以乾脆就專心做我的台灣史地的研究；因爲這樣，我在學校教了十五年書以後，又去省文獻會做了十五年的台灣研究。

採訪時間：一九九七年三月廿八日
採訪地點：台中洪宅

# 他們在課堂上把我帶走

## ——盧兆麟訪談錄

盧兆麟，彰化縣人，一九二九年生。

原師院教育系學生，

「四・六事件」中首次被捕，繫獄五天。

一九五〇年十一月在課堂上再次被捕，判處無期徒刑，實際監禁二十四年又五個月。

**藍**：盧先生，請您先談談您之所以兩次被捕坐牢的原因吧！

**盧**：一九四七年的「二・二八事件」之後，我考進師範學院第二屆的教育系就讀。我之所以會兩次被捕，我想，大概和參與「學生自治會」的活動，多少有點關係。當年，「學生自治會」比較核心的成員，大多是我們第二屆的二年級學生；所以，從師院本部的畢業學生統計可能看到一個特殊的現象，那就是，當年，師院第二屆學生畢業的特

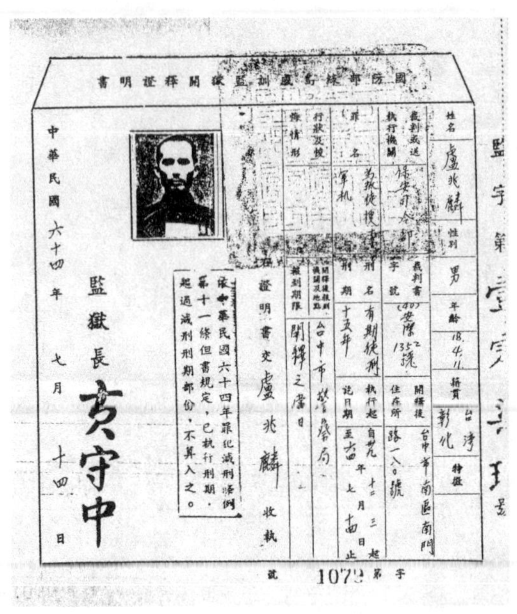

國防部綠島感訓監獄開釋證明書

監字第　　號

| 姓名 | 盧兆麟 | 性別 | 男 | 年齡 | 18.4.11 | 籍貫 | 台灣彰化 | 特徵 | |
|---|---|---|---|---|---|---|---|---|---|
| 裁判或送執行機關 | 保安司令部 | 裁判書字號 | (40)安潔1352號 | 開釋後住在所 | 台中市南區南門路一八○號 | | | | |
| 罪名 | [illegible] | 刑名 | 有期徒刑 | 執行起訖日期 | 自卅九年十二月三日起至六十四年七月十四日止 | | | | |
| 行狀及悛悔情形 | | 開釋後報到機關及地點 | 台中市警察局 | 報到期限 | 開釋之當日 | | | | |

證明書交盧兆麟收執

依中華民國六十四年罪犯減刑條例第十一條但書規定，已執行刑期，超過減刑刑期部份，不算入之。

監獄長 袁守中

中華民國六十四年七月十四日

字第1079號

盧兆麟的開釋證。

別少；尤其是數學系，只有一名畢業生。這當然與一九四九年的「四・六事件」，以及之後的「五〇年代白色恐怖」有關；有許多學生，在這兩波政治風暴中被逮捕，後來分別遭到監禁、槍決或失蹤的不同下場。然而，就像一般人所說的：「四・六事件」是「五〇年代白色恐怖」的序曲一般；我認爲，問題的原點應該是「四・六事件」。但是，「四・六事件」可以說是一個歷史事件，尤其跟光復以後的台灣學生運動有很大的關係；所以，我們要了解「四・六事件」，就應該先了解當時的學生運動。

## 省籍矛盾不存在

藍：你說你是「二‧二八」之後才進師院的，那麼，我們就先從「二‧二八」以後的校園談起吧！我想理解的是：經過「二‧二八」之後，本省學生和外省學生有沒有什麼比較大的省籍矛盾或是不能相處的這類事情？

盧：別的學校我不敢說，可是，起碼在我們學校是沒有這樣的情形，沒有互相歧視、排斥的事情，大家還是處得很融洽。尤其，那時候我們正在努力學國語，我們都會找那些國語講得比較標準的外省同學學；或是聽聽他們唱的大陸各省的民謠。我覺得，那些民謠很好聽。

藍：我感到不解是：爲什麼「二‧二八」過後在你們之間不會有這樣的問題？反而台灣社會一直到現在卻還存在著「省籍情結」？

盧：那時候，因爲台灣剛從日本帝國主義的殖民統治解放，回到祖國，所以，大家還是認爲自己是一個眞正獨立的中國人；即使是一般民衆，也沒有很多人主張「台灣獨立」。我想，到後來，也就是這幾年，有些民衆之所以會有台獨的思想，大概是因爲長期在國民黨戒嚴統治的壓制下，心裡感到受歧視，所以，這樣的想法才慢慢滋長。

## 反內戰的學運

**藍**：現在，一般的主流論述都說：「二•二八」之後，台灣人普遍不敢去關心過問政治！可是，就我通過採訪所知，事實並不是這樣。像你們當時的大學生，在「二•二八」過後才一、二年的時候，你們這些學生反而比較敢去參與學校、社會的事情，比如說：反內戰運動啦！就你所知，那時候校園的思想氣氛究竟如何？

**盧**：你說受到「二•二八」的影響而不敢去關心過問政治的人，在我看來，可能是少數一部分的台灣士紳吧！對我們知識分子，尤其是大學生來說，受到「二•二八」的衝擊以後，我們反而更會思考如何有效的來改革社會？我們認爲，因爲「二•二八」那時候是胡搞一氣的群衆暴動，沒有人領導、組織，只是一群烏合之衆胡亂喊一下，所以，後來不但沒有達成改革的訴求，而且還受到那麼大的屠殺。因爲這樣，我們學生就開始思考：怎樣才能更團結，更有效地改革社會，改革政治？大家都往如何挽救台灣社會的方面去想。

其實，早在「二•二八」之前，台北的學生就已經搞過熱烈的學生運動了。第二次世界大戰結束之後，由於美、蘇二體制的對立，全球也進入了國際冷戰時期。在中國國內則有國共兩黨的內戰。我們從報上得知，一九四六年，中國大陸發生了一連串反對

# 血ぬられた"美しき島"
## フォルモサ
— 臺灣暴動の眞相 —

### ヤミ煙草から火がついて

民國卅六年（一九四七年）二月廿七日、その日も一日中、平和な……で暮れて、やがて七時半、突然と……いたような騒ぎがまき起つた。

喧嘩は盛り場につきもの……老鰻（ごろつき）が一騒動起したのだろう。最初は誰もがそう思つていた。ところが、騒ぎの中心、延平路の「天馬茶房」の路の眞中……

……島）といわれたころどつた「二・二……カケであつた。

この事変が、ヤ……から火がついた……あまりにアツケな……大正七年の米騒動……一主婦の悲痛な叫……うに、これはホン……ぎず、本当の原因……ころにあつた。

日本の敗戦で……國の一省となつ……んだのは台湾の……ろがいよいよ政……

ヤミ煙草事件がたちまちに事変の口火になつたのだ。

……ようとした。ところが官舎の屋上から浴せられた機銃掃射で死者三名を出し、このため民衆の憤激は……

各所にあがつた……内の有力煙草商……善処方を申入れ……

二二八激起學生的改革熱情。

學生在寫反內戰標語。

抗議美軍強姦暴行的標語。

內戰的學生運動。同年十二月底，北京發生北大女學生遭美軍強暴的「沈崇事件」，全國的學生因而憤慨地舉行示威遊行；台灣學生當然也受到這一連串運動的影響，尤其在台北市，一九四七年年初，也有一場抗議美軍暴行的示威遊行。

我雖然沒有參加那次的遊行，但是，就像一般學生一樣，基於愛國家、關懷社會的熱情，對時局的變化就顯得特別敏感。當時，一般來說，台灣學生對於國共內戰的問題，都非常關心。學生們認爲，中國如果這樣繼續亂下去，國家就無法統一，我們也就不會有安定的環境，安心讀書；因此，就一直有很多以「反內戰」爲訴求的學生運動產生。

## 民主走廊表心聲

藍：具體的情況如何？

盧：那時候，我們學生很流行辦壁報，從師院門口進去，從第一棟大樓一直走到後面第三棟底，走廊兩邊的牆壁上都貼滿了壁報；幾乎每個系和社團都有出自己的壁報；（我們教育系的壁報每期大概有兩三萬字）壁報的內容主要是討論有關學校、社會、國家、政治局勢方面的問題；所以，當時我們就把那條長廊叫做「民主走廊」。其中，當然也有學術性的文章；但是，主要還是討論時局啦，怎麼樣改善生活方面的問題啦等等。

「二•二八」以後，一般學生對當時的社會現狀當然很不滿意啦！尤其是，我們這些師範學生，雖然吃住有公費，可是，當時的國民黨教育當局在管理方面卻做得很不完備，所以，我們經常不能按期領到公費；負責「伙宿委員會」的學生還要先去借錢來墊伙宿費；而且每月配給的米，也不曉得是怎樣轉來轉去，還是怎樣？等我們領到時都已經發臭了，吃到嘴巴裡面還有味道。因爲這樣，大家的情緒都很不好！特別是大陸來的外省籍學生，因爲當時兩岸的通信很不方便，他們家裡來的匯款經常有問題；所以，他們在吃不飽，又沒有錢用的情況下，當然會對現實不滿。當時的學生運動就經常以「反饑餓」的口號來向當局抗議。師院的學生因爲吃不飽，自然就會投入學生的反對運動行列。後來，學運訴求從「反內戰」發展到再加上「反飢

反饑餓、反內戰是學運兩大訴求。

餓、反迫害」的來龍去脈，就是這樣。

## 師院的社團活動

**藍**：當時的師範學院，校園裡面那時候有些什麼樣的活動？就我所知，台大就有「麥浪歌詠隊」、「耕耘社」……等社團活動；師院這邊的情形是怎樣？

**盧**：據我所知，「麥浪」裡面也有部分師院的同學參加。師範學院這邊同樣性質的社團有戲劇社、話劇社，包括台語的、國語的，還有唱京戲的；這種社團活動很多。台語話劇社的社長是英文系的蔡德本，他們用台語演出過改編自曹禺《日出》的〈天未亮〉；國語話劇社的演出就更多了，主要是演俄國劇作家的一些戲。除了話劇社團，另外也有社會科學方面的討論會；我想，社團方面的活動差不多都是這樣。

**藍**：當時，是不是幾乎所有的社團都帶有比較左傾的思想？

**盧**：我想也不一定啦！純學術方面的讀書會也很多。一般講起來，那個時候的學生，思想是比較左傾啦！因爲那時候的世界思潮，就拿日本和美國來說，學生的思想傾向也都是偏向替弱者打抱不平，爭取階級平等的社會主義；所以，要說「左傾」也不只是台灣這樣而已！日本和美國，也是這樣。當時，日本的赤軍還鬧得很厲害呢！

## 學生治校

藍：那麼，學生自治會呢？就我所知，它在四六之前好像是師院學生運動的主要領導機構。可不可以請你談談你所了解的自治會？

盧：那時候，學生自治會的活動的確非常活潑。「自治會」的選舉方式也比較特殊，有點類似現在的選舉方式。譬如說，競選會長（或是主席）的學生要先跟學校登記；登記之後，在一定期限內，要找幾個人來當副會長、各部部長等職位，組織一個「影子自治會」的內閣；然後，在登記期限過後，幾個出來競選的學生（每次大概都有二至三個），就在規定的選舉期間，通過貼壁報、散發傳單、開辯論會等方式，展開競選活動；最後，投票那天得票數最高的候選人，就出來組成「自治會」。當時的選舉氣氛，也眞的是滿熱烈、動人的。

藍：這種選舉方式是原來就有的，還是學生爭取來的？

盧：那個時候，學校根本就管不住我們了！即使他們不答應，我們學生也會自己來。當時，也可以說，基本上已經是「學生治校」了。

## 「四・六事件」的前因

**藍**：接著，請你談談：到底所謂的「四・六事件」是怎麼一回事？怎麼發生的？現場的情況如何？抓了多少學生？我想聽聽您個人的所見所聞。

**盧**：嚴格說起來，「四・六」應該不能說是個「事件」，應該說是「慘案」吧！因爲當時學生方面並沒有任何的政治動機，也沒有什麼實際的遊行活動。我想，要了解「四・六」，還得先從「四・六」之前的學生運動談起吧！

我記得，那是一九四九年的三月十九日吧！有兩個單車雙載的學生，從士林騎到新生南路時，遭到第四分局的警察取締；可能是警察的態度傲慢不佳，再加上當時的學生對警察的印象本來就不好，所以，兩方就對罵起來；結果，學生就被扣押拘留。有些同學看到當時的情形，就跑回宿舍，告知其它的同學；那些聽到消息的同學們不甘心自己的同學被警察無故拘留，於是就聚集了一批同學，趕到第四分局，向警方抗議，要求放人。因爲抗議的學生人數很多，第四分局看苗頭不對，就同意放人；但是，學生認爲警察無故抓人的行爲不對，光是放人不夠，還要分局長出面道歉，並保證以後絕不再犯；後來，分局雖然派了一位冒牌局長出來，卻被學生識穿；就因爲這樣，同學們更覺得心有不甘。

第二天，台大與師院的「學生自治會」便組織了兩校幾百名（五六百人）學生的抗議隊伍，從羅斯福路，經南昌街，一路呼口號、唱歌，走到中山堂旁邊的台北市警察局。現在市警局已經改建了，那個時候，它前面有一個平台，還滿大的；我們幾百個人把這裡緊緊包圍住，然後兩個學校的自治會代表上去遞抗議書，並且要求警察局長出來道歉。

他們大概是看到我們學生的力量比較大，而且陳誠當時不在，飛到南京去述職了，沒有人敢做「鎮壓」學生的決定；所以，這次抗議的過程很平順。後來，警察局長接了抗議書以後，就站在平台上說明他對這個事情的處理態度，接受了我們的要求，當場對警察無理打學生的粗暴行爲道歉。

這次的抗議活動就這樣子結束了。之後，學生就散掉了；再來就是三・二九的炬火晚會。

**藍**：你剛剛所談到的現場情況是你自己看到的還是聽人家說的？

**盧**：這兩個地方的抗議活動，我都有參加。

**藍**：那時候，學生是怎樣動員組織起來的？

**盧**：「三・二〇」這次的遊行，主要是由兩個學校的學生自治會推動的。學生自治會還組織了臨時糾察隊來維持隊伍的秩序，我們一面走，就一面喊：「反飢餓」、「反迫害」

、「反內戰」、「抗議警察無理打人」等口號；當然也有唱一些歌，只是那些歌，我現在都忘記了。

## 三·二九炬火晚會

藍：你剛剛說，「三·二〇」之後，再來就是「三·二九」的炬火晚會；那麼，這個晚會你也到現場嗎？

盧：這個事情結束以後，同學們都受到刺激，也可以說是受到鼓舞而覺醒了！大家覺得說，只要我們學生能團結就會有力量！大家也都認爲，我們不可以再爲那樣的局勢保持沈默了。所以就決定：三月二十九日青年節那天，在台大法學院操場舉行學生的營火晚會。

那天晚上，我和二、三個同學，騎著腳踏車一起來。當時的台大、師院、法商學院、台中農學院（今中興大學）、台南工學院（今成大），都有派代表來參加；除了這些大學生以外，還有北一女、成功中學、建中等校的中學生來參加。聽說那個晚上中學生比較多。

藍：這個晚會是什麼團體組織、動員的？當時的學生組織有那麼大的號召嗎？

盧：大概是台大和師院的自治會吧！其他學校也都有自治會，他們之間只要互相呼應一下就可以了。

藍：他們當時是用什麼名義動員你們的？

盧：我們當時也沒有什麼文宣，都是同學之間互相傳話，尤其是大家都住在宿舍裡面，有什麼消息也很容易通知；有時候，只要隨便貼一張紙，上頭寫有時間、地點、活動內容，有興趣的人自己就會來了。

藍：我剛剛的意思是：這個晚會的性質是什麼？我聽說晚會的名義是要紀念「五・四」是嗎？

盧：……

藍：那麼，你所看到的現場情形是怎樣？

盧：現場就是中間弄了一個炬火，大家圍攏在那裡，唱歌跳舞；因爲我在那裡的時間很短，所以，詳細的情形我也不是很清楚。

藍：唱了哪些歌你曉得嗎？

盧：就是「麥浪歌詠隊」唱的那些歌吧！

藍：聽說那天有宣布要成立學生聯盟，是嗎？

盧：有！我聽說，那天晚上，大家表示：要團結起來才能爭取全國和平的實現，就同意以北部三個大學和幾所高中爲主體，組成台灣學生聯盟；這可以說是，台灣有史以來，

台大麥浪歌詠隊部份成員。

4月1日南京學生發動要求和平的請願。

學生對時局的關心、對社會想要盡一份義務的心情，表現得最團結、最熱烈，最有成就的一次。但是，當學生運動發展到全省組織化的學生聯盟時，對當時的政府來講，可能就是很大的刺激了。

**藍**：四月五日他們之所以要抓師院自治會主席周愼源，是不是就是因爲怕學生愈搞愈大？所以想要把它壓下來！原先他們可能是想一個一個，把帶頭的幾個先秘密逮捕，其他同學害怕，就不敢再搞下去；可是，他們沒想到，抓第一個周愼源就讓他跑掉了，所以才會在「四・六」那天整批的抓？

**盧**：對！因爲台灣學生聯盟如果搞起來的話，全島的學生就串連起來了；不是只有一兩個學校而已。聽說，四月一日，南京的學生有一個「希望和平避免內戰」的遊行請願，結果被政府取締而死了兩個學生，受傷的還有幾十個。所以，當陳誠從南京述職回來之後，知道學生先前抗議遊行的情況，以及在營火晚會上宣布組織學生聯盟的事情後，非常光火！他認爲，這樣下去還得了！於是就下令要抓帶頭的學生。所以，七八天後，情治單位就開始抓人了。

## 「頭號要犯」周愼源

**藍**：你所知道的周愼源被捕的情形是怎樣？

**盧：**四月五日傍晚，大概是吃過飯後，有人到師院來找「學生自治會」的會長周愼源，騙他說有親戚在校門口等他。結果周愼源一到，就被等守在那裡的兩名特務挾持，推上三輪車，載走了。很巧，車子載到台大醫學院（公園路）附近時，剛好碰到醫學院放課，有很多學生在外面；周愼源逮到機會就奮力掙脫那兩名大漢，跳下車來，大喊：「特務抓人！特務抓人！」然後衝進來來往往的學生當中。台大學生一聽說有特務抓人，那還得了，就要找他們議論；結果，那兩名情治人員看情形不對，就跑掉了。就這樣，人沒有抓成。

這個事情發生以後，台大和師院兩校的自治會幹部就覺得不妙；他們判斷：情治單位可能不只是要抓周愼源一個人而已！所以兩個學校的學生就到師院的宿舍餐廳召開緊急會議。

師院的學生宿舍是一九四八年蓋的，是棟兩層樓的建築，兩邊各一棟，中間是廁所還有洗臉的地方，最東側是餐廳；地點就是現在師大路那邊的宿舍。那時候，大概有三分之二的學生住校；那棟宿舍一層大概有十二個房間，一個房間住八個人，一共可以住將近四百個人；但是，當時並沒有住滿，大概只住了三百人左右。女生宿舍不在這裡，另外在學校裡面；它原是日據時代台北高校的學寮，叫做「七星寮」，後來學校就把它當作女生宿舍。

因爲住在宿舍的學生比較集中，而且宿舍裡頭有一個餐廳，大概可以容納四、五百個人，他們就在那裡開會；大家商量：如何面對他們抓人的問題？要有怎麼樣的應變措施？最後決定：以後每天晚上都要派糾察隊站崗，萬一他們有來的話，就要立刻敲鑼，警告其他同學。

當天晚上，我們都感覺到：宿舍附近有很多人在走來走去的，周遭的氣氛跟平常很不一樣。我們都覺得奇怪！因此，大家心裡就有警覺：可能今晚要抓人了！

果然，到了四月六日的半夜十二點多，就有好幾輛大卡車載著保安司令部的軍警，開進宿舍北樓旁邊的空地。我們看情形不對，就按照計畫，到餐廳去，把餐廳的桌椅、碗盤拿來，塞住二樓的樓梯口，然後所有的學生集中到北樓去，準備和他們抵抗，不讓他們進來抓人。他們於是就找訓

七星寮

導處派人來對我們說：「你們只要把名單上的七個人交出來，都不會有事情的！」他們點名的這七個人，主要都是「學生自治會」的幹部，包括會長周慎源在內。我們不但不肯，反而質問他們說：「你們這樣隨便抓人怎麼行呢？應該按照法律程序，要有起訴書才行的啊！」

**藍**：當時你曉得有哪七個人嗎？

**盧**：他有唸出來，但是現在太久了，我就記得不是很清楚了。自治會會長周慎源當然在裡面，還有前任會長鄭鴻溪。

**藍**：他後來逃到大陸去，已經在九〇年過世了。

**盧**：嗯，還有朱商彝；他也是教育系的。

**藍**：就是朱實，現在在日本。

**盧**：還有一個莊輝彰，他是英語系的；他被抓去以後，一直沒有下落，聽說是槍斃掉了。

**藍**：「四‧六」不是沒有槍斃人嗎？

**盧**：是啊！他被捕以後，判了三年還是五年；到期以後，聽說又調回去重判，可能判死刑。還有方啓明和趙制陽；這樣就六名了。

**藍**：這是師院的部分，台大還有另外的人被抓？

**盧**：台大那邊聽說也抓了十幾個人，因爲他們新生南路那邊的宿舍，以前是日本式的平房，一棟一棟都是散開的，他們事先看準以後就一個一個抓走。師院這邊的宿舍是兩層樓的，大家都集中在一起，所以要行動也比較方便，大家容易集合起來。

## 從逮捕到保釋

**藍**：後來你們是怎麼被攻破的？

**盧**：當時，師院的代理院長是謝東閔，他後來也出面向我們喊說：「你們只要把名單上的人交出來就沒事了，不要受共產黨的職業學生騙啊！」但是，我們認爲他們是非法抓人，當然不可能把人交出來！結果，雙方就這樣在樓上樓下對峙。我們在樓上，有時候唱歌，有時候就喊口號。當時唱的歌有〈你是燈塔〉，還有〈團結是力量〉等，基本上，和大陸的學生運動唱的歌一樣。

**藍**：你們和他們對峙了多久才被抓走？

**盧**：我後來聽說，當天晚上，宿舍附近的街道都臨時戒嚴，不能通行；所以，當雙方對峙到天快亮的時候，他們大概認爲：再這樣拖下去不行，事情會鬧得更大；而且，這時候，有一個排長（我後來聽說姓張）情急之下，不小心開了一槍（那時候他們是不能開槍的）；他這槍一開，就把兩邊的情緒搞得更緊張了。所以，沒有多久，他們的指揮官就下令：衝上來。他們衝上來的時候，我們就用桌椅、碗盤丟他們；凡是能丟的都丟下去。最後，他們把堵在樓梯的桌椅都清光了，人也衝上來了；我們所有能丟的東西也都丟完了，只好赤手空拳，在樓梯口和他們對打起來。這些軍警除了保安司令部的警衛隊，還有憲兵、警察等各個單位調過來的。他們拿著警棒衝上來之後，當然也不甘心，看到學生就打。然後，把我們一個一個抓起來，統統都用繩子綑綁起來，送上停在北樓旁邊空地的大卡車，載到一座軍營（今中正紀念堂，日據時期是日本第三部隊的駐地）去了。

**藍**：那天大概一共抓了幾個人？

**盧**：大概當時在樓上的學生都抓走了，應該有兩百多人。那時候的男生宿舍，可以容納三百八十個人，所以，如果是全部都抓走的話，就是三百八十人。

**藍**：你們學生在行動上有這麼團結嗎？

**盧**：當然會有少部分的同學沒有參加。但是，就我所知，大部分的同學都有參加。

**藍**：是怎樣的狀況，使你們當時的學生敢在警察、特務來了之後，還能那麼團結對抗？這和現在的學生就不太一樣！

**盧**：我想，這主要是和當時整個中國的學生運動風氣有關吧！當時，我們經常在報上看到，大陸各地的學生起來對時局有所表示；所以，我想，這是時代的氣氛帶動的吧！也可以說，在那個時代，不關心國家局勢的學生，算是特別的吧！

藍：你們被抓以後的情形呢？

盧：被抓之後，保密局情報處的法官，就來一個一個提訊審問，因爲人數多，每個人的審問都只有幾分鐘就結束了。

藍：問的內容是什麼？

盧：問的內容大概就是，有沒有人煽動我們去遊行？有沒有發覺同學裡有共產黨的活動或組織？只有叫去問話，沒有刑求。我想，他們主要的目的還是要抓名單上面的那些人，當然，也借這個機會看看，有沒有其他「非法分子」？同時也想多打聽一些校園情況。大概四、五天以後，沒有事情，就叫家長來把我們保釋回家。

藍：你們被抓的這五天，除了問話都被關在牢裡嗎？

盧：偶爾也有帶我們出去打籃球，每天一兩次，像放封一樣。

藍：出來以後，你就回去上課嗎？

盧：那時候，學校因爲這個事情成立了一個「重整委員會」，並且停課一個月，說是要整頓；等到學校復學的時候，學生都要重新註册、報到；我就重新註册，然後回到學校，繼續上課。

## 周愼源的傳奇

**藍**：那天晚天，結果，周愼源沒被抓到！

**盧**：我後來聽他們煮飯的人講說，那天晚上，周愼源沒有上樓，他就躲在他們睡的榻榻米下面。我們後來去看過那個地方，那個地方很窄，大概只能平躺著勉強進去；他就躲在那裡，聽說躲了兩三天。他們就每餐從那下面遞飯糰給他吃，因爲我們被抓走以後，宿舍周圍還是有士兵在那裡站崗。

**藍**：他哥哥告訴我說，煮飯的人跟他講說，周愼源是躲在廚房的天花板上面。

**盧**：這樣啊！那麼，大概是後來有異動吧！因爲躲了兩三天嘛。總之，他是躲在廚房。然後，等那些軍警撤走以後，他才出來。

**藍**：你認識周愼源嗎？就你所知，他是一個怎樣的

周愼源（右）的下落不明，成為一則傳奇。

人？

盧：周愼源我不是很熟。他雖然和我同一年級，但是他是數學系，和我不同系。說起來，這個人平時也是文質彬彬的，但是，誰也沒想到，他後來會被逼上亡命之途！我聽說他的逃亡過程非常艱苦，而且有很多讓人預料不到的局面發生。那時候，情治單位認爲他是最大的目標，所以全力動員拘捕他。後來，我聽說他在桃園大溪的山裡面，在路上被情治單位的人碰到，大概是情治單位的人開車子，他一個人在路上走，情治單位的人覺得他一個人這樣走很可疑，又把車子開回來；周愼源發現事情不妙（他有帶槍），就和他們對打，然後就被打死了。

藍：大溪那邊應該是十三份山區，他和劇作家簡國賢等人在那裡待過沒錯。但是，他不是在那裡被打死的；據我的調查應該是在蘆竹附近。

盧：我是聽說的！我跟他只是有點認識而已。

## 在課堂上再次被捕

藍：你後來又是怎麼被抓的？

盧：那是五〇年代的事。一九四九年五月二十日頒布了「戒嚴令」，離「四・六事件」不過一個多月的時間，或許「四・六事件」只是一個前奏，他們主要是先拿我們這些學

臺灣省政府
臺灣省警備總司令部佈告

戒字第壹號

一、本部爲確保本省治安秩序，特自五月二十日零時起，宣告全省戒嚴。

二、自同日起，除基隆高雄馬公三港口在本部監護之下，仍予開放，并規定省內海上交通航線（辦法另行公佈）外，其餘各港，一律封鎖，嚴禁出入。

三、戒嚴期間規定及禁止事項如左：

（一）自同日起，基隆高雄兩港市，每日上午一時起至五時止，爲宵禁時間，除經特許者外，一律斷絕交通。其他各城市，除必要時，由各地戒嚴司令官依情形規定實行外，暫不宵禁。

（二）基隆高雄兩市各商店及公共娛樂場所，統限於下午十二時前，停止營業。

（三）全省各地商店或流動攤販，不得有擡高物價，閉門停業，囤積日用必需品擾亂市場之情事。

（四）無論出入境旅客，均須依照本部規定，辦理出入境手續，并受出入境之檢查。

（五）嚴禁聚衆集會罷工罷課及遊行請願等行動。

（六）嚴禁以文字標語或其他方法散佈謠言。

（七）嚴禁人民攜帶槍彈武器或危險物品。

（八）居民無論家居外出，皆須隨身攜帶身分證，以備檢查，否則一律拘捕。

四、戒嚴期間，意圖擾亂治安，有左列行爲之一者，依法處死刑。

（一）造謠惑衆者　（二）聚衆暴動者　（三）擾亂金融者　（四）搶劫或搶奪財物者　（五）罷工罷市擾亂秩序者　（六）鼓動學潮公然煽惑他人犯罪者　（七）破壞交通通信或盜竊交通通信器材者　（八）妨害公衆之用水及電氣煤氣事業者　（九）放火，決水，發生公共危險者　（十）未受允准，持有槍彈及爆炸物者

五、除呈報及分令外，特此佈告通知。

中華民國卅八年五月十九日

主席兼總司令　陳誠

戒嚴令

生開刀，試看看社會的反應如何？事實上，他們則早就有實施「戒嚴令」的準備。

「戒嚴令」實施後的一九五〇年五月，我們聽到風聲說，師範學院跟台大合起來，可能已有幾十個人被抓了。但是，這次被捕卻和「四·六事件」沒有任何關係；據說是因爲牽連一個「學生工作委員會」的組織，所以，他們認爲跟這個組織有關的學生，在五月中就統統被抓起來了；後來，陸陸續續再抓，光是師範學院可能就有一兩百個人

被抓。當時，它抓人的名義是參加「讀書會」，幾乎所有被抓的人都有參加學校的社團活動，只要你有參加社團，它就認爲你參加中共的外圍組織。

十一月的時候，我也被捕了。那時候，我正在學校教室上課，訓導處派人遞條子進來說，外面有人找我。因爲在此之前，全省各地已經到處有人被抓，五六月的時候，我們班上也已經有人被抓了，大家知道這場風暴大概是逃不過去了！所以，就等在那裡，看什麼時候輪到自己被抓？因此，一看到訓導處的人來叫我，我心裡就有數了；我從班上同學的表情也看得出來，他們也曉得我一定是被抓了。教室裡的氣氛立刻就不對了。

**藍**：然後呢？

1997年8月25日盧兆麟（右二）與難友們

盧：我一走出教室，就看到走廊上已經有情治單位的人在等；他們大概是怕我跑掉，走廊兩邊的盡頭都有人站著；然後，兩個大漢就靠過來，把我架起來。然後就把我押到樓下；有輛吉普車已經在下面等了。然後，他們就把我直接押到後來改做警備總部的保安司令部的保安處，就是日據時代的西本願寺，也就是現在的獅子林。當時，大部分的學生大概都是在課堂上被這樣抓走的；如果是在宿舍裡面，他們也許會比較客氣一點，因爲怕會刺激到同學。

## 同情弱者的青年學生

藍：你知道自己爲什麼會再度被捕嗎？

盧：我被捕的原因是，參加讀書會，看了些左傾的書。「四·六事件」後，我們學生受到這個事件的打擊，大家對公開的活動也比較消極，因此，學生運動已經沒有那麼活躍了；但是學校的社團活動還是在。當時，我們學校有一個「社會科學研究會」，我們都在那裡看書，看的當然是一些社會主義方面的書。這些書，因爲一個同學在閱讀時，被情治人員發覺了，結果，這同學說，書是我拿給他的；就這樣，我也被捕了。後來，他們就以此來定罪，說我參加「非法組織」！其實，那只是學校社團辦的讀書會罷了，和現在學生社團搞的都一樣。

再說，我們讀的那些書，在當時都是公開買得到的，像在重慶南路的書店裡，擺在後面的就是這些上海生活書店出版的左傾書。有艾思奇的書、有剪伯贊的書，像是《大衆哲學》、《新民主主義》、《社會思想史》這些書都看得到。當時，有一些大陸來的同學，甚至公開把一些有關唯物論、辯證法的書擺在書桌上，學校也不管。

**藍**：我所看到的資料顯示，當時大學校園的「左傾」活動可以說是公開的，不知道你所了解的情形怎樣？

**盧**：我在前面說過，這個現象要從歷史發展的規律來看，我們知道，第一次大戰結束後的一九一七年，人類歷史上的第一個社會主義國家——蘇聯誕生，並且以「共產國際」，也就是社會主義集團，跟美、英資本帝國主義集團對立。當時，大多數有理想的知識文化界，尤其是學生，都傾向於社會主義；因爲，青年學生一般都是比較同情弱者的。特別是，當時的美、英還有很多殖民地，以現在的東南亞來說，有很多國家在當時都是列強的殖民地；而中國，就如國父孫中山先生說的，是一個「次殖民地」。也就是說，當時列強，都是在榨取弱小民族。以台灣來說，當時還有日本帝國主義非常「鴨霸」的統治。雖然它對台灣也有不少建設，但是，還是屬於殖民統治的方式。所以，台灣的抗日運動也是一直持續不斷的。這是當時的實際情形。

就光復以後台灣的社會構造來講，情況還是一樣的。那時候，資本家和地主的身分，不像現在這樣合理化；農民和勞工的生活資料也沒有現在這樣充裕，他們的生活是很悲慘的。以工人來說，要先當學徒三年，這三年爲老闆所做的事，是沒有薪水可以拿的，最多就是供應吃、住而已。農民的情形也差不多，他們大多是佃農，辛辛苦苦耕種所獲的農作，有一半以上必須要繳給地主。可以說，一般下層階級勞動者的生活是很悽慘的。所以，有心改革社會的學生，自然會想怎麼樣讓窮人翻身，改善他們的生活？而社會主義的主張就是站在弱者這邊，站在工、農階級的立場；所以，可以這麼說，當時，只要是有理想、有熱血的青年，都會站在社會主義這邊的。在台灣，因爲國民黨進行了這麼多年的反共教育，所以，現在聽起來，大家會覺得這樣的思想要不得！但是，當時，一般的知識份子與學生，的確都是站在窮苦人群這邊的。

## 沒有判決書的判決

**藍**：可不可以請你再談談這次被捕後一直到判刑的經過？

**盧**：當時，抓人都是祕密進行的，不讓外界知道；甚至連被捕者的家屬都不知道。尤其是，當時的調查機關——保密局和保安處，都有好幾個秘密拘押的地方。所以，家屬通常只知道人被抓了，卻無法知道被抓到哪裡？一直要到人被送到軍法處（今來來飯店）以後，才准許被捕者通信，這樣，家屬才能得知。

我被捕之後，一進保安處就是行刑：打啊！電啊！坐老虎凳、灌水等各種各樣的刑求方式很多。後來，他們又發明了一種疲勞審問，要你一直站著或坐著，就是不讓你睡覺；有時，連水都不讓你喝。他們故意持續地這樣整你，搞得人眞是生不如死啊！有的人受不了，後來就隨它啦，它要他怎樣講他就怎樣講！像這些刑求，我都經歷過的。

**藍：**那麼，他主要都問些什麼？

**盧：**他主要還是要問我有關「反政府組織」的事情，問我還有什麼人參加？在什麼地方開會？我住過誰的家裡？誰給過我錢？看過什麼書？所有跟我接觸過的人？……我想，它的重點就是要「一網打盡」！所以，有很多收留過親戚朋友住一晚、或是借錢給親戚朋友的人，因爲不知道他的親戚朋友就是所謂「跑路」的人，以後就被以「知情不報」或「資匪」的「罪名」判決，實在很冤枉。

**藍：**保安處之後，你又被移送哪裡？

**盧：**經過保安處的刑訊後，我就直接被送到軍法處。在軍法處的生活是很苦的！小小一個押房，擠得晚上都沒有辦法睡覺，只能輪流睡；因爲空間小，人又多，就顯得非常熱；尤其是開飯的時候，再加上飯和湯的熱氣，使得在押房裡用餐的受難者更是熱得無法呼吸。相對地，在保安處就還比較好些，因爲押房是寺廟改建的，空間較大。在軍法處的牢裡，我們一天吃兩餐，吃的米飯都是快要餿掉的，配的菜經常是一種「牛皮菜」；菜性很冷，我吃了之後都會出冷汗。

**藍**：你後來會被判那麼重的刑，是不是因爲你的學生身分？

**盧**：我想，可能是因爲跟我一起讀書而被捕的人裡，有兩個是軍人吧！這兩個軍人，是我高中的同學，畢業之後，他們到重慶念軍校；回來台灣以後，其中一個只要放假就跑到我的宿舍找我，走的時候還向我借了書架上一些「左傾」的書看；不僅這樣，他還拿給他一些軍校的同學看，就這樣被檢舉。我認爲，我之所以會被刑求得如此厲害，後來又被判重刑，可能就是因爲牽涉到軍人的緣故吧！他們大概認爲，我既然到軍隊裡面去「散發」這種書，就一定有「刺探軍事機密」或「在軍中發展組織」的「企圖」吧！

軍法處有條規定，那就是人被送進來三到六個月期間，就要結案判刑。我算是順利結案的，六個月就「判決」了；有的人甚至還要拖上一、兩年。但是，我在軍法處結案的整個過程，卻是很荒謬的！第一次開庭審問大概是五六分鐘左右，既沒有公開審問，也沒有經過正常的審訊辯護過程；更不管究竟有沒有這樣的「事實」？第二次就判刑了。我們這一案有六個人，結果，我被判無期徒刑，是判得最重的。但是，我和同案的另外五個人，始終沒有拿到判決書；一直要到我要出獄的時候，看到「釋放證」

上面的記載，我才知道自己究竟犯了什麼「罪」！

## 綠島新生營

**藍**：「判決」以後，你就直接到綠島去嗎？

**盧**：判刑後，我們先被送到內湖的感訓隊去。其實，感訓隊原本關的都是一些所謂「無罪感訓」的人。那時候，感訓隊已經快結束了；我們之所以會被送到那裡去，是因爲綠島那邊的集中營已經快蓋好了，爲了遣送方便，就把我們暫時寄押在那裡。後來，關不到一星期，我們就被送到綠島去了。

**藍**：談談在那裡的生活情形吧！因爲有首〈綠島小夜曲〉的流行歌曲，一般人提到綠島，總是帶有一種不切實際的浪漫想像；我想，對你們來說，綠島應該會有完全不同的感受吧！

**盧**：當然不同啊！我們算是第一批被送到綠島的政治受難人。那時，綠島有一個「新生營」，雖說是用「新生訓導處」的名義，生活管理上卻是採取集中營式的軍隊管理，非常不合理。每天，做半天的工——勞動改造；上半天的課——思想改造。上課的教材是《三民主義》、《國父遺教》等這些指定的書，我們不能自己買書或寄書，否則就沒收；只能夠讀他們規定的書，報紙也沒得看。不過，他們會過濾新聞，然後用刻鋼版、油印的方式，編〈簡訊〉。

「新生訓導處」離港口大概有六公里。我們剛去的時候，沒有公路，只有牛車可以通過的那種小路；而且，那裡的牛車又跟台灣的不一樣，它是很小的木頭輪子。因爲這樣，當時的補給品和建材，都是我們自己去港口，一個一個搬來的。可是，我們有幾乎一半以上的人，都是沒有挑過東西的知識份子；每次從集中營走六公里的路到港口，然後再從港口抬一包米或是抬五十公斤的煤炭回去；要是體格好一點的，他們就要求一個人挑，體格弱一點的就兩個人抬。可是，有的人不管怎樣就是抬不動啊！但是抬不動也非抬不可，於是就衝突起來了。像這些人，他們就一個一個記賬下來。

另外，我們要到山上砍樹，搬木頭，蓋「克難房」。因爲我們去的時候，它只有蓋睡覺的營

克難房

房，其他像廚房、倉庫啦！這些都要我們自己另外蓋。當時，甚至連圍牆都還沒有蓋起來，所以，我們也要去海邊搬石頭，蓋圍牆關自己。這樣的重勞動，就讓很多有病的人受不了！可是，凡是工作量達不到要求的人，他們就認爲是不聽話的「搗蛋份子」；後來，也被送回台北好幾批。這些被送回去的難友，後來也有很多被槍斃的。同時，因爲他們的管理是非常強制的，有好幾個人就在綠島病死了。也有一些人服刑期滿後，他們卻故意不給結訓，繼續延關兩、三年。他們就是用這些非法的手段來整人的。

## 二十五年後特赦出獄

**藍**：最後一個問題想請教你的是，你是什麼時候出獄的？

**盧**：我是被判無期徒刑的。一般無期徒刑的普通犯，只要在牢裡沒有過錯，大概只要關十年就可以假釋出獄；但是，叛亂犯卻不行，判多久就關多久。一直要到一九七五年，蔣介石死了，蔣經國就位之後大赦，我才出獄。在這大赦之前，也有過兩次特赦，但那卻是針對一些蔣經國認爲不應該關的人而「赦」的；譬如說是一些大官的親戚啊！總之，自己人就是了。當然，這兩次特赦也會有一些一般的「叛亂犯」，順帶被放出去，一次都只有二十個人左右。

我出獄的時候，他們發給我一張「釋放證」，我看到上面寫著：「三十九年十二月三日被捕，服刑十五年」；事實上，我是三十九年（一九五〇年）十一月三日被捕，並且被關了二十五年之後才減刑釋放的！那十年，我不曉得跑去哪裡了？

採訪時地：

第一次，一九九〇年五月，台北盧宅。

第二次，一九九六年四月五日，永和某地下電台。

第三次，一九九七年三月十八日，台北盧宅。

第四次，一九九七年三月二十一日，師大、台大法學院及台北警察局。

# 一生列管四十年

## ——李松盛的證言

李松盛，屏東竹田客家人，一九二六年生。
原師範學院史地科學生，曾任學生自治會風紀部副部長，「四六事件」中被捕。
一九五〇年五月底，因白色恐怖的牽連，開始逃亡。
一九五二年秋天「自首」。

第二次世界大戰結束前一年的一九四四年，我畢業於高雄州立屏東中學（今省立屏東高中）。當時，原本不可一世的日軍已成強弩之末，在各地戰場上節節敗退。對殖民地台灣的學子而言，在那樣的時刻，想擠進大學之門，實在很難；因爲門太窄了。

在此之前的一九四三年，日本政府在神奈川縣厚木航空隊附近的「高座」地方，設置了「高座海軍工場」（空C場），專門製造日本海軍「雷電」戰鬥機；空C廠的工人，除了大約二百多名小學高等科畢業的日本人之外，其餘都是從台灣選拔的、工學校畢業的台灣人「年少工」及少數中等學校畢業的台灣學子。這批總數約三千多名的台灣工人，是在一九四三年分做四梯次，由台灣各地選送到高座的。

## 日本志願兵

一九四四年，屏中畢業前，為了逃避即將實施的「台民徵兵制度」，我邀約了班上九名客籍同窗中的六人，參加「空C廠」的招考。四月，我們從屏中畢業以後不久，隨即搭乘渡輪前往日本；在海上，我們所搭的船一路逃避著盟軍潛水艦的魚雷攻擊，經過三日兩夜的航行後，終於到達日本。

在「高座海軍工場」，我被派做「年少工」的班長。「高座海軍工場」採用「突貫作業」的生產方式，工作時間是晝夜兼工，「年少工」又分成日夜輪班制；但是我這樣的班長，因為要帶班的緣故，所以要工作三十二小時，才有八小時的休息。一段時期後，我因為受不了這種煎熬，再加上想到自己快達徵兵年齡，恐怕遲早會被徵調去當日本兵；所以，我和另外三個同伴就去應募田邊海兵團（在日本和歌山縣田邊市）志願兵，成為田邊海兵團的第一期生。

| 姓名 | 籍貫 | 通訊處 |
| --- | --- | --- |
| 黃世慶 | 澎湖縣 | 屏東市端正里呂再生脚踏車店隣黃竊詮轉交 |
| 李松盛 | 高雄縣 | 高雄縣潮州區竹田鄉二崙五四〇號 |
| 楊潮清 | 新竹市 | 新竹市東門前街二巷八號 |
| 陳丁旺 | 高雄市 | 高雄市連雅區苓雅里一〇七號 |
| 蕭金堆 | 臺中縣 | 嘉義市林森路二一號 |
| 黃鍾熊 | 臺南縣 | 臺南縣北門區佳里鎮建南里光復路一〇八號 |
| 林慧哲 | 臺南縣 | 臺南縣新化區新化鎮西關里八號 |
| 黃鐘明 | 嘉義市 | 臺中縣玉山區魚池鄉魚池村瓊文巷 |
| 游昭爐 | 臺南縣 | 臺南縣斗六鎮崙峯里玄義路一二號 |
| 張壬和 | 新竹縣 | 新竹縣中壢區楊梅鎮東流里四四號 |
| 黃金和 | 〃 | 新竹縣竹南區竹南鎮竹南里中山路九五號 |
| 林秉鈞 | 臺北縣 | 臺北縣淡水區淡水鎮協元里重建街一一二號 |

—18—

師院畢業時的李松盛與同學們

# 光復返鄉

一九四五年八月十五日，日本無條件投降後，我從田邊市再回到神奈川高座；並於一九四六年，隨同「高座海軍工場」的八千名台灣工人，被遣回台灣。

當我從日本神奈川縣回到離開已經三年的台灣時候，我在基隆碼頭第一眼看到的卻是挑著鍋子、背著雨傘、穿著草鞋，把步槍當肩擔一樣放在肩上的「國軍」士兵。這樣，我原先因爲回歸「祖國」，從日本殖民地二等公民搖身變成勝利國一等國民的歡喜，頓時變成無底黑洞的悲哀！

我從基隆又坐了一天的貨車之後，終於回到家鄉屏東竹田。但是，我看到的卻是：因受盟機轟炸而變成一堆廢墟的家屋；我們一家九口人，只好擠住在三間房的茅竹屋裡。當時心中的那股淒涼感受，一直到現在，我都難於忘卻。

當時，因爲父親失業，三個弟弟和一個妹妹又正求學中，再加上物價的飛漲，所以，家裡連一日三餐都很難維持下去。身爲老大的我就急著找工作。但是，那個時候的社會，如果你既不會講「國語」，又沒錢送紅包的話，任憑你跑斷了腿，還是找不到「頭路」。我因爲家無恆產，赤貧如洗，也沒有本錢做生意。爲了減輕家裡的負擔，我就在報名截止前一天，去報考「台灣師範學校」；我想，依靠公費求三餐，也是一條出路吧！老實說，當年我進師範學院念書的時候，心裡並沒有抱著做「教育家」或「學者」的念頭；那只是我爲了暫時解決飢餓問題的一種手段而已。

## 一・九遊行

一九四六年九月，師範學校開始上課；我正式成爲師院專修科史地科的學生。在此之前，我通過報章雜誌的報導知道：抗戰勝利以後的大陸，國共內戰轉趨激烈；經濟凋弊，貨幣正一瀉千里的貶值；再加上政府官員的「劫收」舞弊；搞得民不聊生，怨聲載道；各地民變與學潮於是層出不窮。

大好河山成為內戰戰場

就我所知，比較重大的學潮包括：一九四五年十二月一日，國民黨軍警爲了鎮壓昆明西南聯大師生的「反內戰」運動，而闖入聯大校園，造成四人死亡，幾十人受傷的結果；這就是震驚中外的昆明「一二・一」慘案。因爲這樣，全國各大城市的大學紛紛起來響應。昆明成了全國反內戰運動的中心。一九四六年六月，上海學生舉行反對內戰，爭取和平的大會，要求國家統一，加緊建設。七月，聯大教授李公樸和聞一多，在昆明被暗殺，此一慘案更加激起了全國知識份子的憤怒。九月，四川有十餘萬百姓發動抗暴民變。十二月，西康發生幾十萬民衆起來的大規模暴動。

就在這多事的一九四六年年底的十二月十四日，北京又發生美軍強姦北大女生的「沈崇事件」。學生因而起來罷課遊行，教授也提出嚴厲的抗議，要求美軍撤出。天津、上海、杭州、南京、武漢、重慶、成都、廣州、昆明等地的學生繼起響應，更有「抵制美貨」運動。學生反美運動更是如火如荼，軍警則極力壓制，不斷逮捕學生。

一九四七年一月九日，台灣的學生也呼應國內學生，上午八點，台北市大專、高中學生數千人，集合於新公園（今二・二八和平紀念公園），舉行「反內戰，抗議美軍暴行」的學生大會。當時，警備司令部參謀長柯遠芬聞訊趕到會場，意圖鎮壓學生，阻撓示威遊行；但沒有得逞。大會後，我們開始遊行，聲勢非常浩大；遊行隊伍所經之處，也有許多民衆出於義憤而臨時加入遊行隊伍。

一二．一血案死難者靈堂

大陸學生的反美帝運動

西南聯大師生的反戰遊行

這次的「一・九遊行」，可以說是台灣光復後，由台灣青年學生發動的，第一次以街頭遊行的方式來表達：對國民黨當局的不滿、反對蔣政權獨裁統治和爭取民主自由的學生運動。

但是，一個多月後，「二・二八事件」發生了。事件發生那天，我在公賣局現場看到群衆包圍的場面；三月一日，我在新公園看到一個外省籍的孕婦被打，就上前勸阻，沒想到因爲我不會講閩南話，還被誤認爲外省人，幸好我會講日語才免於挨打；三月二日，我在中山堂參加了學生大會；三月八日，火車恢復通車以後，我就回南部家鄉。

二二八場面之一

## 學運再起

經歷過一場「二・二八事件」的衝擊之後，台灣青年學生追求民主的自發性愛國運動，暫時處於低潮狀態。

相對地，一九四七年五月以後，隨著全面內戰的爆發，國民黨統治區的政治和經濟，陷入更大的危機當中，大陸學生的「反饑餓」、「反迫害」、「反內戰」運動，也進入新的高潮。五月二十日，南京各大專院校學生，爲搶救教育危機，向國民參政會集體請願，宣稱：「不要自相殘殺的內戰，要飯吃，要圖書，要儀器，要教授，要安定的生活。」但是請願的遊行隊伍卻遭到軍警殘酷的迫害，造成一百多人受傷，二十幾人被捕的「五・二〇」慘案。學生的「反迫害」運動因此達到空前的高潮；「華北學生反饑餓反內戰聯合會」於是發表〈告全國同學書〉，提出把六月二日定爲「全國反內戰日」，號召「在『六・二』促成爲反內戰反饑餓的罷課、罷教、罷工、罷市。」結果，國民黨當局爲了趕在六月二日學生行動前把運動鎭壓下去，於是從五月三十日晚上到六月一日凌晨，在全國各大城市大舉逮捕學生。在這一波白色恐怖的風暴掃蕩下，武漢大學有三名學生在校園喪命，其中包括台灣教育當局派送的公費生陳如豐。

在這樣的歷史波動下，曾經受過日本殖民教育的台灣學生，面對激變的時局，當然不

學生研讀的刊物之一

可能無動於衷的。因爲這樣，一九四八年秋天開始，沉寂一時的台灣學運又重新活躍起來。其中最活躍者便是以台大學生爲主，部分師院同學也參加的「麥浪歌詠隊」。他們通過歌聲，唱出青年學生對自由的渴望和對光明前途的憧憬。在師院，同學們也在學生自治會主導下組成「大家唱合唱團」、「話劇社」和「社會科學研究會」等社團，以「團結就是力量」的行動原則，提高了台灣學生對祖國文化的認識與體會。

在這樣的時代新氣氛下，個性上看不慣不義行爲的我，也開始積極參加「大家唱合唱團」、「社會科學研究會」等學生社團的各種活動。同時，也因此認識了具有社會正義感、思想進步的同學，像是周愼源、陳水木等人。後來，周愼源當選自治會主席時，爲了各族群的團結，他就要我做爲客家同學的代表，擔任其中一名理事，同時兼任自治會風紀部副部長（部長是大家公認的好好先生許昇龍）與糾察隊負責人。

## 隻身打狗

一九四八年暑假結束以後，住校的同學們先後回到宿舍。當時，學生宿舍伙食團由一個外省籍的同學蔣子俊主持。學寮有一條規定就是：凡是請假三天以上，沒有在宿舍開伙的同學，可以退領副食費（菜錢）。因爲這樣，暑假期間返鄉度假的同學紛紛向蔣子俊要求，退領暑假期間的副食費。但是，蔣子俊不但不退還強辯說：「那些錢都給留宿同學（人數不多，大部分爲外省籍）加菜，吃光了！」因爲他堅持不肯發放，我們只好向校方要求，照規定處理；但是學校訓導處卻理都不理。蔣子俊是訓導處指派的伙食團負責人，平常，大家都說他是國民黨派來的職業學生。正因爲蔣子俊認爲自己有訓導處做靠山，所以，言行傲慢，態度惡劣。大家雖然心中不服卻也只好認了。可是，我實在無法忍吞恨怒，就決心用最原始的方法，以鐵拳制裁來洩恨。

有一天晚上，我得知他自己一個人外出，就決意在他回學生宿舍途中，好好修理他一頓。我怕我的行動暴露後一定會受到退學處分，所以，除了幾個原先就知道我這個計劃的幾個好友：劉德明、陳丁旺、周愼源等之外，我不敢讓別人知道。同時，爲了不連累他們，我也拒絕他們參與我的行動；只請他們就在附近站著，萬一附近住民跑出來看熱鬧時阻止他們，以免驚動憲警。當蔣子俊回來時，我就站出來，擋住他的去路，並且明白告訴他，我爲什麼要教訓他！蔣子俊雖然比我高大，身體魁偉，但是我當過兵，受過訓練，所以跟他一對一還綽綽有餘。結果，他只挨了我一拳，就哇地一聲大叫，然後跑到路旁的水田中打轉，大喊救命。

後來，蔣子俊同時向派出所和學校報案；但是，大概是怕我報復，他不敢指出打他的人是我。學校方面也一直呼籲：做案者自首，保證不開除；同時還利誘知情同學密告。雖然後來知道是我幹的同學也不少；但是，始終沒有一個人洩漏是我。最後，學校方面只好不了了之。大概是心存恐懼吧！自己一個人在台灣的蔣子俊，不知何時也從師院突然消失了。後來，我不知道聽誰說的，他回到大陸，並且繼續幹原來的勾當，在大陸易色時被共產黨抓去了。

現在回想起來，如果當時我就因爲此事而被開除的話，或許我就不會有後來長達近四十一年「白色恐怖」的遭遇吧！

## 籠城抵抗

一九四九年三月中旬以後，師院和台大的兩名學生，因爲共騎一輛單車而被警察關進大安分局拘留所。我們得到消息後，立即動員了台大和師院兩校學生約百人，趕到大安分局，圍住分局，叫分局長放人；前倨後恭的分局長最後終於放人。當天晚上，爲了抗議警察暴行，台大法學院和師院學生自治會決議，第二天舉辦「保障自由」的請願遊行。遊行完後，我們認爲事件就這樣落幕了。

但是，四月五日，學校還在放春假，我們師院學生自治會主席周愼源卻在台北街上（宿舍門口）突然被便衣特務逮捕，押進三輪車內載走；後來，大概是在公園路台大法學院附近，在台大學生援救下才逃回師院學生宿舍。接著，警備總司令部送交一份逮捕鄭鴻溪（自治會前任主席）、周愼源、莊輝彰、王俊廷等六名同學的名單，同時台大學生也有二十一名學生被指名逮捕。我們得知消息後，當天晚上，就在師院學生宿舍的食堂，召開臨時學生大會，商討對策。

當天晚上的學生大會，大家議論紛紛，沒有定論。最後，我因爲不願眼睜睜地看著這幾個同學無緣無故被捕，就跳上桌面，極力主張大家籠城抵抗，以爭取時間讓那些被點名的同學可以脫逃。我又強求封死學寮各門窗，同學一律參加抗拒。不少放完春假剛回學生宿舍的同學，就這樣糊里糊塗地被捲入所謂「四・六事件」。其中一個讓我印象特別深刻的例子，就是現任國策顧問的溫興春先生。當時，他也是利用春假回家省親，剛回到學生宿舍的一名同學，他看到我們正在食堂召開抗議大會，轉身就要走；但是卻被我拉回宿舍，一起抵抗。

## 拂曉逮捕

六日拂曉，宿舍大門到後來還是被包圍的憲警攻破，他們衝上宿舍二樓以後，看人就打就抓。我雖然帶頭抵抗，但是，敢跟憲警對打的同學，畢竟不多；在抵抗中，我看到人高馬大的溫興春，被站在樓梯口的憲警毆打，然後從樓梯滾落樓下。最後，我們二百多個同學就被押上軍車。當我們被押下樓梯時，那些憲警還洩恨似的任意敲打我們。然而，正因爲我們的掩護，當天被點名逮捕的六名同學，只有莊輝彰和王俊廷兩位被抓而已，其他人都僥倖脫逃了。

我們被捕以後就被送到據說是現在中正紀念堂的一座軍營。後來，警備總司令部大概是受到輿論的壓力，公布了被抓的二百多個同學的名單；幾天後，又准許學校或家長，把大部分被關的同學保釋出去。

被捕以後，我和二十幾名學生自治會的糾察隊員，受到特別關禁，因而被遺漏於公布的被捕名單上。當時，旅北六堆同鄉會的鄉親很多人知道我被軍車押走，但是，他們在官方公布的被捕名單上卻找不到「李松盛」的名字；後來，當大部分被捕同學一一被釋回時，他們又沒看到我；他們於是由鄉親劉盛財（前省議員）和劉偉南兄帶頭，設法營救。當他們得悉查辦「四・六事件」的主官是當時身爲省參議的六堆同鄉劉兼善時，他們就硬拉著劉兼善先生，親身跑到警備總司令部交涉，最後終於拿到了「李松盛等二十六名無罪釋放」的文件。這樣，我雖然比其他同學晚了十幾天才出來，總算也逃過一劫。

「四・六」發生後，師範學院在當局的壓力下，暫時停課，並成立「整頓學風委員會」；四月十五日起，同學們重新辦理登記，審查合格的學生才能再取得學籍；結果，數學系的王俊廷（高雄市人）等三十六名同學，就以「操行惡劣」、「偽造學籍」等理由，被校方勒令退學。

我個人認為，如果說「二・二八事件」是台灣社會歷史創傷的開端的話；那麼，「四・六事件」不但是校園白色恐怖的濫觴，同時也是五〇年代白色恐怖的起點。在白色恐怖時期，我所認識的師院同學當中，被槍斃於馬場

劉兼善 達仁

中國國民黨臺灣省執行委員兼第三區黨務督導專員 國立臺灣大學訓導長

本省高雄縣人 現年五十一歲 秉性聰敏 富民族思想 少時懷復興祖國 收復臺灣之志 加入革命同盟會 民國二年於國語學校國語部畢業後 即負笈扶桑求學革命 同時並奮 民八畢業於早稻田大學大學部政治經濟科 得政學士學位 是夏返國 獻身黨國 謁國父中山先生於滬濱 商討革命方略 民十任大本營宣傳委員 及廣東公立法政專門學校教授 民十二建議設立國立廣東大學 養成革命幹部人材 繼此以後 迭任國立廣東大學 中山大學教授 華僑協會執行委員 兼

劉兼善在客家鄉親強拉下，救了李松盛等學生

町刑場的就有：陳水木、賴裕傳、陳全目、吳瑞爐、鄭澤雄等人；周愼源則是在逃亡時被圍捕擊斃；同班同學林慧哲等人在火燒島被關了十幾二十年；還有一些人是從此失蹤，沒有音訊。我雖逃過一劫，卻也難逃白色恐怖羅網幾十年的壓迫。

## 亡命三年

一九四九年六月，我從師院史地科畢業。八月，我就到離家不遠的省立潮州中學任教。一九五〇年五月十六日，駐守舟山的軍隊撤退台灣以後，基本上，國軍已經喪失了整個大陸，祇剩「金、馬」據點。這時候，台灣社會的政治空氣籠罩著一股看不到的不安，我也開始有了莫名的不安。

五月三十日晚上十點左右，天空開始下著毛毛雨。我想到母親還在豬舍餵豬，就到豬舍幫忙。餵完豬食後，不知爲什麼，我忽然想留在豬舍過夜；當晚，我就睡在豬舍倉庫。睡到半夜十二點左右，二弟匆匆跑來通知我說，剛剛有一批便衣特務到家裡包圍，要來抓我；他們把家裡的床下、天花板都翻遍搜查過，並且一直盤問父母我的去向？二弟說，他是假裝肚疼，鬧肚子，要上廁所而偷跑出來通風報信的。

三天後，我家的封鎖被解除以後，父親立即將家裡能變賣的東西，甚至連三餐要吃的米，都變賣了；然後叫二弟把現金拿到豬舍倉庫，交給我，要我快逃。這樣，我於是開始踏上將近三年風聲鶴唳的亡命生活。

## 列管分子

到了一九五二年秋天，我感到我的亡命生活已經走到山窮水盡的地步，幾乎已經沒有什麼地方能躲了，而且行蹤漸露岌岌可危。這時，我的同學賴杞郎，從台中到竹田，向我父母表示，他要去辦「自首」，同時勸我也去「自首」；我知道這個情況以後，就直接到台中找他，問明自首的情形；這樣，我終於決定出來，向屏東縣警察局辦理「自首」。然而，「自首」以後，我不但

賴杞郎

政治部公佈辦法

勒限中共黨徒自首

不予逮捕保障職業

有助政府當予獎勵

[illegible]

1950年5月14日《中央日報》公布的「自首辦法」

不能解除心理上的白色恐怖網羅；而且就從那一天開始，過了將近四十年被「列管」的生活。

一九五三年初，我在走投無路的情況下，決定到後山台東找工作；我想，那裡比較偏僻，也許能夠找到一個謀生的工作吧！很偶然地，我在車上認識了台東師範的一名教員魏俊興先生，並且通過他的介紹，認識了當時也是國大代表的東師校長劉求南先生；他不但不怕我是「列管中的自首分子」，而且還大膽聘用了我。這樣，我就在東師擔任數學教師。

在台東師範服務不久，問題就來了。有一天，我下了課，在回家途中突然又被憲兵抓進憲兵隊；他們說我是通緝犯，因此被關了二天二夜；到了第三天，保安司令部人員才將我保釋。從此以後，我除了每個月要向當地情治單位繳交生活報告一份外，每個星期還要向一個自稱是保安司令部參謀的便衣人員報到一次，接受洗腦。每個星期，他都從台北下來台東，而且每次下榻不同飯店的不同房間；我就這樣按時去找他，從晚上談到第二天黎明。當他覺得可以讓我離開時，一定會交一本書給我看，同時叫我下次約談時，繳交一份「讀書心得」報告。他還警告我，關於秘密約談的事，絕對不能告訴別人；而且要我當天不得請假，照常上課。因爲一夜沒睡，又要上課，我經常被搞得心身疲倦不堪！

每週一次的約談延續了快一年之後，我因爲實在受不了那種心身的煎熬，有一次就抱著豁出去的心情跟那特務參謀說：「我的性命反正被你握在手掌中，要殺要放都隨你，你不要再來這一套了！如果你認爲我不適合教書就說一聲，明天，我就辭職，回屏東老家。」我當時想，我就是做苦力也不會餓死的，我再也不願拖著疲倦不堪的心身去教書而誤人子弟了。不知爲什麼？經過這次的抗議後，我每週一次在台東市不同旅館的約談，就這樣結束了。但是，每週一次的「讀書心得」報告照舊，每月一次的「生活報告」反而增爲每週一次了。

一九五五年，我回屏東萬丹初中任教；後來又輾轉於家鄉附近的幾所中學任教。這段期間，我除了每週的「生活報告」照常要繳以外，每個月還有至少三次的「查戶口」臨檢，前後繼續了十年多。在學校，不但我的辦公桌抽屜經常被人翻查；而且，每個月，學校的保防秘書可以不必經過校長就直接向情治單位繳一份我的言行報告。幸好，這段期間，除了少數掛著有色眼鏡的保防秘書仍然把我看成「赤色分子」以外，各學校的校長都對我不錯。

一九七九年十二月十日，高雄發生「美麗島事件」以後，我也被情治機構強索筆跡及約談。大約是一九八一年左右吧！當時我在萬巒國中任教，有一次，學校舉辦旅遊阿里山的教職員活動，在遊覽車內，大家興高采烈、相爭唱歌，有位女同事帶的五歲小孩在唱〈中華民國頌〉這支歌的時候，唱到一半卻唱不下去了；我隨口就說：「噯呀！不要唱了，都快斷氣了還要唱！」沒想到，這句話後來卻被學校的特務密告成：我說中華民國快斷氣了，不要再唱〈中華民國頌〉了。我們住宿阿里山時，旅館養的一隻九官鳥看到客人就叫：「早安，蔣總統萬歲！」我一時淘氣就向九官鳥說：「晚安，你去睡！」結果，這話也被告密成：我咀咒蔣總統早死。那次一起參加旅遊的同事，後來都被上面派來的調查員個別約談，查問我當天的言行。幸好，那些被約談的同事都回答：「在車中睡著了」或「沒有聽到」……等回答；半年之後，才不了了之。

一九八七年，萬巒國中的保防秘書告訴我，「人二室」終於同意向上面呈報，解除我的「列管」了。第二年，一九八八年，我得知解除「列管」後，我覺得我將近四十年的白色恐怖生活已接近尾聲了。於是，我決定退休，好好享受我那六十以後才開始的自在生活。

採訪時間：一九九七年三月二十五日
採訪地點：屏東竹田李宅

白色恐怖紀實

當事人席

# 同學兩百多人進警總　我的悲憤綿延40年

被湮滅的記憶，被歲月沖淡的怨哀由「一六三座白色恐怖時期墳塚尋獲」的報導重新湧上心頭。參加七月十一日在高雄市議會禮堂舉辦的「五〇年代白色恐怖政治迫害眞相說明會」後，我終於決心寫下我受了將近四十年之白色恐怖冤恨。

一九四九年四月初台大學生和師範學院（國立台灣師大前身）學生因兩人共騎一輛腳踏車被警察取締，而關進大安分局拘留所內，我們得到同學報告後趕至大安分局。有師院、台大學生近百名圍住大安分局要求警察放人及道歉，分局長前倨後恭，傍晚時終於將兩位同學釋放，當晚台大法學院及師院兩校學生自治會決議第二天舉辦保障自由的請願遊行。我們認為事件就這樣落幕。

而學校開始放春假。春假中我們師院學生自治會會長周愼源白天在台北街上突然被便衣特務逮捕押進三輪車內，他喊救命由附近民衆協助終於脫逃，跑回師院學生宿舍。接著四月四日警總送交一份逮捕鄭鴻溪（前任學生自治會會長）、周愼源、莊輝彰、王俊廷等六名同學之名單，同時台大學生亦有數名被指名逮捕。四日晚上我們在師院學寮食堂開臨時學生大會，當時學生自治會理事兼風紀部副部長的我（風紀部部長係許昇龍，他是大家公認的好好先生，他就因為這職務錯過當校長的機會埋沒了前途，在屏東縣教育局當了半輩子的額外督學，他亦為白色恐怖下之犧牲者之一）不顧同學莫明其妙之下被逮捕，故力主籠城抵抗拒捕，而爭取時間可讓被指名逮捕的同學脫逃。我強求在學寮內同學一律參加抗拒。剛好回鄉渡春假陸續回宿舍的同學，就這樣糊裏糊塗被捲入所謂「四六事件」。溫興春（前立委）亦被我強拉回學寮的，六日早上學寮門窗被憲警攻破湧進抓人對打時，他被憲警毆打頭部從二樓樓梯滾落樓下後被押上軍車。我們兩百多名同學被關進警備司令部，後由輿論壓力警總終於公布被抓學生名單。後准學校或家長領回。當時我率領的糾察隊員二十幾名就被遺漏於公布名單內。當時旅北六堆同鄉會的鄉親每天有不少人聚於省立台北商專（校長鍾樂上），他們知道我被抓走但公布名單上找不到名字又沒有被釋放後，設法營救。得悉查辦「四六事件」主管是六堆同鄉會的劉兼善（省府參議）先生的學生後，由劉威財（前省議員）硬拉兼善先生親身跑警總，終於拿到「『李松盛』等二十六名無罪釋放」之文件而逃過一劫。一九四九年六月師院畢業，八月赴任省立潮州中學。五十年五月三十日晚上十時左右開始下毛毛雨，想起母親還在豬舍餵豬，想替母親而至豬舍時忽然想在豬舍倉庫睡，當晚在倉庫過夜。晚上兩點左右被還在屏中高二唸書的三弟搖醒，他告訴我十二點左右家被刑警憲兵、便衣特務等十幾名包圍，搜捕我，床下、天花板均翻掀搜查盤問家人。後他假肚疼鬧肚子，騙過他們偷跑出來通風報信的。家被封鎖三天，解除封鎖後父親將家裏能變賣的東西，連三餐要食的白米也變賣，將現金交給我，我開始踏上將近三年之風聲鶴唳的亡命生活。

一九五二年秋已成山窮水盡，且行跡漸露岌岌可危時只好向屏東縣警察局自首。五三年初偶然的機會經魏駿興先生介紹，認識台東師範校長劉求南先生。兼國大代表的劉校長不嫌我是列管的「自首份子」，聘請我當數學教師。在台東兩年多是我被列管三十多年中最艱苦之期，除每個月需向情治單位繳生活報告一份外，每個禮拜自稱警總參謀的人叫我到他住宿之旅社洗腦聊天到黎明，每次讓我回家前將他帶來的書籍交給我看，叫我下週約談時繳交「讀書心得」，並警告我不得請假需照常上課。身心的極度疲倦加上熬夜後的授課，的確難受極了。至於「讀書心得」，我就把書籍交給溫興春、呂新榮等幾個好友代讀代寫，我再重抄交卷。有一次從東師下班回家途中被憲兵押進拘留所，說我是通緝犯，被關三天後才釋放，每週一次的晚上洗腦聊天繼續了半年左右，而讓我認識了台東市所有的旅社。有一次，我竟忍耐不下向那參謀說「我的生命在你手掌中，要扼殺或放鬆隨你意，不必來這一套，你認為我不宜教書就說一聲，我明天就辭職回屏東老家，我做苦力也不會餓死的。我再不願以疲倦不堪之身心下授課而誤人子弟」由這一次的抗議後，每週一次的洗腦，就停下，但讀書心得與生活報告照舊每週呈交。

一九五五年回屏東後每個月至少三次的三更半夜中之查戶口繼續了將近十年。每月一次的生活報告亦繼續寫了十幾年。在學校也時常被偷查抽屜，學校的保防秘書需每個月一次向情治單位呈報一次有關我的生活報告。美麗島事件發生，施明德先生逃亡期也受到強索筆跡約談。從台東回屏東後，在萬丹初中、內埔中學、明正初中、美和中學、中正初中、潮州國中、公正國中、萬巒國中任教。其間除了少數學校的保防秘書戴著有色眼鏡打我報告外，每個學校的校長都對我不錯，到萬巒國中後，東師時代的學生林松生擔任保防秘書後，他盡心盡力為我爭取解除列管，終於一九八七年他告訴我「人二科」解除了我的列管，我於八八年退職，開始渡著慢來的自在生活。

一九九三·七·十四　李松盛

1993年8月5日李松盛在《民衆日報》公開「四六」回憶。

# 但願犧牲的英靈安息

## ——陳丁旺的證言

陳丁旺，高雄市苓雅寮人，一九二五年生。原師院史地科學生，「四・六事件」中被捕，繫獄七天。畢業後任教鳳山中學。一九五〇年四月，因白色恐怖牽連而逃亡，六年後「自首」。

明末清初，我的曾祖父從福建移民至苓雅寮，主要從事漁業與商業，以後逐漸向內地推展，到我這代已經是來台第四代了。

苓雅寮地區的主要姓氏是：陳、孫、葉、周、林、洪等地主階級，其中，又以陳姓的人口較多。我記得，兒童時期，苓雅寮只有二家掛牌的西醫和一家中醫；另外，離我家幾百公尺遠的地方，有一個派出所，裡頭駐有一位部長、二位巡查（都是日本人）以及一位台灣人書記，四個人負責管理苓雅寮數千人口的治安，經常佩帶白鐵刀劍巡查轄區。

## 公學校學生

當時，高雄市有三家收容台灣人子弟的小學，苓雅寮地區就有一家第二公學校。每年，公學校的老師除了逐戶訪問區內的適齡學童，並以前往唸書就有餅乾、糖果吃爲誘餌，鼓勵台灣人子弟入學。因此，一九三二年，八歲的我就糊里糊塗地跟著老師前往第二公學校註册。

公學校的課程完全教授日文，學科分爲修身、國語（日本語）、算術、理科（自然科）、歷史、地理、圖畫、音樂、體育等各科；同時也非常注重精神訓練、道德教育、日常生活禮儀規範及衛生觀念；學校還組織了少年團（童子軍），經常由老師帶隊前往野外郊遊、游泳、登山等；學校老師也獎勵我們閱讀「少年倶樂部」等課外書籍，做爲補充教材。

一九三七年，蘆溝橋事變引起中日戰爭。這年，我剛好升上六年級。後來，每當日軍占領某一重點都市時，我們都要拿著日本國旗，或者提著燈籠，到街上遊行。

一九三八年，我從公學校畢業。當時，高雄州的行政區域包括今高雄縣市、屏東縣市等四縣市全部；但是，高雄州的中學校只有高雄中學一所。我因爲沒有考取高雄中學，就繼續就讀第二公學校附屬高等科一年級，準備升學考試。

## 雄中學生

當時，雄中採用德國的完全中學制度——從初中到高中，五年一貫制；每學年招收二百名學生，其中日本學生佔一百六十名，台灣學生只佔四十名（五比一），實施不平等的典型殖民地教育制度。考試科目除了學科以外，還要加考體能。考生報名時必須先提出公學校的操行及格證明書，父、祖輩兩代未曾觸犯徒刑以上的身家資料，以及五官端正、身體健康等證明文件；審查合格，才能獲准參加考試。

體能考試包括：跑步、擲球、單槓等，及格以後才能獲准參加筆試；筆試內容包括小學學習的全部課程。

第二年，修畢高等科一年級之後，我終於通過各項審查與測驗，成爲高雄州立高雄中學的中學

雄中時代的陳丁旺（第一排左三）

生。

雄中的校規非常嚴格，不可隨便犯規——如：考試不可以作弊；上學或課後外出一律要穿制服，以跟一般社會人士區別；不可以一邊走路一邊吃東西；不可以看黃色電影……等等。否則，一律依校規處分「無期退學」。所謂「無期退學」，也就是勒令學生暫時停學在家，自修反省；這段期間，任課導師會不定時前往家庭訪問，指導課程進度及要點，跟家長密切連繫，等到老師認爲學生確有反省改過時，才准予復學；一般停學時間大約是一星期到二星期。另外，上級生有權指導下級生的生活規範，遇到老師或上級生需舉手行禮。爲此，學校還指派高年級的模範生，在校外協助學校端正校風。

當時的中學課程包括：國文（日文）（正、副各一百分）、漢文（正、副各一百）、英文（翻譯一百分、作文一百分）、數學（代數一百分、幾何一百分）、理科（物理、化學各一百分）、生物（動物、植物各一百分）、社會（歷史、地理各一百分）、生理衛生、美術、音樂，各一百分外，也編入武道（柔道、劍道，任選一）、教練（軍事訓練）、作業（勞動服務）、體育等，各二百分爲滿分。通常都是日本學生佔便宜。

台灣學生自覺殖民地學生的條件不及日本學生，再加上功課壓力非常重，留級制度嚴苛，都很用功。

## 夜探聯軍俘虜

隨著「七・七事變」擴大為中國全面性的抗日戰爭，學校為配合日本國策，也對台灣學生加強軍事訓練，日本精神與大和民族主義教育；特別推展「皇民化」運動，鼓勵台灣學生改變生活方式為日本式，認同日本為祖國等。如果有不順從的人，便加以侮辱或藉機毆打。因為這樣，日、台學生之間的裂痕更為加深，台灣學生的抗日意識也被激發。

一九四〇年，歐戰全面爆發，日本為了從陷入泥沼中的中國戰場脫身，乘隙奪取西歐列強在東南亞殖民地的資源，於是採取「武力南進」政策，殖民地台灣於是成了日本的南進基地。同時又在大陸扶持汪精衛在南京成立「國民政府」，意圖佔領全中國。

一九四一年十二月八日，日本海、空軍偷襲美國珍珠港，引發太平洋戰爭。日本為達成做為「大東亞共榮圈」的亞洲盟主的野心，而跟德國、義大利結盟，並向英、美等國的東南亞殖民地進攻；隨著戰況的吃緊，它又加緊徵調兵援，鼓勵學生志願入伍，尤其是鼓勵志願航空兵、飛行預科練習生、訓練自殺隊等；因為台灣學生志願者不踴躍，所以他們經常對台灣學生加以侮辱毆打，罵台灣學生為「清國奴」。

一九四二年，雄中學生到嘉義白河舉行軍事演習。當時，許多聯軍的俘虜被關在白河郊外山坡地的集中營。許多台灣學生就利用夜間，前往集中營牆外，向聯軍俘虜送香蕉等食物，並請他們簽名。這個行動被日本學生發現以後，就去向軍事教官報告。軍事教官便以「通敵行爲、思想有問題」爲由，要送這些台灣學生到憲兵隊究辦；但是，校方考慮到校譽，就以這些台灣學生還是中學生身分的理由，從寬處理，改以暑假期間到校清潔校舍、廁所等勞動服務處罰，並加強精神教育。

## 海軍軍屬

一九四三年，日軍在東南亞的戰場節節敗退，日本在東南亞的侵略戰爭開始呈現敗象，台灣因而被編入日本的絕對國防圈內，進人「決戰期」，開始成爲日本帝國主義的兵源供應地。中學畢業前夕，各地的中、小學校及電影院不斷放映召募海軍志願兵及軍屬的宣傳影片，內容主要是召募公學校畢業的台灣學生，以及帶領這些人的中學畢業生若干人，前往日本神奈川縣高座海軍工廠（空C廠），以半工半讀方式，爲日本製造海軍最新式的紫電及雷電型戰鬥機；此一計劃以召募二萬人爲目標，並公布凡是年達二十歲徵兵年齡者，可以不必服兵役。爲了逃避兵役，我和雄中第十八期另外四位台灣應屆畢業生，於是冒著搭船渡海的危險，選擇了海軍軍屬，志願前往日本。其中包括在五〇年代白色恐怖時期犧牲的朱子慧同學。

我到日本不久，日本聯合艦隊司令山本五十六在所羅門群島上空戰死（一九四三年四月八日），日本在太平洋的海空基地陸續失守，或「玉碎」等節節敗退，日本在南洋作戰損失慘重。

一九四四年，太平洋戰爭進入第三年的時候，爲了補充兵員，九月一日起實施〈台民徵兵制度〉，凡是一九二五年出生，年滿二十歲的台灣人，一律有義務服兵役。這是日本帝國主義佔領台灣以來第一次對台灣人的徵兵令。很不幸，這年我剛滿二十歲，屬於台灣人第一期徵兵令徵調的對象之一。因海軍船隻剩下無幾，海軍、軍屬一律改服陸軍役，被送往日本山梨縣關東師管區甲府聯隊，服陸軍役。

我們師團大部分都是志願來的在學日本人學生，及少數被徵調的台灣、朝鮮兵。我被編入戰車特攻隊，其實那是要我們攜帶黃色火藥，攻擊美軍戰車的自殺隊，防衛首都東京。（一九四五年三月九日）我們在夜間訓練中，遇到美國B29型的重型轟炸機首次轟炸東京，兵營被燒，市內大部分的木造房屋都變成廢墟，死傷慘重。我因爲在救災中受傷住院，約一個月後，疏散到山內待機；四月一日起，美軍終於登陸沖繩島，聯軍迫近日本本土，日本的登陸戰一觸即發，決戰的氣氛非常濃厚，生活物資缺乏，全面實施配給制度，但日本全國上、下男女都非常沉靜，雖然物資食品非常缺乏，但社會秩序安定，看不到任何搶劫、動亂的跡象。

我很幸運，一直到日本戰敗，從未被派往戰場。

## 光復會

一九四五年八月十五日，日本天皇宣佈無條件投降，第二次世界大戰結束。我們被徵調到日本的台灣軍人陸續搭乘聯軍軍艦，遣返台灣。一九四六年三月，我終於回到台灣。當我在基隆港登陸的時候，到處都看得到國軍軍紀敗壞的亂象，這樣的第一印象，使我對祖國的國軍感到意外的失望。後來，我又搭了十餘小時的火車，回到離開三年的故鄉——高雄苓雅寮。我終於平安地回到家了，激動的心情使我情不自禁地流著淚，擁抱年邁的慈父與慈母。不久以後，我就到大同國小當教員。

後來，我們這些歸鄉的苓雅寮智識青年，就以陳浴億（原名陳浴沂）先生爲中心，組

陳浴沂

織了光復會。光復會成立的主旨是以服務鄉親爲目的，工作項目包括：文化、衛生的教育及維持地方治安。陳浴億先生後來也當選高雄市第一屆參議員，兼任第四信用合作社理事主席。但是，光復會這些學有專長的年輕愛國志士，爾後在五〇年代白色恐怖中卻受到不同程度的政治迫害；其中，包括犧牲的陳水木和朱子慧；在綠島監禁十年的孫順地和陳金柱；亡命海外的陳浴沂與葉崇培（葉紀東）；我則是逃命六年後「自首」。

祖國來接收後，各機關僅留用一些原有的台籍技術人員，其它一律起用外省籍的家族、親戚、朋友，做爲本省人的上司，給予比本省人更優厚的待遇；外行領導內行，而且造成許多失業人口。同時，貪污、舞弊非常普遍，社會風氣、治安每況愈下。我們到處聽到鄰居、親戚、朋友指責這些接收官員的腐敗；他們接收日本人的公、私財產變爲私有，貪污、舞弊……等；使得台灣民衆對祖國感到失望。再加上，物價一日三市，民不聊生。因此，台灣人民對祖國的接收官員完全失去信心，以至於滋生了造成「二・二八民變」的遠因。

## 師院史地科學生

爲了學習祖國文化，一九四六年，我就跟苓雅寮同鄉，也是公學校同學的竹馬好友陳水木，報考台灣師範學院（後來改制爲國立台灣師範大學）。當時，我們的考場設在台南工學院（今成大）；結果，我們都一同考取了。我原本的志願是讀英語科，但是報到以後，卻被分發到史地科；我去向教務處申訴，他們只是笑笑說：「沒關係啦！讀史地以後可以當校長。」不管我怎麼講都講不來。

師院上課所用的校舍，是日據時代台北高等學校的校舍，初期招收二百名學生，以培養中等學校教師爲目的，學規費、雜費、住宿、制服完全公費。凡是日制中等學校畢業生，只要在校學習三年、實習一年，即可畢業；而日制大專畢業生，只要在校學習一年，實習一年，也可畢業。在校第一年，每天學習一小時的中國語文，其它都學習專門課程。院長李季谷先生，大陸浙江人士，畢業於日本東京高等師範學校，除了留用少數日本人及國外回來的台灣人擔任理科教授外，大都採用大陸籍的教授。第一屆學生很少，各科系互相都認識，師生之間也很和氣。我被分配到日據時代台北師範學校附近的學生宿舍，日式平房，冬暖夏涼，住起來很舒服。雖然社會秩序不很好，物價一日三市，但校內還算平靜。

## 二·二八

一九四七年，台北的緝煙事件發展爲全島性官、民衝突的歷史悲劇。二月二十八日當天，我正在宿舍，事件發生後，學校停課、宿舍伙食停止供應，於是，我便到台北朋友家住宿一夜。三月一日，我搭上台北發的最後一班火車，離開台北。當火車到達台中火車站時，我看到穿軍服的台灣義勇軍正在攻擊倉庫內的國軍；在火車內，有一些義勇軍帶著宋江隊練習用的刀劍，走來走去，維護車內旅客的安全；另外也有女學生及婦女服務隊分配飯丸給車內的義勇軍；到處都可看到百姓自動自發向不義的政府軍抗暴的情景。火車繼續前進，到了嘉義火車站又暫停下來，我看到那些義勇軍帶著舊式的槍及日本軍刀，陸續下車；聽說是要向虎尾機場增援，攻擊軍火庫。入夜以後，從車內也可看到遠處亮起一片火光，並可聽到機關槍聲，好像發生了激烈的戰鬥。

火車駛到高雄縣界橋仔頭車站時，因爲高雄火車站實施戒嚴，火車不能駛入，我不得已就在橋仔頭車站下車，徒步經過鳳山，前往林德官。當姨媽看到我時，非常恐慌，馬上派表兄通知苓雅寮的父母，報平安；父親接到消息後，託表兄帶話給我說：苓雅區區長林界先生被槍決了，苓雅寮有被包圍的危險，彭孟緝已經命令要塞司令守軍逮捕青年學生，被捕後一律處死；父親要我脫下學生制服，換穿農夫的衣服，儘速離開姨媽家，前往前鎮母舅所經營的漁塭草寮避難。

我在母舅的漁塭草寮中避難二個月，觀看動靜，這中間，我寫了一封信給李季谷校長，申請退學，但未獲准；校方叫我一定要復學，否則以「暴徒嫌疑」處理。三月中，家父因病逝世。我是獨生子，家裡只剩下一位老邁的母親，想要退學卻未獲准，不得已，只好在恐怖中，勉強回去上課。

## 四・六風暴

「二・二八」過後才兩年，師院校園又籠罩著一股山雨欲來的政治風暴。

一九四九年三月中旬，憲警爲了學生共乘腳踏車的違警事件，擴大逮捕了師院自治會主席周愼源同學（數學系）。當押載周愼源同學的三輪車經過台大學生宿舍附近時，周愼源同學趁機脫逃，向台大宿舍的學生求助；因而引起師院、台大學生聯合包圍警察局的行動；學生要求：嚴辦肇事員警，並且道歉，還順路貼標語，要求停止內戰，穩定物價，改革政治，回復社會治安等。結果，這樣的行動刺激了當局。

四月五日午夜，陳誠（警備總司令）在師院宿舍附近，實施戒嚴，動員了約五百名全副武裝的軍警，包圍師院宿舍，擬逮捕周愼源同學等幾名學生。跟我住二〇八寢室的雄中同期同學莊輝彰（英語系）也在黑名單之內。軍警透過廣播要求交出黑名單內的學生，否則「開槍殺光」；但是，學生決議拒絕交人，並向軍警及來勸解的謝東閔代理院長說：希望軍警當局向學校協調解決問題。軍警不聽我們的要求，強迫要逮黑名單內的學生，於是以十餘人爲先鋒，衝入學生宿舍來；我們學生都集中到二樓，同時把所有的桌椅放在樓梯出入口，做爲障礙物抵抗，以爭取時間讓黑名單中的學生逃走。莊輝彰同學由我協助，打破二〇八室的天花板，想從那裡逃走，但是因爲他太緊張，不小心就從天花板掉下來，而且受傷，沒有逃成。經過學生跟憲警雙方激烈的衝突後，我們終於被衝破防線，軍警衝入宿舍，將宿舍內的全部學生約二百名逮捕，送上軍用卡車，載到現在總統府前左側附近的軍營內，個別受審。

我被關七天後，由教我歷史的王德昭教授保釋出來。周愼源同學(師院自治會主席)受包圍時，利用機會脫逃，以後在山地逃難中被槍決了。莊輝彰（自治會風紀委員）被判七年徒刑，並開除學籍。我雄中的後輩王俊廷（自治會總務委員），也被判刑，開除學籍。

「四・六事件」後，學校成立校風整頓委員會，政府派劉眞院長接替謝東閔院長。凡是擔任自治會委員的同學都被開除學籍。他們出社會後不能擔任公務員，無法發揮他們的專長，虛度一生，悶悶不樂而死去了。雄中同學陳水木（師院三八級英語）和鄭澤雄（師院三八級英語），在「四・六事件」所延伸的白色恐怖時代被槍決。柯旗化（師院三八級英語，學生社團戲劇社社員），在白色恐怖中，前後兩次被捕，一共關了十七年，送綠島強制勞動，思想感化訓練。師院同班同學李松盛擔任自治會風紀委員，在「四・六事件」中險被開除，畢業後，因爲白色恐怖又在各地流亡生活了三年後，出來「自首」。同班同學林慧哲，「四・六事件」被關七天後釋放，但以後在白色恐怖中遭逮捕，送綠島監訓十年。還有同班同學洪敏麟（曾任職省府文獻會及東海大學）、黃金和、羅光明等三位同學，都是「四・六事件」的受難者，在白色恐怖時代一直受到監視、跟蹤度日……。

## 逃亡生涯

「四・六事件」後不久，五月二十日，陳誠（警備總司令）發布戒嚴令，從此以後，台灣就進入白色恐怖時代了。六月中，我們三八級畢業生約一百餘位，被分發到全省各地實習。我被分發到高雄縣立鳳山初級中學（後來改制爲省立鳳山高中）實習。校長伍士焜曾任南京政府的中央級高官，對我很照顧。我原是學歷史、地理科的，因爲學校缺少幾何老師，所以我被指派擔任三年級的幾何老師。幸好，我不是教歷史、地理，否則，在那樣的年代，眞不知道從何教起？

通常，每個星期六傍晚，我都搭乘縣政府的交通車回苓雅寮，跟母親團聚。但是，一九五〇年四月中的某個星期六傍晚，當我由學校順著甘蔗園，走到縣政府（現在的鳳山國小）時，後面忽然照來一道很亮的燈光，我向後一看，發現天空中有一個很大的火球在照射；我因此感到有一種不祥的預兆。走了一段路後，我覺得肚子絞痛，想上茅房；這時候，天空又下起一陣大雨，使我全身淋濕。因爲這樣，當時我就斷了回家的念頭。因爲伍校長之前有交代我協助整理圖書，並事先已準備好寢床及棉被，放在圖書室內，所以我就回學校圖書室住宿一晚。

隔天，星期日凌晨，我接到通報說，憲警包圍了苓雅寮我家，並加以搜查，叫我趕快逃避。當時困惑我的是，警備總部爲何要逮捕我？是誰連累我？我犯了什麼罪刑？可是，不管我怎麼想都沒有一個正確的答案。我想，如果我去「自首」，也許可以脫身無罪？但是，如果我「自首不對題」的話，不但會給自已招來殺身之禍，而且會引起更大的麻煩。「二•二八民變」的前例可鑑。爲此，我就將這個情況報告家長會長楊秋桂先生；楊會長就叫我前往高雄縣龍目井山內暫時躲藏，觀察動靜。經過兩個月餘，六月二十五日，韓戰爆發，美國第七艦隊進入台灣海峽，世界大戰有一觸即發之勢。我又接受楊會長的建議，轉移到鳳山市郊外（新庄仔）楊會長所有的農場，僞裝長工避難。

## 自首

有一天，我無意間從報紙中得知，陳水木、鄭澤雄、賴裕傳三位師院英語科的同學及朱子慧等，我所認識的同學都被槍決了；而後，又發現雄中第十一期的學長吳居得（楊會長的長女婿）也在槍決之列。許多同鄉、同學被槍殺了。這時侯，師範學院的同班同學李松盛找到我，他勸解我說，他一直探聽我逃避的住所，希望我儘早出來辦理「自首」，以免陷入更大的麻煩。經過李松盛之同鄉林偉材同學（我的小學同學）的協助，終於說服了家母，得到他老人家的諒解，我也決定出來「自首」。在我決定「自首」前，因爲有人密報說我的住處附近有人私宰，管區的警員於是前來調查；這樣，我於是下定決心，不能再拖延「自首」了。

一九五六年三月，「自首」前，楊會長的夫人范永妹女士給我穿上新衣，並安慰我，無論如何艱苦都要保重身體，不可自廢前途，神佛一定會保佑我等語，然後護送我到前鎮母舅所有的草寮內；我在草寮住了一夜，第二天就前往警備總部自首，結束了長達六年的亡命生活。

## 列管分子

「自首」一年多後，我跟楊秋桂會長的么女玉幸結婚。有關單位雖然對我未加以任何暴力，但是派出所每兩天就利用午夜來臨檢，調查戶口；每三天，潮州山地指揮所也叫我前往報到一次，叫我寫生活報告，寫自白書，並威脅我要負責「自首不實」之罪責等；這種調查方式維持一段很長的時間，給我帶來精神上相當大的壓力。

因為我的「自首證」拖延了一年餘的時間才下來，一九五八年，我在國小導師孫媽諒（當時的高雄市議會議長）的保證下，才能重回教育界，到高雄市第七初級中學（今鼓山國中）服務。約五年餘，一直受到李姓保防人員的監視；他經常找我麻煩，叫我寫生活報告，閱讀三民主義等書籍後，寫讀書心得等（據我了解，他每月可領可觀的保防津貼）。

有一次，高雄市警察總局安全室徐姓特務人員叫我去警察局，重新「自首」。我說：「我所有的一切都『自首』了，而且時間又經過那麼久了，還要自首什麼？」他很不高興，就呈報上級機關，以「尙未悔改」爲由，要入我罪；於是，我報告了諜報組劉先生，終於爲我化解無事。一直到現在，我都不知道警察局徐姓（福建人）特務是什麼意圖？

一九六二年，我受高雄市立第八初級中學（今左營國中）校長曾建順（師院四十一級教育系）聘任，前往該校任教。這段期間，高雄市長陳啓川先生要提拔我當校長，但是，呈報教育廳後，因爲安全資料未過關，被打了回票；從此以後，我就計劃離開教育界，另求發展。一九七〇年八月，我轉任前金國中教務主任；一九七五年七月，又再轉任壽山國中，代理半年校長職務後，我就辦理提前資遣。一九七七年，保防單位知道我有意提前資遣，就在我離職前一年發給我一張「撤銷考管證明書」。雖然我從「自首」以後，不知寫了多少生活報告、閱讀報告，而且服務成績年年甲等，獲得許多獎狀，都沒有用處。一直到現在，我還是不知道我究竟犯了什麼罪要受到這樣的待遇？

## 謝意與感言

一九七八年五月，我正式離開教育界；終於結束了長達二十幾年受監視的生活。我非常對不起慈父（陳石吉先生）、慈母（朱唇女士），因我之故，給兩位老人家惹來無妄之災，煩惱一生。我很感謝岳父楊秋桂先生、岳母范永妹女士、母舅朱乞先生、太太楊玉幸女士，在我逃亡期間，他們以正義堅決的意志，關心我、保護我，我將永久銘記在心。我還要感謝許多關心我的親戚、朋友、同學，尤其要向李松盛同學表示十二萬分的謝意。

最後，我希望那些爲國家、爲台灣、爲理想而犧牲奉獻的英靈能安息，並祈禱國泰民安，期待各族能和睦相處，共同奮鬥，建立民主、自由、富有公義的法治國家，以免惡性循環，歷史重演。

採訪時間：一九九七年三月二十六日

採訪地點：鳳山陳宅及高雄中學

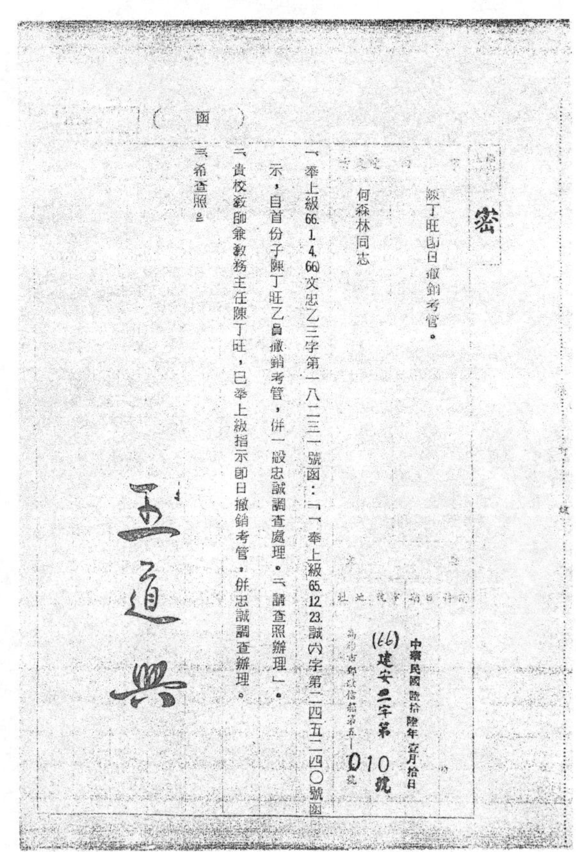

（函）

密

陳丁旺即日撤銷考管。

何森林同志

中華民國陸拾陸年壹月拾日
(66)建安三字第010號

一、奉上級66.1.4.(66)文忠乙三字第一八二三一號函：「一、奉上級65.12.23.誠內字第二四五二四〇號函示，自首份子陳丁旺乙員撤銷考管，併一般忠誠調查處理。二、請查照辦理」。

二、貴校教師兼教務主任陳丁旺，已奉上級指示即日撤銷考管，併忠誠調查辦理。

三、希查照。

王道興

陳丁旺「撤銷列管」的密函

# 我怎麼會是共匪呢？

——謝培元的證言

謝培元，台中沙鹿人，一九二八年生。
原師院英語系學生，
一九五〇年夏天被捕，處刑十五年。

我生長在台中鄉下的農家。日據時代，在家鄉的公學校畢業之後，我幸運地考上台中一中。當時，我住在學校的宿舍。學校規定，在學校只能用日語交談；當我假日回到家裡，要用台灣話和父母親交談時就很不習慣。當時，我心裡就產生一個疑問：「爲什麼我們台灣人要被強迫說日本話呢？」

## 光復前後

唸完中學一年級的那個暑假，蘆溝橋事變爆發，中日戰爭開始；受到時局變化的影

臺灣省保安司令部判決　[illegible]安潭字第二三〇六號

判決　正本

被告　李水井　男　年三十一歲　台南縣人　住台北縣[illegible]鄉店街村[illegible]即路　無業

楊廷椅　男　年二十五歲　新竹市人　住新竹[illegible]山里[illegible]五號　無業

陳水木　男　年二十六歲　高雄市人　住高雄市建雅區[illegible]五號　無業

黃師廉　男　年二十六歲　台南縣人　住台南縣[illegible]子鎮中和里開元路[illegible]號　業台南縣[illegible]子國民學校教員

陳金目　男　年[illegible]歲　台南市人　住台南市永福路一百十二號　無業

賴裕傳　男　年[illegible]歲　高雄市人　住鼓山區[illegible]號　業高雄商業職業學校教員

吳瑞爐　男　年二十[illegible]歲　台中縣人　住台中縣大雅鄉[illegible]村[illegible]號　業台中縣[illegible]教員

王超倫　男　年二十四歲　台北市人　住台北市[illegible]台大工學院學生

鄭文峰　男　年二十二歲　台南縣人　住台北市[illegible]台大法學院學生

謝培元的判決書

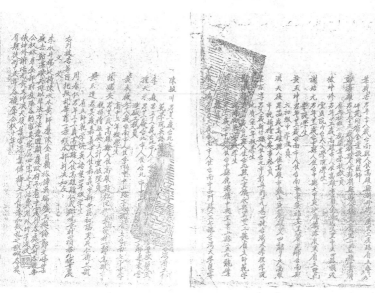

響，我的民族意識也自發地覺醒了。這樣，當二年級開學以後，我就經常跑到學校圖書館，找那些關於世界各國民族問題的書來看。我希望能夠通過閱讀找到解決民族問題的出路。

一九四五年八月，日本投降，台灣光復。在日本帝國主義統治下生活的我們，對於台灣重回祖國懷抱都感到興奮。我當時想，我們終於可以做主人翁了。因此，我也和絕大多數的台灣人一樣，熱烈期盼著祖國政府來接收。

那時候，台中一中有一個平常對我不錯的日本教官，當他要被遣返日本時跟我說：「你家沒有錢！我在東京很有錢，你要不要跟我一起到日本唸書？」我心裡頭卻想：我現在已經是一等國民了，爲什麼要去日本唸書呢？於是就拒絕他。

後來，祖國終於派人來接收了。可是，當我看到國民黨派來接收台灣的破爛軍隊時，我感到失望了。我不曉得未來將會如何？那時候，我已經中學畢業了。因爲家裡窮，身體又不好，我就待在家裡，一面靜養，一面準備考大學。

一九四六年六月，我看到報上刊載了一則長官公署教育處考選升學內地專科以上公費生的公告，就去報考；並且考取上海暨南大學。但是，我家人當時考慮到，我的身體不好，在大陸又人生地不熟，就不讓我去唸。我於是繼續待在家裡，準備明年在台灣考大學。

台中仕紳搭牌樓慶光復

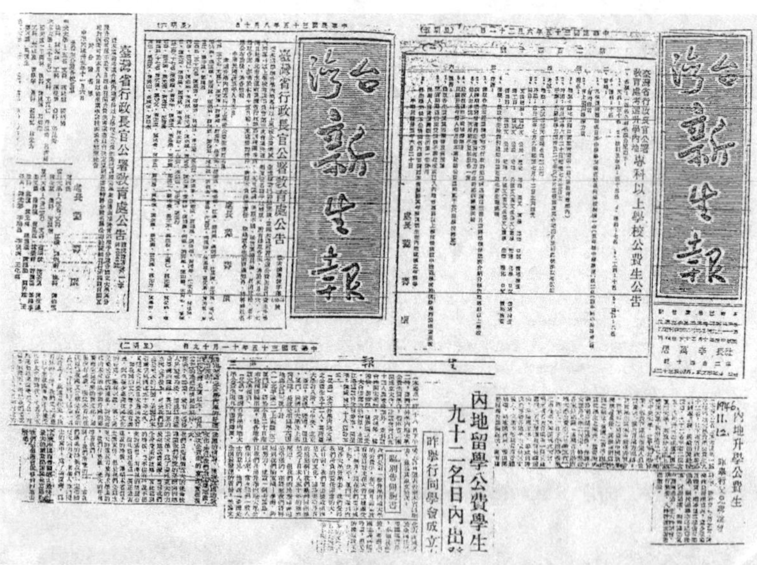
台灣新生報

臺灣省行政長官公署教育處公告

台灣新生報

臺灣省行政長官公署教育處公告

台灣新生報

臺灣省行政長官公署教育處選送升學內地專科以上學校公費生公告

內地留學公費學生九十二名日內出發

昨舉行同學會成立

1946.11.12. 內地升學公費生

關於公費生據考的各項報導

## 師範學院

第二年春天，我通過收音機聽到外頭發生「二‧二八事件」的消息；但是，因爲鄉下地方並沒有受到什麼波及，消息也不多，所以，並不了解外頭的實際狀況。事件過後的夏天，我考上了師範學院，所以就上台北唸師範學院。

我因爲看到光復以來那些政府接收官員貪污腐敗、濫用特權的種種行爲，心裡早就起了疙瘩，所以，到了二年級時，就開始參加學生自治會的讀書會，摸索政治問題。當時，我只不過是二十一、二歲的年輕人，參加讀書會的動機不過是想了解自己國家的政治、社會是怎麼樣的？我們讀的書包括三民主義和馬克思主義方面的書。讀書會算是正當的課外活動，可是後來它卻從合法變成「非法」。

當時，師院的學生除了從島內各地來的本地生之外，也有一些從日本留學回來的本省學生，以及相當多從大陸來的外省學生。從人數上來講，大概是本省學生占了一半多一點。

我並不懷疑當時師院校園內是有很多進步的同學在發展某種組織；但是，校園裡同時也有很多學生其實是負責監視學生動態的特務。我除了參加公開的讀書會外，其他人個別的組織發展，我並不淸楚。我只知道，有些同學不知爲什麼才唸了兩年書，就突然回去大陸，然後就再也沒有回來過；有些教授也一樣，也許是他們覺得待在台灣危險，教了一陣子也跑回大陸。

我和師院學生自治會的主要幹部：陳水木及周愼源，都認識；偶爾有機會跟他們談談，但並無深交。

## 暗夜被捕

三年級時，我在身體檢查時發現：我的肺不太好；學校方面大概是怕我傳染給其他人吧！就叫我去松山療養院靜養。因爲這樣，一九四九年的「四・六事件」發生時，我並沒有在宿舍現場，也因此僥倖暫時躲過被捕的厄運。

後來，我在療養院裡聽到陳水木他們陸續被抓走的風聲（一九五〇年五月十日以後），我覺得很奇怪：爲什麼同個讀書會的人都被抓了呢？我感覺情況不對，就馬上離開松山療養院，躲回在沙鹿故鄉當初中老師的哥哥家裡。

一九五〇年的夏天，幾月幾日，我已經記不得了，某個晚上，哥哥家突然來了四、五個便衣。

他們問我：「你是不是謝培元？」

我知道自己大概也難逃厄運了就回答說：「是！」

他們跟我說：「我們有點事找你。」然後就把我抓走了。

我坐上他們的車以後，他們就連夜把我送到台北保密局。偵訊時，他們問說：「你認識林榮輝、曾文華、陳水木這幾個人嗎？」

我說：「他們都是我的同班同學，哪有不認識的道理！」

他們就說：「既然你和這幾個人認識，那就表示你也有問題。」

「什麼問題？」我又笨又老實地問他們。

他們也不告訴我是什麼問題？然後又直接問我：「你是共匪嗎？」

我說：「我怎麼會是共匪呢？」

「我說你是你就是！」其中一個人兇巴巴地說。

這樣，偵訊就結束了。然後，我就被送進一間押房。押房裡已經關了很多人。後來，我才知道，他們都是涉案比較輕的人；但是，絕大部分的人在偵訊時都遭到刑求。我想，我之所以沒有遭到刑求，是因爲他們問我：認不認識我那幾個同學，我就說認識的緣故。到判決的時候，我才知道，他們認爲，我這樣回答就算承認我是「共匪」了。

## 未審判決

幾個月後，我被移送到青島東路的軍法處看守所。那裡的押房很擠，大概才二坪大的

| | | | | | | | | | |
|---|---|---|---|---|---|---|---|---|---|
| 謝培元 | 〃 | 23 | 台中 | 師範學院三年級 | 學生 | 三八年五月 | 黨員 | 〃 | 〃 |
| 黃玉坤 | 〃 | 23 | 台南 | 師範學院畢業 | 台南縣中教員 | 三七年六月 | 黨員 | 〃 | 〃 |
| 洪天復 | 〃 | 24 | 高雄 | 台大法學院畢業 | 高雄稅捐處事務員 | 三八年一一月 | 黨員 | 〃 | 〃 |
| 葉雪淳 | 〃 | 21 | 新竹 | 台大理學院二年級 | 學生 | 三八年七月 | 黨員 | 〃 | 〃 |
| 葉傳樺 | 〃 | 23 | 台北 | 師範學院一年級 | 家庭教師 | 三八年一一月 | 黨員 | 〃 | 〃 |
| 王乃信 | 〃 | 23 | 台中 | 台大農學院畢業 | 雜貨商 | 三八年八月 | 黨員 | 〃 | 〃 |
| 顏世鴻 | 〃 | 23 | 台南 | 台大醫學院四年級 | 學生 | 三九年一月 | 黨員 | 參加叛亂之組織處有期徒刑十二年 | |
| 陳清度 | 〃 | 27 | 台南 | 日本東京兩洋中學畢業 | 朴子國校教員 | 三八年一二月 | 黨員 | 〃 | 〃 |
| 張碧江 | 〃 | 24 | 台南 | 長榮中學畢業 | 朴子國校教員 | 三八年一二月 | 黨員 | 〃 | 〃 |
| 葉金柱 | 〃 | 26 | 台南 | 師範畢業 | 台南東石國校教員 | 三八年一一月 | 小組長 | 〃 | 〃 |

謝培元的官方檔案

空間卻關了十五個人；所以，大家只能坐著，不能活動。在那裡，一天兩餐，分別是早上十點多和下午三點多。

我在軍法處的那段期間，看到很多眞正的共產黨員要送出去槍決的情景；在我看來，他們都非常勇敢，他們的名字我已經記不清楚了，本省人外省人都有，每個出去時都高喊「共產黨萬歲！」的口號。

後來，我們並沒有開庭判決。當我要從軍法處調走時，他們才把判決書給我；我看了以後才知道我因為「參加叛亂組織」，被處刑十五年。然後，我就和一整批不同案的難友直接被送到軍人監獄；我並不清楚同案其他人被送去哪裡？後來，我又從軍人監獄被送去綠島集中營；幾年後，我們再被移送到台東泰源監獄。

## 刑滿出獄

一九六五年，我坐滿十五年刑期的政治牢之後，終於從泰源國防監獄出獄。

剛出來時，我有種跟不上社會的感覺，我深刻地感受到自己的青春全都葬送在監獄裡的殘酷事實。後來，我到處找工作卻沒人肯用；最後，在走投無路的情況下，只好跟著哥哥一起做事。再後來，我考上一家日商公司，因為比較沒有政治包袱，工作才安定下

五〇年代的綠島集中營（陳孟和　繪）

來，也解決了生活問題。

在綠島集中營時，我們每天被他們洗腦唸三民主義。可我始終認爲，他們對我們的洗腦並沒有抓到重點；他們一天到晚說：大陸那邊的人民生活在水深火熱當中……；問題是，不管他們怎麼說，就是沒人相信。

最後，我要強調的是：我雖然在學生時代就莫名其妙被國民黨抓去關了十五年，但是我始終沒有否定孫中山先生的「三民主義」。同時，我也不否認，我到現在還是贊成社會主義的主張。因爲，社會是大家的，你（執政者）要爲大家謀福利，不能用特權控制社會嘛！

採訪時間：一九九七年三月三十一日
採訪地點：台北市謝氏公司

# 我是尾巴的尾巴

## ——黃正道訪談錄

黃正道，一九二五年生於台南麻豆。
原師範學院本科英語系學生，
一九五〇年六月二日，在宿舍被捕，處刑八年。

**藍**：首先，請問你是什麼時候出生的？

**黃**：民國十四年，一九四五。

**藍**：一九二五啦！

**黃**：對！一九二五才對；一九四五就光復了。

**藍**：你是哪裡人？

**黃**：要怎麼說呢？我在麻豆出生，也在麻豆上小學；讀到公學校四年級的時候就轉到嘉

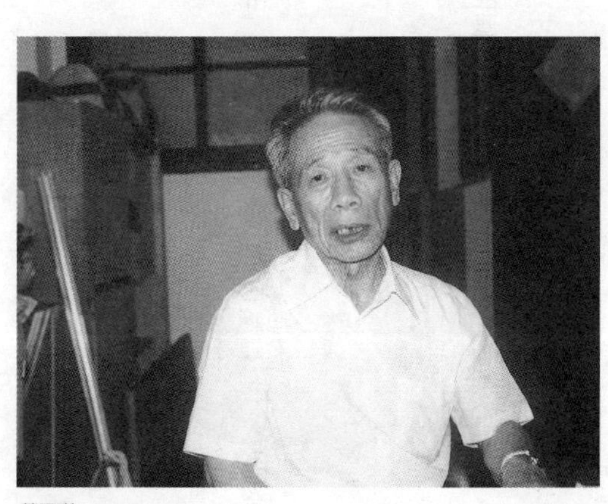

黃正道

義。這樣，應該算是嘉義人吧！

## 求學過程

**藍**：爲什麼要搬去嘉義呢？

**黃**：那時候因爲我父親生病，我們全家就從麻豆搬回到嘉義故鄉；但是，過了一年，我唸五年級的時候，父親就過世了。

**藍**：可不可以談談你的家庭背景？

**黃**：我父親是個西醫，家境還算可以。

**藍**：據我所知，你父親（黃信國）曾經在一九二八年擔任農民組合中央委員會的委員長。你說你是嘉義人但在麻豆出生，事實上，一九二七年農組的本部也移到麻豆。我在想，是不是爲了搞農運，你父親才到麻豆開業的？

**黃**：我不清楚。

**藍**：你在這樣的家庭成長，後來也去坐牢，是不是你父親的思想對你有所影響？

**黃**：其實，我父親對我並沒有什麼直接的思想啓蒙；因爲他在世時，我還太小，跟我說我也不一定懂。不過，他的身教，不管是對農民或是對病人的態度，我想，無形之中，還是會影響到我的人生觀吧！

藍：那麼，請你繼續談談你的求學過程。

黃：我在嘉義公學校畢業後，考進嘉義中學；嘉義中學畢業後，我就到東京讀一家專門學校；讀到二年級的時候，日本投降，台灣光復。我想，既然台灣已經光復了，我就回來台灣。後來就繼續讀師範學院。

藍：插班嗎？

黃：沒有插班，那時候剛好是師範學院第一期。

藍：要考試嗎？

黃：當然要考試。當時，也有人是從日本回來插班進來的；不過，他們都要從一年級讀起。

藍：你讀什麼系？

黃：英語系。

藍：第一屆？

黃：第一屆。

## 米不夠吃

藍：你進去師範學院是民國三十幾年？

黃：三十五年九月。

藍：這是二・二八之前嘛。所以，你進去沒多久，二・二八事件就發生了。那麼，就你所知，那段期間，學校的氣氛怎麼樣？我的意思是指學生的思想和社團的活動方面。

黃：那時候，學校讀書方面還沒有那麼快上軌道。我的意思是說，師資還不齊全，學生也還有很多變動。所以，好像開頭的時候是滿輕鬆的，到後來，就有種種問題發生了。譬如說，米的配給，當時說是三十斤，算是市斤；我們台灣人就不習慣。三十市斤換算成台斤就是二十五斤；二十五斤米，對我們年輕人來說，是吃不飽的。

藍：一個月？

黃：對，一個月。所以，這個米的配給問題就引起其他種種問題，學生才會起來爭取自己的權益。

藍：要求提高公費嗎？

黃：對，提高公費。

藍：當時，師範學院的學生不管是註册、吃的和住的都完全是公費嗎？

黃：對，免費。

藍：你的意思是說，那時候每月三十市斤米的配給不夠吃就對了，所以你們才有一個提高公費待遇的運動？

黃：對。
藍：那是二・二八之前？
黃：二・二八之前。
藍：二・二八之前就有這種運動了。
黃：就發生了。
藍：主要是要求提高公費的運動？
黃：對，提高公費的問題。

## 反美遊行

藍：除了要求提高公費的運動之外，二・二八之前你還參加別的運動嗎？
黃：還有一個就是抗議北大一個女學生被美軍強暴的運動。
藍：那是沈崇事件嗎？
黃：對。我記得那好像是一九四六年年底發生的。
藍：一九四六年十二月。

1947年1月9日台北學生反美運動現場

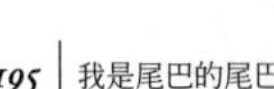

黃：對，十二月。那事件還有遊行。

藍：在台北，我知道。遊行是一九四七年一月九日，你也有參加嗎？

黃：有。

藍：你所了解的現場情況如何？

黃：我在學校跟著大家集合，然後就去了啊！

藍：那是怎麼來通知的？怎麼集合？我的意思是怎樣動員的？

黃：那時候的學生根本就不需要人家來動員。大概是有一些學生知道這個消息就自己出來貼海報，其他學生看到海報，自己就會在集合的時間到集合的地點。那時候的遊行沒有什麼，說走大家就走了；既不用跟學校申請，也不用跟其他單位怎麼樣。什麼都沒有啦，說走就走啦！

藍：你的意思是說，學生那時候是說走就走了，也不用人家來做宣傳、動員？

黃：沒錯。大家看到遊行的海報，互相招一招就走了。因爲沒有一個大家正式認定的公告的地方或是什麼，都是學生自己在學校的公佈欄、或是牆壁上隨便貼上去而已，所以我看有的人也不一定知道這個消息啦！等他們看到海報或聽到消息的時候，就已經來不及參加了。

藍：那時候你個人爲什麼會去參加這個反美遊行呢？你當時的想法是怎樣？

黃：那時候，我只是認爲應該要去的。

藍：爲什麼？

黃：受侮辱啊！中國學生受侮辱啊！大家都應該要去。

藍：所以，你去了。是去哪裡？

黃：那時候，我們是先在學校集合，然後到哪裡去了？奇怪，我怎麼只記得走路而已。後來不知道到哪去了？我也忘記了。

藍：那遊行的過程呢？

黃：遊行的過程就是大家在那裡喊口號啊！

藍：喊什麼口號？有唱歌嗎？

黃：嗯。

藍：什麼口號？記得嗎？

黃：不記得了，跟著大家喊的。

藍：那唱歌呢？

黃：唱歌，都是唱那個「團結，團結就是力量」。

藍：〈團結就是力量〉。不是說有唱那個〈義勇軍進行曲〉？

黃：那個我還不會。那時候會的，我看沒多少。

藍：可是我聽很多人說，光復以後，他們學的第一首中文歌曲就是這首。好！那麼，這個遊行隊伍後來走到哪裡？

黃：那時候遊行到衡陽路、火車站那一帶。走羅斯福路，普通遊行都走這一段而已，一直走到中山堂那裡。

藍：走到中山堂那裡，在那裡做什麼？

黃：在那裡喊口號，講講話而已；好像就這樣解散了。

藍：有沒有遞什麼請願書？

黃：嗯……，我不是很清楚。

## 台北二・二八

藍：「一・九」遊行之後，接著就是「二・二八事件」。現在，請你談談，事件中，你本身所經歷和所看到的情形。

黃：二・二八發生時，好像是星期五的樣子；星期五的晚上。星期六下午，我們還有課。因爲是那個星期最後一天的課，幾個同學就說大家不要上了，去看看電影吧！那時候，學校沒有管得很緊，老師點名也沒那麼緊，大家就溜溜溜，跑去看電影。因爲等公車麻煩，我們就當作散步似的，用走的。當我們走到南昌街公賣局時，正好遇到一大批人群；哇！整個人群已經把公賣局包圍起來了。但是，我們不知道究竟發生了什麼事情？後來，我看到，有些群衆進到裡頭，抬出一些東西，放火在燒。突然，有個看起來像是外省人的民衆不知爲何被其他民衆圍毆，有二三個女學生就趕緊圍過去，把他救出來，然後抬離現場，往學校那邊奔去。我想，他應該是女子師專的老師。

看到這樣混亂的情況，唉！我們想，一定是有什麼事情發生了，這下麻煩了。既然這樣，電影也看不成了。這時候，天也黑了，大家就決定回去吃飯，今天不看了。那時候，我沒有住在學校宿舍，住在師院後面一棟私人的房子。

**藍**：租房子？

**黃**：嗯，也不算租房子，好像就是補貼他們吃飯而已。那時候，房子不値錢嘛！因爲離學校近，所

民衆焚燒公賣局物品現場

以住了很多中南部上來的同學。這時，大家都知道台北出事了，正在議論紛紛；幾乎所有的人都說明天就要回去故鄉。我想，學校才開學不久，我才剛來而已，不想回去。第二天，我聽說中山堂在開會，就跟兩三個還沒回去的朋友，一起去中山堂看人家開會。哇！我們進去的時候，中山堂裡面的座位已經客滿了。我看到很多人一個接著一個地站到台上發表意見，他們都講些什麼呢？我記得，他們講了很多，什麼問題都有人提；不過，我印象中好像是講「自治」問題的人比較多。

中山堂的會議結束後，因爲有個也是嘉義來的朋友說要回去，我就陪他一起走到車站……啊！火車站也是人山人海，那邊有一台車子被翻過來，正在放火燒……。

**藍**：火車？

**黃**：不是，不是火車，是汽車。

**藍**：喔，那時候你們在火車站的哪裡？

**黃**：那時候的廣場嘛！那時候的火車站和現在的早就大不相同了喔！我送朋友進了車站後就回去我住的地方。這時，住在那裡的同學已經一個接著一個地回去了；就只剩下我自己一個人。因爲這樣，隔天，我也搭火車回去嘉義。我記得，那天好像是三月初二。

二二八事件處委會開會地點——中山堂

二二八當時的台北火車站

憤怒的民衆翻倒國民黨的汽車

## 嘉義三・二事件

**藍**：那時候，火車還能夠走就是了？

**黃**：嗯！不過，火車駛到新竹站的時候，我看到月台上都是拿槍的高中生；後來，有的學生還進來車廂裡面巡邏。到了台中，也是這種情形。當火車駛到斗六站的時候，有一些不認識的學生上來車廂喊說：「大家來去虎尾攻飛機場喔！」車廂裡的學生就跟著跑下車。我就自己一個人回到嘉義。我剛走出火車站，就看到那些去包圍飛機場的學生回來了……。

**藍**：包圍水上機場嗎？

**黃**：對。包圍飛機場的那些人剛好回來。我遇到一個認識的學生，就問他說：「怎麼樣？」他說，他去包圍飛機場啦！我看他可能是碰到崗哨，躲在水溝裡或什麼的，弄得整身都是土。那日是三月初二。這天，嘉義的官民戰鬥已經爆發了；所以，嘉義地區年紀比較大的人都說「三・二事件」的比較多，說「二・二八事件」的人，就我所知，反而比較少。

**藍**：出了嘉義車站後，你去哪裡？

**黃**：我就回家了。回來以後，我不記得到底有沒有去找朋友？當時，在嘉義中山堂對面，有一個「歸鄉隊」；「歸鄉隊」是由所有回來的大專學生組成的。隔天，我才去「歸鄉隊」走動。我看到「歸鄉隊」裡頭有很多就讀台南工學院的學生，看起來，「歸鄉隊」也是以他們爲主要組織成員的樣子；他們還把學校的一輛卡車開回來使用。後來，我看我在「歸鄉隊」也沒什麼事可做，就跑到中山堂看看。我看到那些「作戰隊」，也不知道在做什麼，亂七八糟的，一看就知道是烏合之衆啦。

**藍：**沒人組織嗎？

**黃：**有是有啦！我看到有人在指揮，也有女孩子在包便當還是怎樣的；不過，工作好像已差不多進行到尾聲了，看來，我也沒什麼可以做的，我就回家了。第二天，我又再來看看，還是沒事做，我又再回家。因爲這樣，事實上，我並沒有親身經歷過「二・二八」的戰鬥，只是回去嘉義看一看而已，也沒有管什麼。

## 當街槍斃

**黃：**過了不知道多久，可能是初六、初七吧！我去找一個朋友，他就對我說：「走，跟我去草地仔躲著，現在危險喔！」我就說：「我又沒怎樣，會危險嗎？」我在他那裡坐一坐就走了。那時候，嘉義已經安靜了。當我走到民族路時，我看到大約有七、八個阿兵哥，正從火車站那邊一直走過來；中間那個人就是國大代表劉傳來。這個人，你知道嗎？

**藍**：劉明的哥哥。

**黃**：他帶路，往民族路這邊來了。我是從文化路那邊走過來的，轉過去要回到我家還要一段路。我看到他們有時候在開槍，有時候在喊說：「小聲點，不准吵！」我心裡害怕，所以就走得很快。前頭有一個老頭子和一個女孩子在走。他們從後面一直逼近，我就乾脆用跑的；他們在我後頭大概一百公尺左右，大聲嚷說：「不准跑！」因爲快到家了，我就冒著被開槍的危險，硬是快跑前進，然後一個右轉彎，終於安全地回到家裡。之後，就開始槍斃了。

**藍**：你有聽到槍聲嗎？

**黃**：不是。我是說這個狀況後的隔一天，嘉義就有人被槍斃了。

**藍**：在嘉義街上嗎？

**黃**：不是，在火車站；第一個就是陳復志。

**藍**：陳復志，三青團嘉義分團的主任嗎？

**黃**：嗯，也許他是主任。那時候，陳復志是第一個被公開槍斃的；接著，就是那七八個議員被槍斃。第一天我沒去看，不知道情況怎樣？過一天，我聽到有人喊說：「有槍斃喔！」我就趕快追去看。差不多八點，我跑去文化路圓環噴水池那裡（離火車站大約一公里）；可是，我還沒跑到就聽到槍聲了；等我跑到現場時，那些人已經倒在地上了。再過兩三天，就是嘉義火藥庫的事件；在嘉義中學再上去的右邊。

**藍：**紅毛埤？

**黃：**紅毛埤。火藥庫的炸藥爆炸。喔！炸得非常厲害。本來這個火藥庫有差不多一排的阿兵哥在顧，後來他們被調到飛機場。

## 回到台北

**黃：**過兩三天，人家就來通知我說，可以去讀書了。我就回到台北，沒想到，台北反而比較安靜。

**藍：**喔，你什麼時候回來台北？

**黃：**嗯，差不多三月十號，差不多。那個時候台北沒怎樣，嘉義反倒很緊張。

**藍：**三月十號不是還很恐怖嗎？三月八號國軍才起來嘛。

**黃：**這樣嗎？

**藍：**嗯。

**黃：**如果這樣，那嘉義火藥庫爆炸可能就是三月十一或十二號吧！詳細的日期我記不清楚了。

**藍**：你的意思是你是爆炸一兩天後上來的？

**黃**：對，兩三天。不過，我從台北車站下來以後，感覺街上比嘉義安靜，好像沒什麼事情了；但是，嘉義還是很緊張的。它不但叫人要出來「自首」，而且還要把槍交出來；那是嘉義比較緊張的時候。

**藍**：是。

**黃**：所以，我走出台北車站時覺得奇怪：咦！台北怎麼沒事情？

**藍**：那也可能是你和台北沒關係，所以你不知道。那叫做「外弛內張」吧！外面看起來雖然比較平靜，其實很多人也很緊張的。

**黃**：說不定是這樣。我回來後直接就去宿舍，大部分人也都回來了。看起來，一般的情況是比較平常了。

**藍**：你一回來學校就開課了嗎？

**黃**：沒多久就開課了，但是，學校規定我們寫報告，交待「二・二八」期間在幹什麼。

**藍**：大家都要寫？

**黃**：對，就一個系一個系的……。

**藍**：調查嗎？

**黃**：也不是調查，就是寫自己的經過啦。大家都隨便寫寫，應付應付。

## 事件後的校園

藍：那麼，經過這個「二•二八」，你所看見的，學校裡一般的學生，尤其是台灣學生，他們的思想有什麼變化？還有，你個人的思想有什麼變化？譬如說，有的人是經過「二•二八」後而對國民黨完全絕望；有的人的思想就漸漸的左傾。我不知道你所看到的師範學院的情況是怎樣？

黃：我看到的是：有一部分人還比較害怕就是了；有一些是本來就比較反叛的，他們一看就……。

藍：喔，有一些是害怕得不敢去碰，有一些反而是比較那個……。

黃：較那個的，也是暗中啦！不敢在表面上公開。一般說來，師院的學生，我看是住學校宿舍的那些人比較有活動，像我們這些住在外面的就比較散。

藍：那「二•二八」之後，一般學生的思想有什麼變化嗎？還有，本省學生和外省學生的相處有什麼問題嗎？社團的活動又是怎樣呢？

黃：我所知道的是：「二•二八」的時候，有些外省同學怕得要死，「二•二八」之後（笑），就比較大方了。

藍：也有這種學生就是了。

黃：嗯。

藍：那麼，後來學生的社團活動是怎樣呢？你所看到的。

黃：那時候的社團很活躍，都是自己安排活動，沒有被學校控制住，所以，比較自由啦！可是，有的人就是普通的課外活動也不參加。

藍：就我所知，你們師範學院也有什麼戲劇社啊，歌唱隊啊……之類的社團。

黃：這些都是學生自動參加的，你要走也是隨時都可以……。

藍：都是學生自己組織的？

黃：對，都是自己組織的，學校都不管的。

藍：那學生運動方面，除了要求提高公費待遇以外，有沒有反內戰的一些活動？

黃：那些有是有，但是，沒有一個事件的時候，也沒有發動。

藍：平常主要都是社團在活動？

黃：是。都是社團在活動。有時候，開個晚會，那個社團就去支援；譬如合唱隊。師院有一個合唱隊，我知道。

藍：在師院？那叫什麼合唱隊？

黃：那要問他們才知道。

藍：跟台大麥浪歌詠隊不一樣嗎？

黃：台大他們好像全省都有去喔？

藍：對呀。

黃：他們比較厲害。那時候，師院的合唱隊好像才在練唱而已！不過，一些比較左傾的歌，在那裡面可能很流行。

藍：有哪些歌？

黃：有一些什麼……，反正都是那些歌。譬如：〈跌倒算什麼〉……等等。這樣的歌很多啦！

藍：都是左傾的歌。和大陸的學生唱的一樣還是不一樣？

黃：嗯，不清楚。

藍：那時候，你們對大陸內戰的情勢有了解嗎？

黃：比較沒有。

藍：你可能比較沒有。那時候，很多上海的雜誌什麼的，有的人都看得到。

黃：雜誌是有在看。

藍：有什麼雜誌？

黃：我記不得了。

藍：你記不得了。所以，你本身比較沒有參加學生社團的這種活動？

黃：對，比較沒有。

## 一九四九年三月

藍：到後來是一九四九年，從三月十九日開始有這個「單車雙載事件」，三月二十就有一個遊行。我看安全局的資料說：你是遊行時候的「糾察隊長」。我不知道，你所了解的那次遊行，事實經過是怎麼樣？

黃：這個我也不記得了。那時的遊行也不是遊行，那是去包圍警察局。

藍：是啊！就我採訪所知的當天情況是：師範學院和台大的學生各自出發後，集合在一起，走到中山堂旁邊的警察總局。

黃：對啊！新生南路那裡也有一個台大宿舍。

藍：就是現在的金華國中。

黃：我們好像是在那裡集合？然後去包圍警察局。所以，好像沒有遊行。

藍：就是走過去就是了。

黃：嗯，有人喊說：「集合！」然後就走過去了。當天有沒有弄到很晚，我也不記得了。這些事情，我有時候怎麼也想不起來。

藍：我聽人家說，好像警察局長是你公審的？

黃：也沒有啊！

藍：那麼，現場的情形究竟怎樣呢？你不可能完全不記得吧？

黃：現場？那時，學生代表在討論什麼，現在我都不記得了；那時，也不知道是警察不答應學生代表的要求還是怎樣？拉扯很久啦！拉扯到後來，我也不知道是怎樣回來的？好像弄得很晚喔。

藍：你說在那裡拉扯很久，是在拉扯什麼事情？

黃：答應不答應的問題，好像。

藍：答應什麼？

黃：忘記了。

藍：忘記了？

黃：嗯。

藍：你有參加，怎麼會忘記了？

黃：就忘記了，不記得了。那時，好像要警察道歉還是做什麼？反正就……我也忘記了，這個事情。你如果找那些對過去比較熟的人寫下來，我看了以後就會回憶起來；我現在很多事情都迷迷糊糊的。

藍：你這個忘記是……別的事情不會忘記，這個是故意忘記的嗎？因爲這個跟後來的白色恐怖有關，你就故意把它忘記。

**黃**：不是。……剛剛講的這個「遊行」，可能是之前的事情；後來還有一次遊行，也走到中山堂，還走到火車站，還走到……喔！那次的遊行搞得最厲害，那次是包圍了警察局後發生的還是什麼……我也不記得了。

**藍**：是什麼事情？你說說看。

**黃**：是什麼？我實在想不出來。反正那次遊行搞得最厲害。

**藍**：是不是三・二九？

**黃**：甚麼？

**藍**：三・二九。

**黃**：我記得包圍警察局好像是之前的樣子喔！那是在晚上發生的。

**藍**：那是三・一九，在第四分局那裡，對嗎？

**黃**：對，晚上發生的。

**藍**：就是在那個「單車雙載事件」發生之後，你們學生就跑去第四分局那裡，後來第四分局還跑出來一個冒充的分局長，學生知道以後很生氣，是不是這樣？

**黃**：不記得了呢！

**藍**：你是說那次搞得比較厲害就是了。之後才有三月二十的……。

黃：後來那個遊行比較厲害，所有的學生都動員出來了，在學校集合；台大的學生不知道有沒有集合？那次比較多人。

藍：就是三月二十號嘛！

黃：可能。

藍：三月二十號的遊行結束之後，就有一個三月二十九號的營火晚會。營火晚會你也有參加嗎？

黃：嗯。

藍：那個情形又是怎樣？

黃：我記得，好像是在法學院那邊搞的。

藍：操場嘛！晚上，說是要紀念五・四。

黃：好像就是那裡喔！那時候，和法學院的學生一起搞。

藍：晚會的現場是怎樣？

黃：就有人上台發表一些意見，有時候有人表演，一些……反正我……差不多忘記了。那時候不過是去加油啦！

藍：加油？

黃：打氣，打氣啊。

**藍**：就是互相……。

**黃**：差不多是那個意思。

**藍**：不是說中南部的，譬如說台中農學院和台南工學院，都有學生代表上來？

**黃**：這我不太知道。

**藍**：你不知道？你比較沒有參與決策的核心，所以你不知道？

**黃**：我不知道。

**藍**：不是說在晚會上有人說要組織全省的學生聯盟？

**黃**：這個我忘記了。

**藍**：這你沒聽到？

**黃**：嗯。

## 漏網之魚

**藍**：三月二十九的營火晚會以後，陳誠從大陸回來。就是因爲你們學生要搞全省的學聯，所以四月五號就要抓你們師範學院自治會主席周愼源，結果讓他跑了；因爲這樣，那晚就來師範學院鎭壓抓學生嘛！所以才發生「四・六事件」。

**黃**：對。

**藍**：那你所知道的「四．六事件」的經過是怎樣？你本身的經歷是怎樣？

**黃**：周愼源沒抓到，被他跑回去了。

**藍**：這個事情你知道？

**黃**：嗯。就是一些好像醫學院的學生還是什麼，十幾個把他送回來。

**藍**：送回來師範學院？

**黃**：嗯。所以大家才開會商量怎麼辦？可是，那晚我不在。

**藍**：你不在？

**黃**：對。剛好我哥哥結婚，我回嘉義去了。

**藍**：所以，你才不在。

**黃**：我二、三天前就不在了。但是，這個事情我知道，之後他們就包圍台大和師院的宿舍。

**藍**：你本身不在，你是怎樣知道的？

**黃**：回來後啊。

**藍**：你回來的時候學校已經停課了吧！

**黃**：我回來的時候……我有和人家在聯絡啦！要回來的時候就回來了。宿舍被包圍的時候，就有一些住學校外面的同學馬上通知我說，都抓光光了！叫我還不要回來。後來，人家又通知我可以回來了。我回來的時候，同學們已經差不多都……都回來了。

**藍**：所以，「四・六」的時候，你沒有被抓。

**黃**：被我滑溜去了。我在想，如果我當時在台北的話，搞不好，「四・六」的時候，我也會被抓去。

**藍**：對，如果你在學校說不定……。

## 關於周慎源

**藍**：剛剛提到的自治會主席周慎源，據我所知，他也是嘉中出身的。我不曉得，你跟他熟不熟？

**黃**：他是我嘉義中學的學弟，差一年。在嘉中，他給我的印象是，好像有點瘦弱，白白的；不過，後來到師範學院的時候，他卻變得那麼高大。我說的高大，不是說很粗壯啦，是說變得比較高，剛好啦！他在嘉義中學時，並沒有什麼特殊表現的地方，只是有參加柔道部、演講部；我記得，日據時代經常有那個辯論會，他常常是嘉中的代表啦！不過，他給人家的印象是一個很老實的人啦！他在師範學院的時候，比我積極，後來也當選自治會主席；但是，照我看，他還是那麼老實，在講台上講話還不是那麼自然。我覺得，他身邊常常有一個外省同學做他的「影子」；我們說的「影子」大概就是現在的幕僚吧！有時候，他在主持會議的時候，那個同學會在旁邊給他輔助。

**藍**：用國語嗎？

**黃**：嗯，用國語。

**藍**：那個外省同學也是自治會的人嗎？

**黃**：（點頭）那個外省同學後來好像回去大陸了？一九四九年那時候，還可以自由出入大陸，有一些學生以爲回去是還可以再來啦，結果，他們暑假回去以後就困住了。

**藍**：四月五號晚上周慎源逃回師院，以後的情況，你有沒有聽到什麼說法？

**黃**：我聽說他和一個同樣列名「黑名單」的同學，躲在廚房的天花板上；那個人可能也是自治會的幹部喔？那個人好像身體很差的樣子，他們躲在天花板時，那個人大概受不

1949年3月的周慎源

了的樣子，不時用氣音問周愼源：「還不能出來嗎？還不能出來嗎？」天花板那裡可能很小，沒地方坐，周愼源就小聲地對他說：「不行！不行！」

**藍**：是學生餐廳的廚房嗎？

**黃**：嗯。從那裡看出來，周圍都是稻田；我想，他們大概想說從那裡跳出去就可以穿過稻田逃走吧！「四・六」以後，宿舍周圍還有衛兵站崗；但是，餐廳煮飯的伙伕都幫他們把風、聯絡；甚至連他們的大小便，也是他們幫忙處理的。那幾個煮飯的人，我們學生都認識；說起來，實在很令人感動。

**藍**：台灣人嗎？

**黃**：台灣人。

**藍**：所以，周愼源可以平安脫逃。後來，你有他的消息嗎？

**黃**：那個暑假，他有來找我。

**藍**：「四・六」以後的暑假？

**黃**：嗯，對。來我家找我。

**藍**：嘉義？

**黃**：嗯。他來找我的時候，我注意到他的手受過傷。我問他，他說是被抓的時候他們把他銬得太緊的緣故。還有，他的一條腿也有點跛……。後來，我就沒有他的消息了。

藍：那麼，你後來是白色恐怖的時候被抓去的嗎？

黃：嗯。

藍：那個情形是怎樣？

黃：不知道呢！糊里糊塗的。我被抓去的那個晚上，還有兩個人也被抓。

藍：幾年，幾月，你還記得嗎？

黃：我還記得，一九五〇年六月初二，畢業以前。

藍：六月二號，畢業以前，那時候你已經大四了？

黃：嗯。

藍：那情形是怎樣，怎樣來抓？

黃：那時候，我在宿舍，刑警總隊的便衣突然進來；我原先以爲可能是要找我麻煩的啦。結果，他們就把我押到靜修女中那邊的刑警總隊。到了那裡，我看到另外兩個同學也被他們抓來了。

藍：都是英語系的同班同學嗎？

黃：不同班喔。一個是已經畢業的，咦！他都畢業了，怎麼還會被抓呢？另一個是英語系

◎

| 姓名 | 性別 | 年齡 | 籍貫 | 學歷 | 職業 | 時間 | 身分 | 判決 |
|---|---|---|---|---|---|---|---|---|
| 呂錫寬 | 〃 | 23 | 台中 | 師範學院一年級 | 學生 | 三八年三月 | 黨員 | 〃　〃 |
| 王春長 | 〃 | 23 | 基隆 | 師範學院三年級 | 學生 | 三七年五月 | 黨員 | 〃　〃 |
| 孫進丁 | 〃 | 23 | 高雄 | 台大三年級 | 學生 | 三八年七月 | 黨員 | 〃　〃 |
| 邱媽寅 | 〃 | 26 | 台南 | 台大法學院三年級 | 學生 | 三七年七月 | 黨員 | 〃　〃 |
| 黃正道 | 〃 | 26 | 嘉義 | 師範學院四年級 | 學生 | 三八年四月 | 黨員 | 以非法之方法意圖顛覆政府而着手實行處有期徒刑八年 |
| 陳毓川 | 〃 | 23 | 台北 | 師範學院二年級 | 學生 | 三九年三月 | 黨員 | 參加叛亂之組織處有期徒刑五年 |
| 李　森 | 〃 | 33 | 台北 | 私塾四年 | 理髮匠 | 三八年一二月 | 黨員 | 〃　〃 |
| 孫天來 | 〃 | 23 | 台北 | 工職畢業 | 營造廠工程員 | 三八年一二月 | 黨員 | 〃　〃 |
| 黃釆薇 | 女 | 18 | 台南 | 台南女中高中三年 | 學生 | 三八年一二月 | 黨員 | 〃　〃 |
| 林賜安 | 男 | 22 | 高雄 | 商職畢業 | 高雄市稅捐處佐理員 | 三九年四月 | 黨員 | 〃　〃 |

判決文號及日期：本案經送請前台灣省保安司令部審判，於三十九年九月十六日以安潔字第二三〇七號判決書報奉國防部核定。

死刑執行日期：三十九年十一月二十九日。

檔案文號：（情）378 7740

黃正道的官方檔案

一年級，台中人。

藍：什麼名字？

黃：呂錫寬。

藍：這個是英語系一年級的，那另外一個呢？

黃：另外一個是專科英語科畢業的，叫做……曾文華。

藍：你被抓去以後的情形呢？

黃：起先就一直寄在刑警總隊，後來才被叫出去問話。

藍：問些什麼？

黃：問我「有沒有參加組織」？怎樣怎樣的……。刑警隊問得比較簡單。

藍：問什麼人吸收的？

黃：嗯，我說我不知道。

藍：有沒有疲勞審問什麼的？

黃：都有問。

藍：沒有打你們？

黃：沒有。問一問之後，經過差不多一個星期，就要把我們送走；我們也不知道要去哪裡？到了另外一個地方，我看到南部一大票人也被抓起來了；聽他們先來的人說，我才知道那裡是軍法處。

藍：那些人都是學生嗎？

黃：有的是學生，有的不是。

藍：那後來呢？

黃：後來也一樣，把我叫出去問一次話，就說我是什麼「糾察隊長」，「意圖顛覆政府」……等等。那還算是輕的。

藍：他說你是糾察隊，是什麼事情的糾察隊？是不是說那個……。

黃：自治會。

藍：自治會。就是說那時候遊行的……。

黃：就是說那時。

藍：那麼，事實有嗎？

黃：不記得了。……後來我又被送去新店。那些判死刑的都留在軍法處，新店分處是我們這些沒有判罪的。

藍：新店是在哪裡？是新店戲院嗎？

黃：不知道。我只記得是在以前新店街上的一個地方，現在就不知道了。

藍：看得到碧潭橋？

黃：我進去就看不到。那裡算是新店街上比較熱鬧的地方。

藍：那是電影院嗎？

黃：不知道。不過，也可能是，不然怎麼能改成那樣。因爲裡頭隔成兩排牢房，每一排再隔成一間一間像籠子一樣的押房；中間是走廊。如果沒有大一點的地方怎麼有辦法？

藍：你在那裡一直關到出來嗎？

黃：沒有啦！新店關沒多久，我就跟一部分人被送到內湖；送去內湖的意思就是較輕的。送去內湖是要去火燒島的準備啦。

台北內湖新生訓導處

藍：新生訓導處？

黃：那時候有沒有新生訓導處，我不知道。

藍：已經成立了。……你算是「學委」案的嗎？

黃：嗯。

藍：把你算作「學生委員會」的案件。

黃：但是，我是黏在尾巴那邊。

藍：喔！你被判得比較輕就對了。

黃：也不輕呀！八年。但是，我跟其他人比起來，算是尾巴又尾巴。

藍：喔，是這樣。那你是從哪裡出來的？

黃：火燒島。我在火燒島關了差不多七年。

採訪時間：一九九六年八月十一日（第一次）
一九九七年三月二十三日（第二次）

採訪地點：台北市

# 惡夢一場十年醒

## ——涂炳榔的證言

涂炳榔，嘉義朴子人，一九二九年生。
「二・二八事件」期間，擔任朴子學生隊隊長。
一九四八年考入師院藝術系第一屆，先後參與「台語戲劇社」與《鄉曲》雜誌。
「四・六事件」時倖免被捕。一九五二年寒假，因同學牽連而被捕，處刑十年。
目前定居高雄市，是有名的佛畫藝術家。

清嘉慶末年，我們涂家來台開基祖涂勵公（十六世），輾轉從福建漳州詔安原鄉渡海來台，定居嘉義樸仔腳大楝榔庄，傳到我這一輩已是第二十世。涂姓在大楝榔庄是大姓，大約佔當地住民的七〇%；我們家在涂姓當中又算是大族，人丁興旺子孫眾多。在我成長期間，我家在當時還算是地主家庭，約有三百多甲土地。

## 懸壺濟世的父親

我的父親涂爐（一八九三～一九八二），早在一九一〇年，就由朴子公學校日籍校長小泉先生，帶去日本留學。一九一六年，父親於土浦中學校畢業後，經日本文部省特准，通過轉學考試，進入岡山醫專讀醫科。一九二〇年五月畢業，獲醫學士學位及日本內務省授與的醫師資格，並進入岡山縣立病院研究臨床醫學。一九二一年三月，父親辭職返台；四月，在朴子街媽祖廟附近租屋開設「日新醫院」，開始一生懸壺濟世的生涯。五月，他又基於服務桑梓的熱誠，兼任朴子街役場的囑託醫師；後來，又應鄉村病患的要求，在六腳鄉設立「日新醫院」分所，便利鄉村病患的就醫。七月，二十九歲的父親遵祖母命，與

涂柄榔與作者

母親結婚。

我的母親張素雲出身台南市望族，是台南女子公學校第一屆畢業的新時代女性，端莊嫻雅，有大家閨秀風範。外公張作人先生不但是高明的牙醫師，而且擁有糖廍、房地產等事業，是台南市有名的士紳。據說，母親出嫁那天，張家特別向鐵道局訂了一節台南到嘉義的火車，專門載送外公及陪嫁的親戚朋友，前往朴子，參加婚禮。當天的婚禮在朴子媽祖廟前舉行，採行文明的現代儀式，盛大而隆重；一直到現在，老一輩的朴子人講起當天的盛況，都還會帶點興奮而不勝懷舊之情。

母親嫁過來以後，「日新醫院」的業務就在她的協助下，蒸蒸日上。這段期間，母親先後產下在我前面的四個哥哥；一九二九年三月，作爲涂家五子的我也誕生人世。因爲孩子相繼出世，父親和母親共組的小家庭，也已經漸漸變爲人丁興旺的大家庭了。我還記得，小時候，家裡的每餐飯都要分兩桌，先後來吃，才坐得下；因爲除了我們以外，家裡還有藥局生、護士、奶媽、佣人等。生活就在父母忙碌、一家和樂中平安度過。

我印象比較深刻的童年往事是，一九三五年夏天，因爲六歲的我罹患傷寒，父親爲了後來出世的弟弟妹妹們的安全，還讓他們暫時住到五甲尾阿姑家。我的病，經過父親一個多月的悉心治療和母親的照顧，終於慢慢康復。病癒以後，我的頭髮都已掉光，而且傷寒病後的護理很重要，一整個月，我只能吃定量的流質食物，無論鷄鴨魚肉或是蔬菜水果，都要熬成湯或榨成汁，才能入口。因爲身體虛弱，到了入學年齡的我，就暫時沒去上學。

這段期間，父親就請了一位陳添祿先生，到家裡教我讀書識字。添祿師很會畫圖，每天還會教我畫畫；因爲這樣，我就開始對美術產生興趣。公學校六年級時，我還代表學校參加台南州的寫生比賽，榮獲優等獎。這樣的啓蒙也決定了我日後走上美術創作的路。

## 戰爭的陰影

一九三七年七月七日，中日事變爆發，日本帝國主義的軍閥開始侵略中國大陸。八月十五日，日本帝國的台灣軍司令宣布：全台灣已進入非常時期的戰時體制；實施燈火管制。同時，它對殖民地台灣的控制也更加嚴酷，爲了支援前線日軍，台灣的物資逐漸缺乏；台灣總督於是開始實施米的配給統制。我們家雖然比一般百姓稍好，生活也逐漸陷入困境。

一九四一年春天，大哥罹患盲腸炎，在嘉義醫院開刀後卻併發腹膜炎，不幸逝世；同年七月，三哥也因罹患中耳炎後感染肺炎，而不幸逝世。我們涂家隨著時局的惡化，也遭到了未曾有過的不幸。許多個夜晚，哀傷的父母親忍不住喪子之痛而競相放聲痛哭，使得站在一旁的我們也禁不住流淚悲泣。

就在這樣的時刻，瘋狂的日本軍閥竟於十二月八日偷襲珍珠港，向美國開戰；太平洋戰爭爆發了，全世界也進入第二次世界大戰。戰爭時期，因爲經常的空襲，一切生產都停頓了，再加上物資都要支援前線，台灣民間的糧食、衣服、日用品等都極端缺乏。當時，配給的西貢米和地瓜簽什糧都不夠吃，一般百姓都處在半饑餓的狀態。爲了吃到白米飯，父親就教我們把黑市買的或農村的親戚、患者贈送的稻子，放在水泥地面上，先用木杯壓

1940年涂家全家福。

大戰末期被動員的台灣學生。

榨去殼，使其變成糙米，然後再把糙米放入一升瓶裡面，用一根細木棒或鐵條抽打，把米糠去掉就變成白米了。在那樣的時代，能夠吃到白米飯算是很高的享受。但是，自製白米的時候要非常注意日本的經濟警察，如果被發覺就會因爲「違反經濟統制」政策，而遭到嚴厲的懲罰，並沒收白米。

到了一九四五年，戰爭越打越烈，日子也越來越難過。但是，這時日軍已經呈現敗象了。日本的南海艦隊在南海被殲滅以後，制空制海權都被盟軍控制。因爲美軍轟炸機經常成群空襲台灣，學校也停課了。高年級的中學生開始被徵召入伍當學生兵，低年級的學生則被動員到工廠或工地，參加戰時生產或挖戰壕等工作。三月的時候，就讀台南師範的四哥先被徵召入伍當學生兵；四月，就讀中學四年級的我也被徵召入伍當學生兵。入伍以後，我被調到嘉義飛航聯隊服役，駐在大崙國校的中隊部。

當軸心國的德、意兩國先後向盟軍投降以後，我們知道戰爭快結束了；但是，對於將來的變化，還在軍營的我們卻茫然不知？到了八月十五日，日皇宣布無條件投降，我們的心才定了下來。

## 復員返鄉

一九四五年八月底，所有被日軍徵調的學生兵都解除武裝，從部隊解散，各自返回自

1945年4月被徵召入伍
當學生兵的嘉中學生涂柄榔。

涂柄榔（第三排左四）

己的家裡。戰爭結束，大家渴望的和平終於來臨了；同時，台灣也因爲日本的戰敗而重歸祖國的懷抱。

那時候，父親除了忙於他的醫療工作之外，同時擔任朴子鎮的接收委員，每天忙著開會。我也回到嘉義中學上課，每天要從朴子坐糖廠小火車到嘉義山仔頂上課，來回三個鐘頭的車程，再加上一個半鐘頭的步行，相當辛苦，但也充滿希望。

一九四六年六月，我從舊制嘉義中學（四年制）畢業以後，直升新制的高中二年級。同年十月，並以嘉義市足球代表隊的身分，參加在台大操場舉行的台灣省第一屆全省運動大會。

台灣光復當初，大家都興高采烈地準備歡迎祖國派來接收的官員和國軍。每天，街路上都有獅陣、宋江陣在慶祝表演；家家戶戶都懸掛國旗、張燈結綵；大街小巷、男女老幼都如醉如痴地唱著〈歡迎歌〉。沒想到，我們歡迎到的卻是穿草鞋、拿雨傘、看到東西就黑白拿的軍隊和一些貪污腐化的接收官員，大家就感到非常失望。

結果，第二年的二月底，台北就發生了民衆反對貪污腐敗，要求改革的「二•二八事件」。

位在山仔頂的嘉義中學

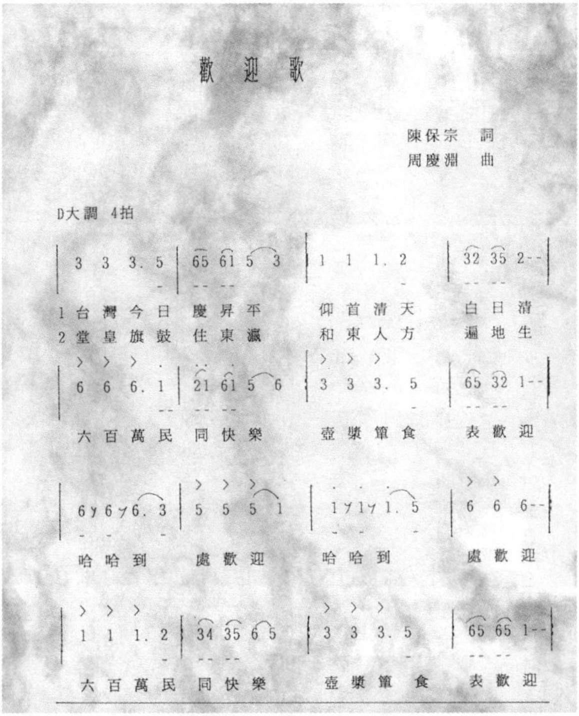

## 歡迎歌

陳保宗 詞
周慶淵 曲

D大調 4拍

| 3 3 3. 5 | 65 61 5 3 | 1 1 1. 2 | 32 35 2-- |

1 台灣今日 慶昇平 仰首清天 白日清
2 堂皇旗鼓 住東瀛 和東人方 遍地生

| 6 6 6. 1 | 21 61 5 6 | 3 3 3. 5 | 65 32 1-- |

六百萬民 同快樂 壺漿簞食 表歡迎

| 6ｙ6ｙ6. 3 | 5 5 5 1 | 1ｙ1ｙ1. 5 | 6 6 6-- |

哈哈到 處歡迎 哈哈到 處歡迎

| 1 1 1. 2 | 34 35 6 5 | 3 3 3. 5 | 65 65 1-- |

六百萬民 同快樂 壺漿簞食 表歡迎

歡迎歌

## 朴子學生隊隊長

「二•二八事件」發生時，我才十八歲。我記得，事件發生那晚，整個嘉義都還不知道。一直要到三月初一，大家才知道台北發生事情了。當天，我們學生馬上召開學生大會。因爲也沒什麼事好做，大家就決定罷課，隨個人意願決定要不要參加外面的活動。我於是就回去朴子家裡。

那時候，所有朴子的警察都因爲害怕而跑光光了，每個派出所都鬧空城；我們這些青年學生覺得這樣不行，所以就由幾個學校的學生（嘉中、嘉農、商工等）組織學生隊，總部就設在東石中學女子部。我也是其中一隊的隊長。學生隊的任務很單純，主要就是替補眞空的警力，維持地方的治安。各隊學生於是拿著木槍之類的警戒工具（沒有武器），在橋頭或重要道路站崗，不讓流氓或外鄉人進來搶東西。

大概是三月三、四日，「處理委員會」成立，我被選做朴子的學生代表赴台南新營開會。我記得，黃媽典（一八九三～一九四七，朴子人，當時身分是台南縣商會理事長兼縣參議員，事件後被視為「台南縣暴亂首要分子」，於四月二十二日槍斃示衆。）也是代表之一，我們曾經一起去開會。三月八日，我聽說有一部分人去攻打機場，我因爲只是十八歲的少年仔，所以沒有參加。

在嘉中，我對一位浙江籍公民老師的印象很差，他不但說的浙江國語大家聽不懂，像是：三民主義唸做「仙」民主義、吾黨所宗唸做「萎」黨所宗……等，而且上課也不認眞；因爲這樣，我就經常不去上他的課。後來，他在處委會的名單上看到我的名字，抓到了尾巴；事件後，懷恨在心的他，便在校務會議上揚言開除我。幸好，當時嘉中的唐校長對我不錯，並沒有把我開除，只是勸我轉學去建中。但是，我父親並不同意我到台北，我就留在家裡讀書、畫畫。

## 師院藝術系第一屆

一年後，也就是一九四八年七月間，剛好師範學院添設體育、音樂和藝術三學系，我因爲喜歡美術，就靠著自修，以同等學歷報考藝術系。那年，藝術系一共只錄取十名學生，我很僥倖，以第九名的成績，吊火車尾考上。

師範學院的前身是日據時期的台北高等學校，光復後還留些日本教授教理化。因爲戰亂才結束沒幾年，我們學生的求學環境都很差：住學寮、領微薄公費、吃也吃不飽、穿卡其制服；但是，雖然物質缺乏，我們卻很認眞讀書。當時的師院可以說聚集了全省最好的學生，素質很高。不過，到後來，因爲先後歷經「四・六事件」和白色恐怖的整肅，學生的遭遇一般都很不好。像我那班，入學的時候是十個人，可是到畢業時，卻只剩五、六個；英語系五十幾個，畢業時也只剩二十幾個人；四十級（一九五一年畢業）的數學系甚

1948年涂炳榔考入師範學院。

至只有一個。那些沒唸畢業的同學，逃的逃，坐牢的坐牢，還有些人年紀輕輕就被槍殺了。

在「四・六事件」之前，師範學院各社團的藝文活動很活躍，像放電影、說唱藝術、台大的「麥浪歌詠隊」、「台語劇社」、讀書會……等等。因爲我對大陸的情況都不很清楚，基於一種想要了解祖國的單純想法，再加上知識分子對時代的使命感，我就開始跟著大家看一些社會主義或三十年代作家的書，如：老舍的啦！巴金的《激流三部曲》啦！……等等。同時，我們還跟一些大陸來的學生學會唱《國際歌》、《扭秧歌》……等等歌曲。事實上，在一九四九年以前，這些書和歌，都還可以公開讀和唱；但是，到了一九五〇年以後，它們不但被查禁，而且還成爲我們被捕以後的判決「罪證」。

## 鄉土文藝

我參加的社團活動主要是「台語劇社」。「台語劇社」是由我們幾個朴子人發起召募，登記成立的；主要是英語系的蔡德本在辦，他對戲劇編、導、演都有一套；我負責畫壁報和宣傳工作。

我們演出的劇目包括：《日出》、《阿T之死》、《沒有太陽的街》，以及從茅盾、老舍小說改編的，對社會有意義的戲。我們曾在台北、嘉義、朴子等地巡迴演出，節目水準頗高；那個時代還沒有電視，一般民衆也沒有什麼休閒活動，所以，每次演出，民衆都會自動前來欣賞，相當轟動。

此外，我們還組織了一個「以發掘鄉土藝術並聯絡同好之情感爲目的」的鄉曲文藝社，在章程草案上規定：凡是師院同學對鄉土文藝有興趣者均可加入。根據我保留的「社員一覽表」所載，一共有四十二名同學參加。其中包括：楊英風、李再鈐、施振樞（施翠峰）、盧兆麟、林亨泰、蔡德本……等，也有幾個外省同學和女同學。後來，我們還辦了一本油印的《鄉曲》雜誌，不過，只辦一期就中斷了。

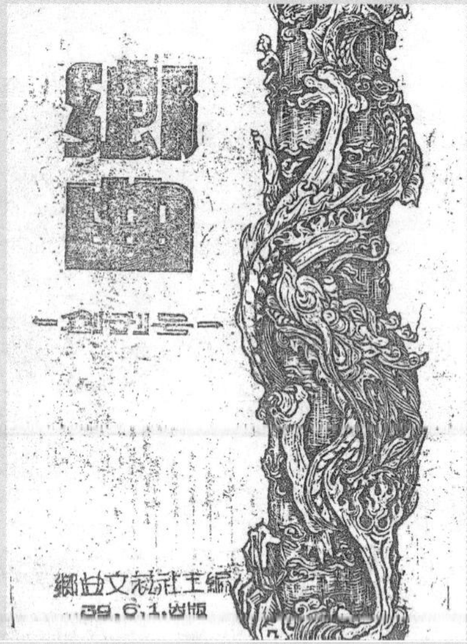

《鄉曲》創刊號的封面。

《鄉曲》的發刊詞與目錄。

## 《鄉曲》發刊詞與編輯前言

根據涂炳榔先生保存多年的《鄉曲》創刊號的封面所載，該刊是一九五〇年六月一日出版的，內文一共十六頁，包括楊英風和李黎風的木刻各兩幅及一般鄉土報導多篇；在第一頁題爲〈我們的道路〉的「代發刊詞」，鄉曲文藝社的同仁首先站在勞動民衆的立場，指出「五‧四」新文化運動的文學革命革的不夠徹底，所以他們要「繼承這偉大的使命！再努力！再革命！」：

偉大的「五・四」運動竟然把士大夫文學的命也革了。好！革得不錯，革得痛快！可是，命革得徹底不徹底呢？不！千萬個不！「五・四」的新文化運動對於民眾彷佛是白費了似的！「五・四」式的新文學（所謂白話）的文學，以至純粹從文學的基礎上產生出來的初期革命文學，只是替一些歐化的紳士換了胃口的魚翅酒席，勞動民眾是沒有福氣享受的。而三十幾年來，士大夫文學的殘餘還沒有徹底肅清；今天迷戀著風花雪月的詩古文詞而不肯割愛者尚有人在，而且借屍還魂的新士紳文藝產品也時有發現。這種種跡象，都說明了士大夫文學雖然被打倒了，但是卻沒有打死。反言之，它還有重新爬起來的可能。這不是革命不徹底是什麼？不過，我們鄭重聲明一句，我們不是否定了「五・四」的功績，我們是說「五・四」的文學革命還未完成，後死的我們，該要繼承這偉大的使命！再努力！再革命！

接著，他們指出新文藝工作者的共同使命，以及讓勞動群衆接近大衆文學的兩條路：

新的文藝不能再成爲特殊階級的玩藝了，大眾文藝的的確確需要成長了，我們今天的共同使命，乃是用新的文藝架起一道橋樑，好讓勞動群眾走過去和大眾文學接吻、擁抱。

要使勞動群眾接近大眾文學只有兩條路：一條是創造革命的大眾文學——用勞動群眾自己的言語，針對著勞動群眾實際的生活所需要答覆的一切問題，去創造大眾文藝。另一條是介紹有價值的鄉土文藝——集納那些與民眾的生活有直接關係或有文化價值的鄉土文藝，原原本本地介紹給大家。走第一條路的人已不少了，而第二條路尚有待我們試驗與努力走去。

最後，這群年輕「小伙子」勇敢地宣稱：他們將不畏艱困地，在第二條路上，堅持走下去！

> 我們一群小伙子，力氣小，膽子卻很大，居然選擇了第二條路，我們憑著一股勇氣與熱情，並肩攜手地從今天出發。但是，我們各個面瘦肌黃，體力不足，也許會在中途跌倒，或是望前途而畏縮，因此，迫切需要大家給我們引導與打氣，使得我們能夠活一天就走一天的路程。

鄉曲文藝社的同仁除了通過「代發刊詞」宣示他們所要走的「道路」之外，又通過第三頁的「編前」，具體說明了他們的編輯原則、使命與期望：

> 這是一粒好的種籽，它得不得（到）繁殖的機會。當寶島上突露出一派陰鬱的茂林和一片美麗的奇花（的時候），（卻）把這粒種籽埋沒了。它暗地裏埋怨著——過去不幸的遭遇，使它摧殘了生機。
>
> 夏天來了，它滿望著將優美的靈魂傳染到群花眾卉間，使這寶島顯得更爲富麗，更有情感。它到處呼籲，希望爭出一塊沃土，好讓這種籽得到溫暖和發展餘地，它將在這兒好好地栽培自己，把五十年來鬱結的花朵重獻在祖國的天下。
>
> 南國的瓜果是我們喜歡的——它甜美又肥潤，顏色鮮艷得令人可愛！可是我們要知道在這寶島上還有一種更寶貴更有價值更能滿足美感的東西——這寶島上一連串的史蹟奇聞和藏匿在民間等待著發掘的偉大藝術品。
>
> 鄉曲負有這種使命——它願望將寶島上的秘史奇蹟，續（系）統地尋找出來，陳列在我們眼前，讓

我們好像步入百果園似地，鮮紅的、嫩綠的水果就懸在我們眼前，它似乎在招呼我們嚐嚐它的美味。

鄉曲是撫育生機的園地，播種種籽的機會到了，願它們及時努力，我相信不久的將來，寶島上一株新生的花朵——富有民間意味的花朵，將招迎比研在花卉中。希望愛好文藝者，都能快給它們一點生長術，忠實地爲它們啓發一條光明的大路！

台灣省立師範學院鄉曲文藝社章程草案

第一章 總則

一、本社定名為「台灣省立師範學院鄉曲文藝社」（以下簡稱本社）

二、本社以發掘鄉土藝術并聯絡同好之情感為目的。

三、凡本院同學[illegible]入社手續者均為本社社員。

四、本社社址設于本院。

第二章 組織

一、社員大会由本社全体社員組織之。

二、理事会之組織如：

甲、由全体社員推選理事[illegible]人組織之。

乙、理事会設常務理事一名，由全体理事互選之。

丙、理事会設總務、學術、康樂[illegible]各設員責[illegible]位

第三章 人事職掌及任期

一、社員大会為本社最高權力機構，決定本社一切[illegible]事宜。

二、理事会執行社員大会議決案並處理本社日常社務。

三、本社理事任期均以一學期為限，連選得連任之。

《鄉曲》文藝社章程草案

《鄉曲》文藝社會員名單

## 四·六前後

我進師院的時候，「二·二八事件」雖然已經過了；但是，貪官污吏、社會亂象還是層出不窮。我們這些青年學生對現實就更加感到不滿。再加上，受到當時大陸蓬勃的學生運動的影響；所以，除了一般文藝性的社團活動之外，當時的大學生還不時地舉行反饑餓、反內戰，提高公費的遊行。因爲住宿舍，聯絡方便，參加遊行的學生大多是台大和師院的公費生；負責領導的以大陸同學居多。其實，當時參加遊行的同學們，並不是爲了什麼私利，只是出於愛鄉愛國的心而自發參加的；在遊行的過程中，也只是呼呼口號而已，相當溫和，並沒有什麼反政府的口號或行動。而這在當時也是時代的一股潮流。

到了一九四九年，我們從報上得知，國民黨因爲在內戰戰場節節敗退，正準備從大陸撤退；台灣社會因此越來越亂，大家的心裡都很苦悶，不知道再下來會有什麼變局？也不知道台灣的出路在哪裡？

三月中下旬左右，因爲學生「單車雙載」的事情，台大和師院的學生又舉行了一場「反對警察暴力」的遊行；我也跟著遊行隊伍，一路走到台北市警察局。在警察局廣場，當代表們進去遞請願書時，我注意到警察局屋頂上面架著機關槍，我雖然嚇得有點發抖，還是跟其他同學手牽著手留在現場。我認爲，以當時國民黨在大陸有過的經驗來看，他們不敢真的當場開槍；但是，他們一定會暗中把參加的學生一個一個地記錄起來，然後再設法個個擊破。

果然，沒多久，「四・六事件」的導火線就從師院自治會主席周愼源被抓，開始點燃。

周愼源是高我一屆的嘉中學長，在師院的時候，我們常常在一塊。平常我們都叫他周仔。他是一個頭腦冷靜，很有組織力的人，人緣又好。我認爲，當時的學生工作都是他實際在做，而外省同學就比較喜歡出頭。

我後來聽說，「四・六」的前一天傍晚，他好像是要去剃頭還是怎樣？卻在路上被特務抓去，帶上三輪車。在車上，他坐中間，兩個特務分別坐在他兩邊的腿上。三輪車往公園路方向走，當時是下午五點多，剛好有許多台大學生吃完飯後，在附近散步。周愼源在小時候柔道就已經上段了，車到台大法學院校門口時，他看準時機，用力一推，掙開兩邊的特務，然後就跳下車。因爲那些學生都認識師範學院的周仔，就圍過來不讓特務抓周仔，特務被大家逼得無法再追，就逃離現場。

後來，師院和台大（當時台北也只有這兩間大學）的學生，就針對周愼源被捕的事，趕到師院宿舍的餐廳開會，討論如何應付這突發的狀況。但是，那天晚上，軍警就到學生宿舍來抓人了。我後來聽說，當時，特務點名要同學們把自治會主席及幾名理事交出來。

但是，同學們不但不答應，還用桌椅擋住宿舍的樓梯口，想要阻擋特務上樓抓人；最後，他們還是把宿舍裡的學生統統抓去，一個個綑起來，丟上卡車。

那天晚上，我剛好和幾個嘉中的同學在外面開會；開完會後，我們又到一個吳姓同學位於七條通的宿舍泡茶。因爲不在現場，所以，我僥倖沒有被抓。

隔天早上，我聽到有人報說：師範學院昨晚出事了！我就趕去了解究竟？到了學校附近時，大路都已戒嚴，我便穿梭在和平東路、羅斯福路間的小巷子，走到宿舍外面。這時候，我剛好碰上一個同學，聽他說了以後，我才知道，警察的逮捕行動已經結束，好多同學都被捕了。他又緊張地勸我說：「老涂，不要在這兒晃了，快點回去！」我於是馬上坐火車回朴子。等到學校重新復學以後，我才又上來註册。

## 寒假被捕

一九五二年，我已經念到大四，並且在師院附中當實習老師。二月，學校放寒假，我就回去朴子家裡渡假。有一天，我去找蔡德本聊天。當我離開蔡德本家正要回去時，卻在路上被特務攔下來；他身旁有個念台大的陳姓同學（我不能說他的名字）。特務問我：「你是涂炳榔？有你同學的事要問你，請你來一趟。」我說：「不行，我還有事。」他於是就掏出一把手槍，在我眼前比一比，我只好跟著他走。接著，他就帶我到那名陳姓同學的

1949年寒假涂炳榔參加朴子學生聯誼會。

1949年暑假涂炳榔參加朴子學生聯誼會。

家。我一進去陳家，就看到一個念台人政治系的同學吳哲雄也坐在那邊，當時，我心裡就知道這下糟了！因爲我們常在一起吃飯、聊天、遊玩。

我和吳哲雄後來就被帶到朴子分局，分開問訊。那名特務在問話前，故意把槍放在桌上，然後對我說：「像你們這種人是格殺勿論的！打死你們也沒有事！」停了一下後，他就叫我寫「自白書」。我於是就像平常寫自傳那樣，將我的成長過程寫下來。不料，他看了一下，什麼都沒說，就一連打了我好幾巴掌。他然後說：「廢話！誰叫你寫這個！寫你參加什麼活動？誰介紹的？你給我好好想一想！」我說：「沒有！」立刻又被打了好幾巴掌。後來，他大概是去另外一間問吳哲雄，就換了一個扮白臉的特務進來，一邊安慰我，一邊勸我：「好！好！寫就沒事了。」

後來，我看到一位以前就認識的巡佐，我就利用機會央求他，打電話通知我的家人，並且給我送日用品來。當我妹妹和兄嫂給我送東西來的時候，剛好被那個特務看到，他就罵她們兩個說：「誰叫你們來的？你們怎麼知道的？」我兄嫂是老實人，坦承是巡佐通知的，當場，那名巡佐和我兄嫂都被打了好幾巴掌。他嚴厲地說：「國家機密怎麼可以讓你們知道！」我兄嫂和妹妹只好哭著回去。一直到現在，我都認爲，像這種人應該把他找出來好好粗飽一頓。

經過朴子分局的偵訊之後，我終於知道我和吳哲雄爲什麼會被捕的原因。

那時候，國民黨弄了個什麼「自首辦法」，那個陳姓同學大概是看到已經有那麼多認識的人被捕，因爲怕自己哪天也被牽連被捕，於是就去辦「自首」。可是，他沒想到，既然是「自首」，就要交代你參加過什麼活動？和哪些人一起之類的問題。他於是就說，一九四九年暑假，我們幾個同學曾經一起去布袋同學家吃拜拜、打麻將啦！一邊打還對現實發過什麼牢騷啦！而且看過什麼《新民主主義論》、《唯物辯證法》之類的書等等。

結果，去同學家吃拜拜時順便打個麻將，卻變成是「密謀開會」了。

在朴子分局的偵訊告一段落後，那天晚上，我們就被押上吉普車，移送到嘉義警察局。在那裡，我看到好幾個念台大的同學也陸續被抓進來。有的人比較好運，問一問，沒

毛澤東著的《新民主主義論》

事就斥回；有的人，像一個叫做李碩彬的同學，每天晚上都被帶出去刑求。他的哀嚎聲誰要聽到都會嚇得半死。一個星期後，我和吳哲雄又帶著手銬，押到嘉義車站，搭火車北上。在車上，我剛好遇到幾個師範學院的同學，因爲我手上的手銬用衣服蓋著，他們沒有發覺，就要跟我打招呼；我趕緊向他們示意，他們才知道我已經被捕了。

到了台北以後，我們就被押到當時保安司令部的西本願寺（現在的獅子林）地下室。在那裡，前後關了一個月，中間只被調去問一次話。

## 在軍法處

三月底，我們又被送青島東路的軍法處。那個地方，我想，就是關豬，豬都會死光光——兩坪多的空間卻關了十四、五個人，每天只放封十到十五分鐘。正因爲這樣，我認識到：其實人的生存潛能有無限的可能性。正如裡頭的難友唱的一首叫做〈坐牢算什麼的〉歌詞一樣：「進去是鐵，出來是鋼。」

因爲當時台北市長吳三連的兒子吳逸民也牽連在內的關係，所以，在「待遇」上，我們那案似乎比其他案件特殊。「開庭」的時候，吳逸民他媽媽都會來，也會通知我的家人。「開庭」的時候，由軍事檢察官起訴，也設了辯護官替我們「辯護」。不過，那種「辯護」對我們一點用也沒有！他只是在庭上說，我們因爲年輕不懂事，希望能酌情減刑。

事實上，他這樣說，等於替我們承認我們的確有「罪」。

因爲我們的案子是他們爲了獎金做出來的，比較單純，後來就根據「懲治叛亂條例」第五條判刑，「罪名」是「參加叛亂之組織或集會」，依法可判處「無期徒刑或十年以上有期徒刑」，因爲「體諒」我們是學生、不懂事云云，所以判十年。但是，同案的台大經濟系學生歐振隆（善化人），卻因爲張璧坤拿書給他看，他又拿給吳逸民看的關係，就算是「吸收」吳逸民。按照所謂的「懲治叛亂條例」，只要有吸收人，就算「發展組織」；結果，他就因此被判死刑。

我想，全世界再也找不到像「懲治叛亂條例」那麼離譜的東西了吧！

我永遠記得，當歐振隆被叫出去槍殺，從走廊後面的押房經過我們門口時，他停了一下，然後向我們行個禮，用日語平靜地對我們說：「我先走了，你們保重！」當時，我眞是欲哭無淚啊！好好的一個青年，又不是做了什麼天大不對的事情，就只是借書給人看而已，就得被槍斃嗎？我後來聽說，他被槍決後，他們家人被嚇得不敢去收屍；實在可憐！這樣優秀的青年，竟是這樣的下場！

除了歐振隆，我在軍法處的時候，也曾見過在師院教過我們木刻的黃榮燦。他先看到我，叫了我一聲，我才知道他也被抓了。後來他也被槍殺了（一九五二年十一月六日）。據我所知，他也沒做過什麼。他對原住民藝術很有研究，在大陸時是中國木刻協會理事；我想，可能是他曾在魯迅藝術學院待過的關係吧！

我在軍法處期間，三不五時就有人被叫出去槍斃，就我親眼所見，他們在赴死時都是那麼的從容無懼。我曾經看過一個已經被判死刑就要槍決的難友，雖然他的兩腳被刑得無法走路了，可是他還是每天扶著牆壁，練習走路。我就問他：「你還練習走路幹嘛？又不能出獄。」他笑了笑對我說：「我死之前要自己走出去。」我認為，那是因為他們有覺悟，對死看得很透徹，心裡就自由了。所以，我常常跟人家說，當時被槍斃的人，全都是社會的菁英！

那時候，每當清晨四、五點來點名的時候，大家就知道有誰要被槍殺了！因為在牢中，沒辦法表達什麼，我們就會大家一起唱歌，給即將赴死的難友送別。

## 走出新店軍監

判決以後，我就被送到新店軍人監獄執行。一直要到一九六二年二月十日，終於期滿開釋。當天，母親在四哥的陪同下，到軍監接我出獄；然後懷著愉快的心情，帶我到木柵仙公廟燒香拜拜，並拜訪在台北行醫的兩個舅舅。

第二天，我終於回到朴子老家。

一路上，我看著車窗外面十年不見的故鄉景物，心裡有著萬千的感慨。當我踏進家門時，等候多時的父親立刻到樓上大廳，燒香拜佛並敬告祖先靈位。然後，我再也忍不住滿臉的眼淚，跪謝父母親十年來的照顧。

從我被捕以來，父母親及家人都受到很大的打擊。每次開飯時，他們也都給我留了一個位置；可是，母親只要端起飯碗就會想到我這個身繫囹圄的兒子，眼淚就滴了下來，其

1962年2月11日的涂柄榔。

涂柄榔開釋後與母親及四哥合影於新店。

他人也跟著悲傷得吃不下飯。因爲我的被捕，父母親開始每天早餐吃素，並疏遠俗事應酬，後來也在佛教教義裡頭得到心靈的寄託，並且皈依。在這期間，父母親總共到新店會見我八十餘次，寄送食品或日用品郵包一百六十三件，家信四百六十二封。我想，要不是靠著家人不斷的精神鼓勵及物資支助，我這漫長的十年鐵窗生涯還不一定能夠平安度過啊！對我來說，那十年就像一場惡夢一般，終於過去了。

採訪時間：一九九七年三月二十七日

採訪地點：高雄市涂宅

參考資料：涂炳榔〈涂家雜記〉

（收錄於《日新懷念集》）

# 一刑下去沒有也變有

## ——蔡德本訪談錄

蔡德本，嘉義朴子人，一九二五年生。
原師院英語系學生。
先後組織學生社團——
台語戲劇社及龍安文藝社，
並曾擔任學生自治會康樂部長。
一九五四年十月三日，任教東石中學期間被捕，
判處「無罪感訓」。
一九五五年十一月二日釋放。

師院台語劇社演出後合影。

藍：蔡先生，首先請您介紹一下你進入師範學院以前的背景。

蔡：台灣光復前的一九四四年四月，我從日本東京的名教中學畢業，然後就搭船回到台灣；六月，就在故鄉朴子的東國民學校教書。十二月，被徵兵入伍，一直到一九四五年八月，日本投降，才從軍隊復員回到家鄉，繼續在同一所小學任教。後來，台大先修班招生（那是台灣光復後第一次大學招生考試）；我就去報考，而且也被錄取。但是，那時候的物價漲得會嚇人，所以，就這樣沒去讀台大，又回去學校教書。後來，師範學院開始招生，因為它是公費的，念書不用錢，所以我就去考師範學院。這剛好是「二・二八」發生的前一年。

藍：一九四六年嗎？

蔡：那時侯是三十五年，一九四六，對，一九四六年。起初，我讀的是英語科；以後有了英語系，我才又轉進去。

藍：喔，英語科不是大學部的？

蔡：不是，它屬於專修科；但是，師院最初招生的時侯只有專修科。

藍：是類似現在的三專嗎？

蔡：對對對！他說四年專科，事實上有一年是要到學校實習。

## 二・二八見聞

蔡：我進去師範學院的隔年二月就發生「二・二八事件」。因爲我是當過兵，當過老師，再進去做大學生的；所以，「二・二八事件」那時，我已經有相當的社會經驗了；因此，從頭到尾我是看得很淸楚啦。

藍：你有參加什麼行動嗎？

蔡：「二・二八」的時候，學生參加的不多。有的話，也都是回去故鄉參加的。

藍：故鄉？

蔡：像有一個姓顏的高雄人，他就是回去故鄉參加的。那時侯，高雄中學的學生組織一個學生義勇隊，因爲他是前輩嘛，這些學生就把他舉出來當頭；後來，這個人就在火車站的前面被打死。

藍：他叫做顏再策是嗎？

蔡：對！對！像這種學生，實在是不多啦！沒錯，因爲「二・二八」是爲了反抗外省官僚，要求改革的行動，所以大部分學生是支持的。但是，我認爲，實際參與行動的學生，這時侯還很少。怎麼說呢？因爲事件結束，又回來學校的時侯，我們那一間五十個同學，才少十個而已。而且，這十個沒回來上課的同學，也不是說每一個都有參加啊！有的人是因爲害怕而不願再來唸書的，也有些人則是看破了，認爲這個大學再讀下去也沒有用啦！其實，眞正參加而死掉的學生並不多；大部分犧牲者還是台灣那些有名的士紳。那麼，像我們這四十個回來繼續唸書的學生，讀書的心情跟「二・二八」發生以前也不一樣了。怎麼不一樣呢？因爲學生對政府處理「二・二八」的做法不滿，大家都很憤慨，覺得政府官員太過腐敗，太過胡來，這個政府還是不倒不行！學生當時就有這樣想。

## 組織台語劇社

**藍**：那麼，事件後，你就開始搞「台語劇」嗎？可不可以請你介紹「台語劇社」的成立過程和活動內容。

**蔡**：我記得，「台語戲劇社」正式成立是在一九四七年八月，由我擔任社長。當時我不但完全不會講「中國話」，而且連「台灣話」也還不太會講，只會講日語而已。

**藍**：「台灣話」也不會講？那要怎麼搞？

**蔡**：因爲，日據時代，我們如果說台語，是會被老師處罰的！那時侯，就是「終戰」那時侯，我們台灣青年就想，既然台灣已經回歸祖國，回到我們自己的國家了，我們就應該要會自己的語言才對。所以我們就開始學「台語」，因爲「台語」是我們的母語，一定要學的。後來，我就寫了一篇籌組「台語戲劇社」的文章，募集社員；沒想到，這個提議立即獲得熱烈的響應，到後來就有將近三百人響應，差不多是師院三分之一以上，快要到一半的人，都有來參加過這個戲劇社。這個戲劇社就這樣組織起來了，後來，也出去募到一些錢，開始公演。

那時候，我們抱著介紹祖國名劇的心情，演的第一齣戲就是曹禺的〈日出〉。但是，它有一幕是要從天花板吊一個小孩下來，在舞台技術上，我們還沒辦法演，所以我就把劇情稍微改編。當時，那個改編的經過，新聞也有刊登出來。（詳見頁二八四附錄一）後來，因爲〈日出〉的劇作家曹禺靠向那邊（共產黨），這個……哇！我想，這樣不行！因爲這樣，我擔心：大家再怎麼看都會認爲這齣戲是「左傾」的戲劇，那該怎麼辦？如果當局把我當作是共產黨來抓的話，我也沒辦法辯解啊！雖然演出當時這齣戲還沒有被禁，學校也還稱讚過我們；但是，因爲曹禺的政治態度，〈日出〉隨時都會有思想上的問題啊！我想一想，〈日出〉演完後，就決定選一個比較藝術性的戲來演。後來，我就把有島武郎一個有名的劇本〈口吃「又」之死〉改編爲〈阿T的死亡〉，一九四八年，在師大公演。

**藍：**你那個「台語劇社」不是還有演過德永直的〈沒有太陽的街〉嗎？

**蔡：**哦！〈沒有太陽的街〉就是曹禺的〈日出〉，改編以後，我把它取名叫做〈沒有太陽

# 寫在「天未亮」演出以前

（原劇曹禺「日出」改編）

朱 實

「天未亮」演出之前報導

（1949年1月15日《新生報》「橋」副刊第二〇一期。）

# 介紹「師院臺語戲劇社」

蕭金堆

1949年1月18日《新生報》「橋」副刊上關於師院台語劇社的介紹。

的街〉。

藍：喔，不是德永直的……。

蔡：不是。但是，那個題目是借他一篇小說的題目沒錯。

藍：其實是曹禺的劇本就是了。

蔡：對。

藍：〈日出〉改編後的劇名不是叫做〈天未亮〉嗎？

蔡：也有人這樣說。後來我們還有回去朴子重演。

藍：寒假嗎？

蔡：暑假。我回去朴子，組織朴子那裡的學生聯誼會，也是演這些戲。

藍：地方上的反應如何？

蔡：很好！那時侯也沒有電視可看，大家都擠著來看呢！我們演的水準算很高啦！不是演員自己隨便想隨便演的，比現在的電視演員要高很多……。

藍：寫實啦！你是原來就對戲劇有興趣嗎？

蔡：對對！原來我就都有在演啊。

藍：所以你在師院的時侯主要都是在搞這個劇團？

蔡：對！還有這個朴子學生聯誼會。另外，我搞這個戲劇社也不是只有演戲而已，同時，

# 談談鄉土文藝

葉德本

所謂鄉土色(LOCAL CLOUR)就是鄉土的特色，鄉土文藝就是以鄉土色為背景的文藝。在自然主義發展以前，鄉土文藝在文藝中占極小的部分，但是自然主義文藝發展以來，文藝潮流就由空想轉入現實，由主觀的態度变爲客觀的態度，比從前更重嚴肅，比前較重要看平凡，而且發揚藝術的藝術走向為人生的藝術，[illegible]文藝的生命與正確精神的。其作家所着眼描寫的人物不是空想的人物，而是活在這個世間的人物；所描寫的背景的土地，不是空想的土地，而是在我們住的土地。結果，自然主義採取個性的描寫，[illegible]作品的使命。鄉土文藝的發展也是根據這一點，因為一層更明朗的文藝家[illegible]個性[illegible]，[illegible]鄉色種地方的個性，文藝家不僅尋注東西的人的個性，並且還要注意描寫地方的個性。這個表現可說是到了十九世紀以來的現代人的獻進和鼓勵。我們知道托爾斯泰(TOLSTOY)、安迪生(ARDERSON)、都德(DAUDET)、蘇德曼(SUDERMANN)比倫遜(BJORNSON)等偉大的作家都以其故鄉為舞台。這就是他們最認識土地的個性，[illegible]故鄉的情感。我們還知道豪普特曼(HAUPTMAN)要寫「織工」的時候，因為他不大認識其地方的個性，所以費了半年到工人住處把現實其土地才寫作出來。

現在我們反省一下，我說過去五十年間的台灣文藝作品說起，有一個最明顯的特徵，就是一個作品都是以台灣為背景，以台灣人為主人翁，有濃厚的鄉土色彩。這個原因以其說是台灣的作家有強烈的民族意識，不如說是因為主義文藝的潮流使作家如此。我們出生在台灣，活在台灣，自然我們最認識的土地是台灣這個島。不以這個島為舞台，要拿那一個土地來當做舞台呢？作家們走向台灣鄉土文藝這條路是有因的。可是在過去五十年間我們沒有很有的台灣鄉土文藝作品，很遺憾，我們不能提有，但是這也不能怪誰，因為在日本統治時代的台灣的鄉土文藝[illegible]發展的。

第一：因日本當局不承認台灣的鄉土文藝是不可能的，凡是一種語言都有其獨特的氣氛(NUANCE)。日本語是不可能表達台灣特有的微妙的氣氛。多數在台灣人還有同樣的感覺。

第二：以東京為中心的日本文藝都是一種都市性的，沒有顧及到地方性的文藝。九州的鄉土文藝因為在戰後才被注重。要在台灣這個殖民地的鄉土文藝更可想而知了。現在台灣已經光復了，雖然推行國語的[illegible]，但沒有表現或發展台灣鄉土的政策，而且台灣鄉[illegible]不透。假如然而研究這兩種語言的關係，恐怕不久的將來，可以用國語來表現台灣的鄉土文藝，[illegible]了。現在使我們想起的是一個普遍錯誤觀念，很多人看台灣[illegible]鄉土文藝[illegible]文藝。這是對的，但是一般人以為這種文藝只能當作有價值的觀念是錯誤的。許多人想以台灣為背景的[illegible]只在台灣有價值，很難受中國各地的人之歡迎，這是很大的錯誤。你看！米勒(MILLET)所畫的圖是不是都是他的故鄉[illegible]的一小村克來而？他的「晚鐘」「拾穗人」……等等都是以這小村為背景，可是他的圖受全世界人的歡迎。比偏遠的作曲，比如「阿爾貝」「[illegible]」都充滿着其故鄉的情緒和地位。[illegible]作品其實沒有經過鄉土文藝的因子。依照頭，鄉土文藝在文藝界可以占一個相當的地位。我們應該重視鄉土文藝嗎？

原載1950年6月1日《鄉曲》創刊號。

我也在研究「台語」要怎麼表現的問題。爲此，台語戲劇社也曾召開關於「台語」表現法的座談會，討論用羅馬字，還是漢字，或是用漢字摻雜羅馬字來表現比較恰當。當時，楊逵先生也從台中上來，參與討論。也可以說，現在一些人在談的問題，我們當年已經討論、研究過了。可惜，沒多久「四・六事件」發生，「台語戲劇社」就解散了。

**藍**：是不是學校強迫解散的？

**蔡**：不是。嗯，不，也可以說是學校強迫解散的。反正，「四・六事件」以後，一切的社團就全部都沒有了。

**藍**：你們的團員有人被抓去嗎？

**蔡**：有啊！我們的團員差不多有七、八個被抓，也有好幾個被槍殺了。

**藍**：有什麼人？

**蔡**：什麼人啊，就是那些和李水井一起被槍殺的，像這個李水木、賴裕傳（蔡先生用日文發音），我們都是用日本話稱呼的，以外還有……。

**藍**：應該是陳水木吧？

**蔡**：嗯，對對對！陳水木。還有姓賴的，以外還有七八個。

**藍**：「四・六」當時不是還沒有人被槍決嗎？你說的這些人都是那時候被槍決的嗎？

蔡：對，都是槍殺死的。也有沒槍殺的，以後一直抓，不是說「四・六」爆發當時抓的，不是這樣而已，像這個陳水木也是以後抓的。「四・六」那天被抓去的人，大部分馬上就放出來。聽說只有名單上那六個人和幾個抵抗的人有罪；但是，那罪都不重。因爲那時侯「懲治叛亂條例」還沒有出來，再怎麼判都只有這樣而已。

## 細胞

藍：除了「台語劇社」的活動之外，就你所知，師院學生當時的思想狀況如何？

蔡：我在前面說過，學生覺得這個政府太過亂來，不倒不行！學生就有用自己的力量盡快把它推翻的心情。剛好，大陸上「共匪」共產黨也在亂；那時侯，師院也有這個共產黨的學生一直插班進來，一直進來；那這裡面當然有共產黨員。

藍：你怎麼知道哪些學生是共產黨員？

蔡：那時侯他們（大陸學生）要來，要不是國民黨的不能來；但是，共產黨員就假裝做國民黨員（雙重黨籍的人）來。這些人來了以後就吸收其他學生，加入共產黨。我認爲，那些被吸收的學生眞的贊成馬克思主義的人，實在是很少數；如果有，那些人也只不過是讀過一本小小的、印沒幾張的東西。所以，不會說這樣而已，他就可以爲了那個主義犧牲，不會這樣。大部分的人都是因爲對政府不滿，這種不滿在「二・二八」之後增

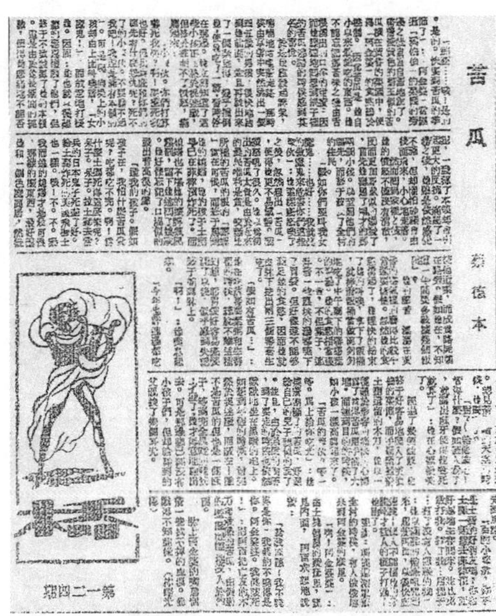

苦瓜

蔡德本

第一二四期

原載《新生報》「橋」副刊第124期。

喫酒

蔡德本

原載「橋」副刊第133期。

加很快，所以，只要共產黨員一來吸收，一下子就被吸收過去。因此，許多純情有正義感的學生，就這樣有人吸收他就去，一直加入共產黨。那麼，他們吸收人的方法是先讓你看這個毛澤東寫的〈新民主主義論〉。你看完後，他再過來問你：這本書讀得怎麼樣？如果你說，哦！讀了不錯哦！這樣，他才開始給你吸收。一般說來，看過那些書的人，十個有九個都會贊成，他就給你吸收進去，然後，差不多三個或四個人作一個細胞，再去吸收其他人；但是被吸收的人互相不知道，只有同一個細胞的那三四個人，在會議的時候會在一起。當時，它一開始到學校裡面吸收人的時侯，哦！大家，一直有興趣的人就很多啦！雖然互相不知道誰是誰不是？但是，加入共產黨的人的確不少。

## 同鄉李水井

**藍**：你怎麼曉得？你有被吸收過嗎？

**蔡**：那時侯，和我住同一間的李水井，就是做頭的……。

**藍**：他也是師院的學生嗎？

**蔡**：不是，他年紀比較大。

**藍**：那他怎麼會和你住同一間？

蔡：他是建國中學的老師。

藍：喔，建中的老師。

蔡：我哥哥也是建國中學的老師，他們兩個人同一間宿舍，那時候宿舍不夠。

藍：所以你們都住一起？

蔡：我和他住同間，實在是……對我反而好。

藍：怎麼說呢？

匪諜十一名昨伏法

李水井等參加匪幫活動

黃師廉等企圖建立武裝組織

李水井領導的「學委」案，一共11人被執行槍決的消息，刊載1950年11月30日的日報上。

蔡：有一回，有個也是「台語劇社」的英語科同學陳水木（我知道他有關係啦），他在那個武裝基地撿到李水井的皮包，他知道我和李水井住在一起，就叫我拿去還他；結果，我拿去給李水井時，他嚇了一跳嘛。

藍：你說的那個武裝基地在哪裡？

蔡：那時候，「二•二八」的時候，「四•六」還沒有發生的時候，李水井在台北縣有兩三處武裝基地，陳水木也跑到武裝基地。

藍：還有，你說李水井嚇一跳是什麼意思？

蔡：我想，李水井可能想說，我怎麼和陳水木有關係他卻不知道？

藍：你的意思是陳水木也有加入，但是他沒有吸收你？

蔡：對對，他可能是想說，我和李水井住在一起，應該已經有加入了。

藍：所以才放心把皮包交給你還李水井嗎？

蔡：我當時也想說：「奇怪！怎麼李水井沒有吸收我？」我想，他可能認爲陳水木已經吸收我了。但是，陳水木可能也想說，我那時候應該已經加入了，因爲我和李水井住在一起啊！就因爲這樣，他們兩個都沒有來吸收我，我反而撿到一條性命。如果那時候他們來吸收我，我一定開始躲。

藍：你所知道的李水井這個人怎麼樣？

蔡：這個人喔，他是朴子人，去日本讀一個商業學校。他確實是抗日的！日本在抓抗日分子的時候，他就經由朝鮮逃到滿州，後來一直到重慶，跟國民政府。他從那邊回來台灣的時候就已經加入共產黨了。

藍：喔，回來之前就加入了？他不是跑去重慶嗎？

蔡：蔡孝乾再過來就是他。蔡孝乾最大，再下來就是他。

藍：他是「學委」的頭？

蔡：對，所以這個「學委案」的起頭人，就是這樣來的。

## 李水井檔案

關於李水井，「安全局機密文件」所記載的檔案大致如此：

李水井，槍決時三十一歲，台南縣人，日本山口商專畢業。一九四七年五月，任教於台北開南商職學校，由「台灣省工作委員會」幹部王某吸收，參加「匪黨組織」，受王領導。旋轉介紹教員黃師廉、鄭澤雄及林迺智等，組成「北市中學教員支部」，自任書記，秘密從事學運活動。歷數月後，擴充為兩個支部，陞任該兩支部負責人。一九五〇年夏間，其上級領導人潛返大陸後，接替領導：「北市中學教員」兩個支部、「蘭陽支部」、台北「鐵路支部」、「街頭支部」暨「台大校本部支部」、「法商學院支部」等。最後又將「學委」楊廷椅所屬之「師院支部」、「台大醫、法、工各院支部」及「學委」陳水木所屬之「新竹」、「台中」、「嘉義」、「台南」、「高雄」五個支部，合組為「學生工作委員會」，仍隸「台灣省工作委員會」系統，藉以加強學運工作。平日利用各學校學生自治會、學聯會、讀書研究會、歌劇團等，展開「合法」及「非法」之秘密鬥爭。

「學生工作委員會」總機構設於台北市，下屬組織遍及全省各地。主要幹部多出自台大及師院學生，曾計劃籌建「武裝小組」。一九五〇年五月十日，李水井首先於嘉義被捕，楊廷椅、陳水木也先後被捕。十一月二十九日，李水井、楊廷椅、陳水木及同案，一共十一人，槍決。

## 四・六前後

**藍**：蔡先生，接著請你談談你所知道的所謂「四・六事件」的過程。

**蔡**：那時候，剛好大陸那邊有學潮，我們台灣的學生也一直說，大陸學生這樣是正義的表現，我們大家也應該有更進一步的表現，光是沉默是不行的！所以，那時侯，學校裡面就成立了很多課外活動的團體；通常，這些社團主辦人主要也是從大陸來的。我認爲，那些人大部分都已經加入共產黨了。

**藍**：你怎麼知道呢？

**蔡**：那時侯，他們已經都加入了，而且也一直在吸收人。我雖然組織一個「台語戲劇社」，但是，我並沒加入啦！那麼，這些社團的活動一直很活躍，經常會在學校貼一些批評政府的大字報。所以，起先政府也會怕學生呢！學生要是有什麼，就會一大群人去圍教育廳；教育廳也都按照學生的意思去做啦！因爲學生的力量一直大起來，政府也很怕啦！就在那時候，有個師院學生騎腳踏車載了另一個學生，卻被警察抓去；有學生回來通報，大家就認爲警察不對！大家擔心如果這樣下去，恐怕我們就要變成警察國家。所以，學生就要先反對這些警察，不讓警察的力量大起來，所以就有圍這個……啊！以後也有舉行遊行。遊行那時候，實在這個警察的事情已經沒什麼了啦！口號就變成什麼「不要警察國家」、「反飢餓」啦！那時候，學生雖然有公費，但是不太夠生活；當那些口號喊出來的時候，事情就變得很大、很嚴重了（像「二・二八」從賣煙的事情擴大一樣）。當時，學生在遊行的時侯，民衆也都站在路邊支持；那學生的氣勢就更大了。因爲這樣，政府就受驚了，怕說要是台灣也像大陸發生學潮，那就很慘！所以，它就計畫要怎麼來對付學生。

**藍：**你剛剛說的是由所謂「單車雙載事件」擴大的三月遊行。我想確認一下，你所說的是聽來的還是在現場看到的？

**蔡：**我在朴子演戲的時候（一九四七年暑假），朴子的警察局就已經向學校報告了，報告說，我這個人在那裡演戲，怎樣怎樣之類的。後來，一個叫做黃肅秋的國文教授，他也是共產黨人，就偷偷告訴我說，警察局已經在注意我，叫我不要出去遊行。

# 創作月刊目錄

第一卷第三·四期合刊

中華民國三十七年七月一日



**創作月刊社編輯部啓事**

敬啓者：本刊遵照節約用紙限制，自一卷三期起縮減篇幅，故將三四兩期合併出刊，敬希鑒諒。此啓

黃肅秋（林莽）在《創作》月刊的作品

藍：叫你注意就是了。

蔡：對對，所以這個遊行我沒有露面，但我還是有出去啊，只是沒有在那裡帶頭，也沒有被照到相，所以後來才沒有事。喔！這眞的很危險。

藍：遊行之後，就是「三・二九」的營火晚會；你了解現場的情況嗎？

蔡：營火晚會是在那時的法商學院操場舉行的。那天晚上，學生都聚集起來，主要是師院和台大法商學院的學生，台大其他學院的學生比較少；台南工學院也有派學生代表來參加。那天晚上，學生一直嚷著「反對警察國家」那類的口號，氣勢很大；在那邊看的政府特務被嚇到了，就說這個不抓不行！沒多久，四月初六，它就來圍師院宿舍，要抓這些大學生。除了師院，台大也圍，但台大是少數。那些軍隊包圍師院第二（一）宿舍的時候，它實在是只要抓六個學生而已啦！學生只要把這六個人交出來就好。那六個人就是：周愼源、朱實，一個姓莊的，一個姓宋的，五、六個。但是，學生沒有交出這些人。當時，學生已經覺悟了，說要去大家一起去！學生和軍隊就這樣對峙了很久。到了差不多早上八、九點，軍隊就打破窗子，衝進宿舍；衝進去以後，就一個一個一直打，一直抓，下來就打，下來就抓。就這樣，整個第二（一）宿舍的學生統統被抓到現在的中正紀念堂。當時，那裡有個軍隊。抓到那裡後，再叫學生家長來保釋。交保的時候就問那學生說：「你們這樣有沒有做錯事？」認錯的人才被放回去。

大約四、五天到一個禮拜後，這些學生差不多都回去了。

藍：這整個過程你都有在現場嗎？

蔡：那天我剛好沒住在宿舍，但是第二天早上我去學校的時候，正好看到士兵在包圍宿舍，差不多八九點的時候，情況就是這樣；可能是八九點？學生也還在裡面抵抗，我也有看到一輛很簡單的坦克車停在那裡。

藍：所以你也沒有被抓去？

蔡：我沒被抓去。

藍：那你剛才講的都是後來聽人家講的？

蔡：對。後來聽人家講的，但是，你現在要找那些人也還在。

藍：是在現場的人嗎？

蔡：對，他們是有被關的。

藍：這就是你所知道的「四・六」現場？

蔡：對，我所看到的「四・六事件」。

## 關於周愼源

藍：那麼，周愼源呢？他的情況你了解多少？

蔡：他們頭一個要抓的學生就是周愼源。周愼源也可以說是朴子人，他是水上人但是住在朴子，當時他是師院的自治會會長。他出來競選自治會會長時，對手是一個外省學生。那時候，自治會是內閣制。

藍：喔，內閣制。

蔡：我也是周愼源的內閣之一，叫做康樂部長；競選的時候，這些部長的名字都要寫出來，康樂部長是誰……等等，讓大家一起選。他會叫我出來就是因爲我們「台語戲劇社」的票很多嘛！還有就是，他和我也滿熟的。

藍：你所知道的周愼源是怎樣的一個人？

蔡：這個人啊，這個人也是很純直的，很有正義感，他比較早被吸收去，吸收去加入共產黨，但是吸收他的人是不是李水井？這我不太知道。說不定是，因爲李水井已經當頭了；說不定不是李水井直接吸收他的，因爲李水井和周愼源那時候還不很熟。

藍：就我所知，他們加入「共產黨」的組織不是都很秘密的嗎？那你怎麼知道他有參加？是因爲他的言行舉止嗎？

蔡：對。那時候周慎源在學校還不是說很有名，是那些已經加入的人把他扶上來，扶上來讓他做自治會會長。當時和周慎源一起競選的還有一個人，其實，現在想起來，他們兩個人都已經有加入了。

藍：另外一個是誰？

蔡：另外那個叫何起明還是方啓明？

藍：我不曾聽過，本省人嗎？

蔡：不是，外省人，所以他的內閣全部都是外省人。當時，師院的學生還是本省人較多，雖然大家沒有省籍的情結，但是，選舉結果，周慎源的票卻多了很多。周慎源當選自治會會長以後，這些遊行也是他主導的，營火會也是他，他是帶頭的。

藍：所以國民黨要抓就先抓他？

蔡：對，先要抓他，還有自治會的幾個幹部也要抓。我很幸運！

藍：可不可以請你多說一些，你所知道的周慎源在學校的活動，還有各方面的……

蔡：這個周慎源可能是想我已經有加入了。

藍：所以他沒有把你…

蔡：既沒有吸收，也沒有怎樣。「四•六事年」要發生的前幾個月，政府就已經要抓周慎源了，只有要抓他而已，其他的學生還沒有說要抓。因此，周慎源還有一個戲劇性的遭遇……。

藍：是爲了什麼事情？

蔡：因爲他是自治會的會長，他的言論也是反政府的，極力的反政府；政府雖然還不一定知道他是共產黨的人，但是仍然要抓他。那特務要來抓他的時候，也是來師院的第二（二）宿舍，他們抓住他，把他銬住，然後兩個特務分別坐三輪車旁邊（這三輪車雖然是有比較大台，坐三個人還是有點擠），從師院一直走，一直走到快要到青島東路，經過台大法學院學生宿舍（剛好在台大醫學院的旁邊）的時候，周愼源就衝出來，大喊救命說：「我是周愼源，特務要來抓我了……。」那些學生聽到以後就衝過來救他，兩個特務跑掉，周愼源才又平安回來宿舍。

藍：你說這是「四・六」之前幾個月？

蔡：嗯，幾個月，差不多二個多月喔。

藍：你這個說法和我聽到的不一樣，因爲我聽說的是四月初五，四月初五的黃昏，你所說的這件事應該是四月初五發生的。

蔡：不是，還要更早。

藍：所以，這件事變成好像羅生門一樣。我以前所聽到的是四月初五，讓他跑掉了，又回來師範學院。

蔡：四月初五？

藍：對，讓他跑了，又回來師院，在那裡開會，國民黨說……

蔡：明天還要去抓？

藍：馬上就動手了。

蔡：我看沒有我說的那麼早啦！要晚一點也說不定啦！但是可能不是前一天啦。

藍：所以這已經變成傳奇了。

蔡：因爲他沒有被抓到以後，我還有和別人談論他這件事，說還好沒抓到！所以是更早啦。

藍：因爲周愼源本人不在了，關於他的故事，很多都變做傳奇了。

蔡：對。那時宿舍後面剛好有條小溪，現在大家也在講，「四・六」那天，他是游過宿舍逃走的。

藍：那都是傳說啦！

蔡：對，我看是游不過去的啦！因爲溪那邊也有站衛兵，而且溪水也是髒兮兮的，他不可能一直閉氣藏在水裡。其實，那天他好像是去廚房躲起來，可能就是那些煮飯的讓他躲在那裡，等事情過後才出來逃走的。

藍：他逃走以後你有沒有聽到他的消息？

蔡：我聽說，他後來就跑去武裝基地；武裝基地那是……在桃園台北縣那一帶吧！

藍：據我所知是一個叫十三份的山村，其實也沒有什麼武裝。

蔡：十三份？有可能。

藍：同時在那裡的還有一個叫做簡國賢的劇作家。簡國賢你應該認識嘛！〈壁〉的編劇。

蔡：喔！那個劇作家，他被槍殺了，我知道這個人。

藍：你有聽到他最後的下落嗎？

蔡：我聽說，他後來從那個武裝基地出來，出來要去桃園啦！他要來桃園的時候，特務就在路上等啦！但是周愼源不知道。等到周愼源出現的時候，特務就叫他投降說：「來來來！你被包圍了。」周愼源不肯投降，他有帶槍，馬上就朝特務開槍。這是我在裡面的時候，聽到一個去包圍的特務講的。

藍：在牢裡？

蔡：對。我後來也被叫進去。那個特務跟我講說：「他媽的！那個周愼源，我們一叫他，馬上就打過來……」結果他就當場被打死在路上。這個說法是去包圍他的特務講的，所以是可以相信的。

## 牽連入獄十三個月

藍：後來你是怎麼被捕的？

蔡：我是從美國回來才被抓的。

藍：你什麼時候去美國？

蔡：一九五三年，我任教三年後，有一個機會到美國公費留學一年。要去美國之前，他有調查，哇，那調查得很清楚，可是也都沒事了啊！

藍：你的意思是說，他們調查過，但是都沒事。所以，你就去美國。

蔡：對，在學校的時候，我做事情也是很慎重啦！那時候，「台語戲劇社」要張貼海報，我都會先拿去訓導處登記許可；當時的訓導處是學生說怎樣就怎樣，不太敢管啦！它的許可印章就放在桌上，說是訓導處許可，其實自己拿了印章就蓋。但是，我這種做法，戲劇社也有人批評說，何必那麼軟弱！他的意思是不用去理訓導處啦！可是，我覺得還是要這樣做比較妥當啦！所以，這也是我後來調查沒事的主要原因。沒想到，一九五四年九月，我從美國回來，繼續在東石中學服務；十月三日，就被抓了。

藍：那時候，那些和你有關的人，像是李水井、陳水木……這些人，不是都已經被槍決了嗎！他們還抓你幹什麼？

蔡：我後來會出事是因爲牽連張璧坤和葉城松的案子。

## 葉城松、張璧坤檔案

關於葉城松和張璧坤，在「安全局機密文件」的檔案裡頭稱作「匪台灣省工委會台大法學院支部葉城松等叛亂案」。文件指稱：

葉城松於一九四七年十月間，由「奸匪」李登輝介紹參加「匪幫」，受楊「匪」廷椅領導，擔任「台大法學院支部書記」。一九四九年十月間，因同黨分子被捕，即「畏懼潛逃」。在逃亡期間，直接與「匪幹」陳水木聯絡。迄一九五〇年四月間，因聯絡中斷，停止活動。

張璧坤係一九四八年十月間由鄭文峰介紹參加。先後受鄭文峰葉城松領導。當葉城松逃亡時，繼任「台大法學院支部書記」。一九五〇年五月李水井被捕，他也開始逃亡。

一九五四年二月八日，嘉義縣警察局根據女線民張敏子的報告，在嘉義市東市場內逮捕張璧坤，並循供陸續逮捕葉城松等人。一九五五年四月二十九日，葉城松張璧坤及同案，一共五人，槍決。

◎◎

# 匪台灣省工委會台大法學院支部葉城松等叛亂案

| 偵破時間 | 四十三年二月八日 |
|---|---|
| 地點 | 嘉義縣 |

**匪諜及處理情形**

| 姓名 | 年齡 | 籍貫 | 處刑 | 姓名 | 年齡 | 籍貫 | 處刑 | 姓名 | 年齡 | 籍貫 | 處刑 |
|---|---|---|---|---|---|---|---|---|---|---|---|
| 葉城松 | 卅一 | 嘉義 | 死刑 | 李顯章 | 卅八 | 台南 | 刑十年 | 黃頂 | 四一 | 嘉義 | 刑七年 |
| 張璧坤 | 三十 | 嘉義 | 死刑 | 鍾茂春 | 卅四 | 台南 | 刑十年 | 黃青松 | 廿七 | 嘉義 | 刑五年 |
| 胡滄霖 | 卅一 | 台南 | 死刑 | 池仁致 | 卅三 | 台南 | 刑十年 | 吳長流 | 六四 | 嘉義 | 刑二年 |
| 賴正亮 | 卅一 | 台南 | 死刑 | 李顯玉 | 廿八 | 台南 | 刑十年 | | | | |
| 吳玉成 | 廿六 | 台南 | 死刑 | 王新德 | 廿一 | 台南 | 刑十年 | | | | |
| 蔡耀景 | 卅五 | 嘉義 | 無期徒刑 | 黃其德 | 六十 | 嘉義 | 刑十年 | | | | |

| 判決文號及日期 | 死刑執行日期 |
|---|---|
| 奉國防部四十四年四廿五日（44）理琦字第一一六五號暨四十五年九月四日（45）典乘字第一七四四號令核定。 | 四十四年四月廿九日 |

**案情摘要**

葉城松於卅六年十月間，由奸匪李登輝介紹參加匪黨，受楊匪廷椅領導，担任台大法學院支部書記。先後吸收郭正堂，許昭然，柯耀南等加入，積極發展組織。卅八年十月間，其同黨份子林榮勳，詹昭光等在高雄被捕，即畏懼潛逃。在逃亡期間，曾接受並教育徐匪懋德張匪璧坤二人移交關係份子黃恩㢜，賴正亮，吳玉成、鄭文峯、胡滄霖、梁良齊、張景川等人，直接與匪幹陳水木聯絡。迄卅九年四月間，因聯絡中斷，停止活動。張璧坤係卅七年十月間由鄭文峯介紹參加。先後受鄭文峯葉城松領導。至葉匪逃亡時，即由其繼任該法學院支部書記，改由徐懋德領導。卅九年二月間徐匪逃同大陸。由李匪水井繼續領導其工作。同年五月李匪被捕，即開始逃亡。先後吸收周愼源，黃嘉烈、李炎輝、張英杰、歐振隆、洪金盛、吳崇慈等參加組織。胡滄霖，賴正亮，吳玉成等係卅九年間由王匪耀勳介紹加入。由組織移交葉匪城松領導。胡賴二匪並曾掩護另案奸匪王耀東劉光典二人逃亡。蔡耀景係卅八年初由李匪水井吸收參加。至李顯章，李顯玉，鍾茂春，王新德，池仁致等，因受胡匪滄霖宣傳，或接閱反動書刊，或隱匿匪諜，或明知其為叛徒而不檢舉。案經台灣省警務處刑警總隊協同嘉義縣警察局偵破，解送保安司令部審辦。

葉城松案的官方檔案。

蔡：其實，早在李水井的「學委案」出事的時候，情治單位就要抓他們兩個了。你知道是怎樣嗎？因爲這個周慎源是師院這邊的自治會會長，而這葉城松是台大法商學院的自治會會長，張璧坤則可以說是副會長啦！他們兩個很要好，平常都在一起，也一起加入。

藍：你是說周慎源和葉城松？還是葉城松和張璧坤？

蔡：葉城松和張璧坤。在法商學院舉行的營火會，葉城松還是現場總指揮呢！那時候，就是他說：我們來組織一個台灣的學生聯盟；大家不但同意，而且提議由他來做聯盟的會長。我好像也有這樣推薦他。後來，這個學生聯盟好像是有成立，又像是沒成立？不久，「四・六事件」就發生了。那時候，他們就要抓葉城松了。我在美國的期間，張璧坤先被抓到，那葉城松也同時被抓到。

藍：所以，你也牽連進去？

蔡：對。

藍：你跟他們有什麼關係？

蔡：我跟葉城松沒什麼關係，主要是跟張璧坤同鄉。他被抓以後，大概是因爲有一個「自新」辦法出來，他除了把自己的事情全部交代，還要他交代其他人，他就可能提到我說：「可能還有一個餘黨——蔡德本……」還是……因爲他這樣說，所以……。

藍：你怎麼知道他說這種話？你們有對質過嗎？

蔡：沒有。從他們問話的內容，我就知道……。

藍：你從那個問話的內容推測的？

蔡：對，我可以知道，因爲我有一直追問。他們也有去問張璧坤，他爲什麼會認定蔡德本？他就說，他有在我家裡看到毛澤東的書。而毛澤東的書就是他們用來吸收人的工具。有沒有讀毛澤東的書不是重點，關鍵是有沒有參加「組織」！但是，事實上，他並沒有拿那本書給我啦！……後來，他也有講說他是胡亂說的。

藍：張璧坤自己告訴你嗎？那他先前可能是被刑得受不了吧！

蔡：不是。我被叫進去差不多一年後，他又告訴特務的。因爲他有再這樣說，所以我才沒事，才可以出來。要不然，一般「感訓」至少也要三年。

藍：那你一共關了幾年？

蔡：我才十三個月而已。一九五四年十月三日被捕，一九五五年十一月二日釋放回家。

藍：十三個月。所以，跟其他人比起來，你也算是比較幸運的了。在那個恐怖時代。

蔡：是啊！跟其他人比起來，我好像撿到好幾條性命。像那個包圍警察局的遊行，要不是老師跟我說，可能也會被照到相，就「去」了！再不然，我和李水井曾經住在一起，雖然沒被他吸收，但是只要他被刑的時候提到我，我也一定會「去」！再說，戲劇社要是演得有什麼差池，也會像簡國賢一樣（槍決）。總之，在那樣的時代，「去」的機會很多啦！

**藍**：在那個時代。

**蔡**：白色恐怖時代的恐怖就是說，無論你有沒有做什麼事情，都有這個危險。只要你有親戚、朋友被抓到裡面，他說到你，你就會進去了。進去以後，一刑下去，沒有也變有啦！

採訪時間：一九九七年三月二十七日
採訪地點：台南市蔡宅

【附錄一】

# 關於《天未亮》改編

（原劇曹禺〈日出〉）

蔡德本

演員十名左右，舞臺同景，在此限制下改編〈日出〉的就是：「天未亮」。現在，我想把改編的地方拿出來和愛好劇運的人士討論一下。演員既然限於十名左右，所以免不了或多或少的變動。其重要的變動如下：

一、演員限於後面八名，除了福升以外皆不用配角

陳白露、方達生、張喬治、潘月亭、李石清、李太太、黃省三、福升。

二、小東西不上臺

可愛的小東西不上臺，這可能使這個戲失去相當大的效果。可是假如要強調她的存在意義時，我們非演第三幕不可，但演第三幕就要犯了限制。在此限制下我可以提出兩個意見。

（一）冒著偶然性的弊端，不妨加些誇張而強調她的存在意義，在第一幕及改編的第三幕使她出現怎麼樣？

（二）容認（忍）戲劇構成上的不安定，使她只出現於第一幕怎麼樣？

三、喬治與金八併爲一個人

金八原來不上臺，但是與月亭有著離不開的利害關係。喬治雖與月亭沒有什麼特別要強調的關係，但是為了要使白露的性格、生活更明瞭需要使他常常上臺。十名演員的戲劇不准許這種偏於一方的演員。假如准許，就不能得到完全圓滿的結束，而且恐怕會使觀衆的注意散慢（漫）。雖然由這兩個人的性格不能摘出共同點，但是由喬治的一半性格和金八的一半性格形成另一種性格的人，卻普遍地存在於臺灣。

四、方達生的性格

〈日出〉中演員的性格最生問題的就是方達生這個人。改編者使他的軟弱性格加了一點硬性。所以選用與原本有些不同的語氣。不知道有發生矛盾沒有。

五、福升不活動

假如使福升活動，恐怕不僅會使這個戲愈複雜，更會使這個戲的中心點不明瞭。

演員這樣的變動，遂引起了戲劇構成上的更改，其重要的地方如下。

一、削除第三幕

第三幕是曹禺最下工夫寫的場面。他再三再四說，假如要演〈日出〉，不可抹殺這一幕。因此我考慮了不少的時間，又有時決心放棄改編的嘗試。但是我想，假如現在曹禺有修改他的〈日出〉的機會，他一定會把第三幕大大的加予修改。以下的幾點原因，我分析如下。

（一）假如演第三幕，舞臺不能換景，演員不能限制十名左右，使改編的思義全部去掉。

（二）第三幕其實沒有原作者所想的那樣重要性，不過致力暴露黑暗的世界而已。出場人物均不至

關于『天未亮』改編

蔡德本

因有這一幕而更明瞭他們的性格，而且事件的發展也不因沒有這一幕而被阻礙。

（三）第三幕過於深刻，在臺灣很難使單純的觀衆了解。因爲刪除第三幕，所以觀衆不知道黃省三的自殺，因此在改編的第三幕借白露的看法來表示。

二、第一幕沒有什麼變動，第二幕強調黃省三的悲慘爲這一幕的中心。

三、第四幕分爲三、四兩幕。因爲原作的第四幕要強調的事件不少，所以在第三幕先解決李石清。李石清與黃省三的對話爲這一幕的中心點，而遂以李石清的悲慘來結束這一幕。

四、我使喬治、月亭的性格這樣發展下去。不知道喬治月亭的性格這樣發展下去是否妥當，白露的自殺原因改編者不能探究清楚，全部遵守原作。

總之這樣的改編會引起許多的問題，也會留下許多討論的餘地，希望各位指教。

最後請曹禺先生原諒這種不客氣的改編。

原載九四九年一月十五日《新生報》橋副刊

**【附錄二】**

# 〈天未亮〉演出座談會

歌雷等

**時　間：**（一九四九年）一月十八日下午七時

**地　點：**省立師範學院新宿舍

**出席者：**歌雷先生（新生報副刊主編）

鄭嬰先生（師範學院教授）

龍瑛宗先生（本省文學家）

陳雲程先生（師範學院）

蔡德本（「天未亮」導演）

林曙光，鄭鴻溪，涂麗生，黃昆彬，朱實，宋世雄，陳雪卿，宋承治，

林伯元，曾木樹（以上均係師院學生）

**記　錄：**朱實，宋承治（記錄未經發言人看過，如有漏遺錯誤，由記錄的人負責）

**歌　雷：**〈天未亮〉的改編演出與其他的劇本改編有所不同，需適合學校場所又需適合臺灣環境。關於曹禺的劇本，他的內容都是以個人出發，主體看重在個人對於社會不滿的暴露，而不是以題材出發，所以其基礎是相當脆弱的，他因為看重技巧，因而特別發展個性，而在整

個劇情方面是不是成立一種偶然性或必然性就似乎忽視了。〈日出〉是描劃一個沉淪下去的社會，和暗示著新社會的產生。這次改編時刪除了部分重要的角色，如小東西，她是代表社會上被壓迫的一群人，無形中減少了一種暗示著的黑暗勢力，是不是由此而會影響全劇的氣氛？因爲曹禺的劇中特別注重技巧，所以我懷疑改編時是否注意到這一點。

演出方面：（一）舞臺深度不夠，以致佈景受到限制，但是在今天物質條件的缺乏下，演出如此劇本，實在不容易。（二）我們感到導演似乎對人家所已獲得的經驗忽略掉了，如內景及燈光方面，燈光的強弱配置沒有，這恐怕是受了物質條件的限制。導演在演員的位置也佈得太呆板，演員固定在同一點的時間多活動性太少。在道具方面，對於高低潮時因舞臺內物件分佈得不勻，所以妨害了演員的動作。以後

「天未亮」演出座談會

原載《橋》副刊第203期

要注意演員的分配，舞臺的佈置勻整以及演員的動作活動性這三方面。不過我們要了解這一點，在一個短時間內把這麼一個難以上演的劇本改編成臺語演出實在不是一件容易的事情。尤其因爲臺灣觀衆受改良劇的影響，所以用臺語演出時，會使他們聯想到改良劇，而改良劇與話劇不同的地方就在話劇是一種綜合的藝術，它是集體的，若一點不足，會使全劇失敗。所以在臺語的演出方面重要的要努力使觀衆對臺語劇有一種新的估價，新的認識。我因不懂臺語，所以不敢另外多批評。

**鄭　嬰**：我們都是愛好戲劇的朋友，我對臺語不十分了解；又因來到臺灣時間很短，見面機會可說沒有，今天來參加這個會，我深感相見已晚。對於諸位這次努力的精神我相當欽佩。當我在看到各位在演出前的海報時，我感到很驚奇，想不到在一星期內來上演一個如此不容易演的戲，而且又用臺語改編後演出，一方面又使我擔心，也許會遭到全部失敗，因此很想看。但是因爲我不懂臺語，所以有許多地方不能批評，現在只把我想到的提出來供大家研究。

曹禺的〈雷雨〉、〈日出〉和〈原野〉原是他早期的作品，當時在清華大學，張駿祥是比較對戲劇有普遍研究的，而萬家寶則喜歡看劇本，同時也注意到地方戲與京戲。因爲曹禺（即萬家寶，曹禺爲筆名）那時候只注重劇本，對戲劇的技巧方面就比較少關心。後來張駿祥考取留洋出國，曹禺未曾考取，所以埋頭努力寫了一本〈雷雨〉，大家催促他在天津〈大公報〉發表，好在他自己當時並不滿意，〈日出〉隨著〈雷雨〉以後寫成，也是不大成熟的，這兩個劇本寫得都很細膩、精緻，可是太受外國劇的影響，西洋的氣氛很濃厚，所以，它的中心意思（識）就比較差了。他的劇本多含有一種神祕主義與理想主義的色彩，所以缺少現實的成份，這是一般的批評。曹禺此後很怕再寫，他常常摸索著想尋求一條新的路來。但是一般人所以對他的劇本發生好感，是由於他劇本的技巧方面細膩精緻，由此增加了啓示的力量。我們多看了西洋的戲劇文學，會發現他的劇本中帶有模仿的意味，這其實也是他的好處，因爲他在技巧上得到了成功。所以這點我很同意剛才歌雷先生的意見。曹禺的劇本原是不容易改編和演得恰當的。我們將一部劇本加以縮影比創作更難。我剛才已說過他的作品的優點在技巧上的細膩精緻，所以改編者常常捉摸不到他的理想。〈雷雨〉和〈日出〉充滿著理想主義的色彩，所以不大切合中國現實的情形，這是一般演員所應注意的地方。他隔了很久的時間才寫〈蛻變〉，在寫這本戲前，他旅行了很久，跑了不少的地方，仔細觀察各種人物的典型，化了許多勞苦，因此〈蛻變〉是比較自滿的一部劇本。往後他計劃寫一本〈橋〉但是沒有結果。最近寫了一部電影劇〈艷陽天〉，我想如能將這部劇加以改編演出成果必定更好。所以我認爲這次改編沒有多加考慮，改編是否可能，應爭取那一些重點，實在沒有拉住。所以這次我看〈天未亮〉時，好像覺得根本沒有〈日出〉的靈魂在裡面。這種改變的確增加了演出的困難。這過錯不在演員，而是事先走錯了路，所以我們可以原諒，這種精神和努力不是浪費的。

演出方面，因我不懂臺語，許多方面不能說，一般來講，我們還缺少最低限度的舞臺智識，如把白露擱在舞臺左面破壞了舞臺氣氛，使她冷落，因此她常常把身體左右擺動極不安定。其次談到舞臺，舞臺面太平，不像油畫場面，透視面很薄，而〈日出〉的場面應該是很濃厚的，引起了呆板的感覺。

第三，不管用臺語、外國語或普通話，總之，一句話的聲調必須特別注意，語氣缺少變化使氣氛提不起來，假如動作一切都好，但話的聲調沒有變換，力量就發不出來，這是舞臺基本修養差一點的緣故。我們應該如何努力把聲調的抑揚強弱表現出來才好，因爲若能把氣氛表演出來，即使不懂臺語，觀衆就也可以理解。例如「太陽出來了，太陽出來了……」，這句話就太平淡，使觀衆未免迷惑。

在今後我們應該做的是地方色彩的東西，如歌謠，自己來編，不必改變外來東西，因爲對象是地方人，要使他們能容易了解，必須盡量符合地方風情。我們今後要發掘歌謠同時使之與地方劇配合。民歌中可以找得出民間社會的眞實情形，從民歌發展，改編小的劇本，使得慢慢轉變地方劇的風氣，我們應該注意怎樣使臺語劇有力量，這個必須把地方性表現出來。我熱誠希望各位向新的道路走，得到成功。

**龍瑛宗：**改編劇本方面，需要注意臺灣的客觀環境。因爲臺灣的社會有些地方不盡類同國內。〈日出〉可說是由中國的社會產生的於是把它搬到臺灣來，民衆也許不易完全了解。有些地方不大自然，如黃省三的自殺有必然性，但白露的自殺是沒有必然性的，他沒有獨立能力所以做資本家的玩具，他不必因潘經理等人的死而自殺，因爲他並沒有眞正的愛情，只愛錢，所以這個自殺是偶然性的。同時演出時的臺詞文言句過多，應當多用方言，女演員應多訓練，性格表現不夠，我們必須設法使體會劇裡典型的人物，在舞臺上使他重演才好。今後的出路問題應取材於臺灣現實問題，並且要有普遍性的東西，如有島武郎的「とも又の死」。以戲劇教育民衆，此後應著重這一點。

**陳雲程**：臺語戲的發展要特別著重於地方色彩的形式，如河南歌謠「王大娘補缸」的這種表演。〈天未亮〉各個人的努力都好，但彼此沒有關連，可說是演白露的失敗所形成的。黃省三表現的姿態不應過度哀苦。白露的自殺是不應該的，他沒有這個必然性。表現資本家翻弄女性，應從台灣社會找出材料來。還有台詞說的時候沒有音調變化。今後我希望發掘民間文學發揚地方色彩。

**林曙光**：曹禺的〈日出〉第三幕小東西的刪除是因爲無法找到演員的緣故，台灣受了過去長久的封建傳統的影響，叫女同學來演這個角色好像一種人格上的侮辱，所以只好刪掉非常重要的一幕。這次演出是一種嘗試性，距離理想的地步雖遠，但只要大家努力改進，將來是可能將臺語話劇搞成功的。我認爲改編不如創作，以後希望本島的作家多多創作臺語劇本。

**蔡德本**：這次演出以前女演員很困難找到，以後恐怕也會這樣，這點希望同學及社會人士能給予鼓勵以擊破以往傳統觀念。其次語言方面採用普通話。劇本方面希望作家們供應我們，還有音樂有人說話劇中配合音樂會減低Realistic的氣氛，我們要避免。

**鄭鴻溪**：我認爲刪除〈日出〉最有力的第三幕是不妥當的。

**涂麗生**：〈天未亮〉的故事本身是一個斷片，使觀衆感到彼此無關連。我希望用許多民歌排在一起合成歌劇。

**朱　實**：民謠最能夠發揚地方色彩，多多與民間接觸，採集眞正人民痛苦的吶喊，採取民歌形式，而加上藝術的內容來表演出來。

**黃昆彬**：易卜生以後的近代劇幾乎不見採用獨白。莎斯比亞當時的反現實的方法不該襲用。柴霍夫的〈櫻園〉的空虛是有效的，但這次的第三幕的空虛我覺得未免冒險。使我們感到時代錯誤。我認爲劇中人的出入應有必然性才好。但很少演員能演大衆劇，因爲它必須刻劃出眞實。

**宋世雄**：改良劇使用全部方言音，話劇中要隨時使用白話化的普遍話。動作時不妨採用象徵方式的姿態。

**陳雪卿**：這次我參加演戲以後，使我獲得許多經驗，在以後觀戲時可以有深切的認識，加深對戲劇的興趣。

**林曙光**：我們不應該與大衆的低級趣味相妥協，臺語話劇不同於改良劇，因爲它是一種綜合藝術，他的本質內容有領導性和啓發群衆的教育性在內。

**宋承治**：我認爲在演出時要盡量避免擾亂觀衆注意力的不必要舉動，如這次演出時拍照片竟達七八次，使舞臺氣氛減低。還有插曲「綠島」中牛的頭時時用力向左右擺動，後來又一躍跑進，引起觀衆大笑，這是不好的。

**林伯元**：臺語劇要在內容中富有崇高性，切勿迎合民衆的低級趣味，以致與改良戲一樣毫無藝術價值。

**曾木樹**：語言要用純粹方言。演出方面要注重性格的表演，演員的態度也要注意。

**歌　雷**：剛才提到獨白，我個人以爲獨白是可以允許存在的，不過獨白是應該爲自己聽的演員，必須把舞臺對觀衆的一面當作一道牆壁，自己獨白自己聽，例如〈家〉中的獨白就是這樣，這次〈天未亮〉中的獨白是像給觀衆欣賞，因此不大合理。至於空虛則是氣氛的問題，在某一種條件下是可能存在的，這在乎運用的手法了。

——原載一九四九年一月二十二日《新生報》橋副刊，第二〇三期。

# 流亡的銀鈴

——朱實

朱實，本名朱商彝，一九二六年生，彰化人。
原師院教育系學生，四．六事件後，輾轉流亡大陸。
目前任教日本岐阜大學。

一九四八年三月廿六日至七月七日，歌雷主編的《新生報》「橋」副刊，就「如何建立台灣新文學」的相關問題，展開了長達四個月的熱烈討論。就在論爭展開的初期，當時還是師範學院學生的朱實，在四月廿三日的「橋」副刊第一〇五期，發表一篇由林曙光翻譯的日文論述：《本省作者的努力與希望——新文學運動在台灣的意義》，提出他個人對「建立台灣新文學」的幾點意見。

作爲一個本土的文學青年，他認爲，在這一時期最重要的是：一方面「本省新進作者能夠積極底誠懇的努力於學習國文寫作」，同時也希望台灣的「既成作者與祖國的來臺文

朱實，1995年11月17日，京都立命館大學。（藍博洲 攝）

藝工作者，能夠不斷底給他們以刺激和鼓勵。」

朱實，本名朱商彝，一九二六年生，彰化人。日據末期文學團體「銀鈴會」三位發起人之一，台灣光復後，考進師範學院教育系。與此同時，「銀鈴會」改刊《潮流》季刊，提倡現實主義文學。除了〈本省作者的努力與希望——新文學運動在台灣的意義〉，朱實還在「橋」副刊發表多篇詩作。一九四九年四月，因曾任學生自治會學術部長，名列陳誠的「黑名單」。「四‧六事件」後，輾轉流亡大陸，目前任教日本岐阜大學。

一九九五年十一月十七日，歷經多年的打聽尋訪之後，通過楊逵先生的長公子楊資崩先生的介紹，我終於在日本京都立命館大學，初次採訪了朱實先生。

## 烽火連天銀鈴響

一九四一年十二月八日，日本帝國主義發動太平洋戰爭，同時在日本國內進行國民總動員，加強法西斯統治；作爲日本帝國主義統治下的殖民地台灣，情況更是有過之而無不及。

也就在這樣的戰爭氣氛下，朱商彝畢業於彰化第一公學校，同時考進台中一中。

一九四二年六月五日，日本海軍的四艘航空母艦，在中途島海戰中被擊沉。美軍以此爲轉機，開始轉爲反攻；日軍節節敗退，瓜建爾卡納爾島、塞班島、萊特島的日軍，一個接一個地全軍覆沒；美軍B29開始轟炸日本全土，殖民地台灣也躲不過這場災難。

一九四三年九月廿三日，日本帝國主義爲了最後的掙扎，在殖民地台灣發表實施徵兵制度；十月十九日，台灣總督府訂立了「台灣決戰體勢強化方案」；十月廿五日，開始臨時徵召學生兵，小學生紛紛被疏散到鄉下，中學男生則被拉去當「學生兵」，女生也被拉到軍需工廠，強迫勞動……。

「銀鈴會正是在這苦難的年代裡誕生的。」朱實先生告訴我說。然後他又向我詳細地憶述了銀鈴會的成立過程：

「一九四二年，我和銀鈴會的原始會員張彥勳和許世清，都是台中一中三年級的同級同

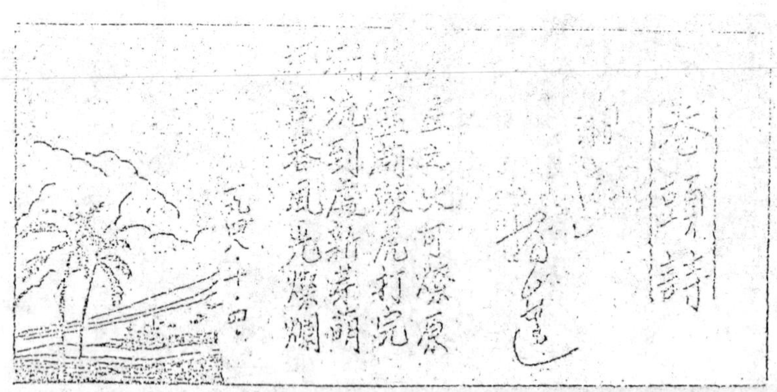


楊逵為1948年7月出刊的《潮流》秋季號所寫的「卷頭詩」。

學。當時，張彥勳已經開始寫詩、作曲；我也開始寫短歌、俳句，偶爾也寫些詩。我們兩個經常互相交換作品來看。後來，基於對文學的共同愛好，於是談起辦同仁雜誌的事。許世清住在我家附近，經常騎自行車到我家來玩，當他知道我們的想法後，也表示贊同。就這樣，我們於是把三個人的稿件裝訂成册，並在封面刻上《さどぢる》（《邊緣草》），作爲刊名，輪流傳閱。」

「邊緣草，是種在花壇四周的一種不顯眼的花草，默默奉獻，襯托百花爭艷的花壇。」朱實先生解釋道：「所以，我取它作爲刊名，寓意並不深奧；只是表示在這苦難的年代裡，我們三個人，願在這小小的園地，找到心靈的綠洲。」

他們這種稿件裝訂本的同仁雜誌——《邊緣草》，後來就逐漸流傳到圈外，加入的同仁也增加到十幾個人。一九四四年，就在他們畢業的前夕，朱實和張彥勳經過商討後決定，將《邊緣草》雜誌擴大爲文學團體「銀鈴會」，同時發行油印的會刊。結果，銀鈴會的會刊以季刊刊行，前後一共出刊十幾期。

「編輯、刻鋼版，由張彥勳和我輪流擔任，」朱實說：「其他熱心的同仁則幫忙裝訂和發行。」

這年夏天，朱實畢業於台中一中之後，回到彰化第一公學校任教。到了九月一日，日本帝國的「台民徵兵制度」，開始在台灣實施。

「爲了逃避兵役，」朱實笑了笑，以一種無可奈何的語氣說：「我就利用徵兵制度的漏洞，報考了青年學校的教員。」

青年學校是「皇民練成」的學校；按規定，這樣，朱實就可以不用被徵去當日本兵了。

這時候，《銀鈴》詩刊還是繼續在戰爭的威脅下出刊。

「那時候，」朱實彷佛想起什麼得意的往事似的笑著說：「美軍B29和P38飛機，幾乎天天來轟炸、掃射。記得，有一次拉空襲警報的時候，我抱著正刻到一半的鋼版和臘紙，鑽進防空洞；警報一解除，我立刻鑽出來，繼續刻我的鋼版。一位同事看了就開玩笑說：『我看，炸彈如果炸到防空洞的話，你還準備跟鋼版同歸於盡吧。』」

## 鴨子聽雷學中文

一九四五年八月十五日，日本宣布無條件投降。

「光復初期，」朱實說：「銀鈴會仍然繼續出刊以日文爲主的《邊緣草》雜誌。」

然而，一九四六年十月廿五日起，台灣行政長官公署公告，一律撤除新聞、報紙和雜誌的日文版。《邊緣草》受此限制，再加上「銀鈴會」同仁暫時無法跨越「語言的障礙」；經商議後，決定暫時休刊，各自鍛鍊中文寫作能力，以期來日復刊。

也就在此之前的秋天，朱實通過入學考試，進入師範學院教育系就讀。這段期間，爲了盡快跨越「語言的障礙」，他把握各種機會，加緊學習。

「剛進師範學院的時候，」朱實笑著說：「面對教授們的講課，我可以說完全是『鴨子聽雷』！當時，我心裡也很著急；想說，這樣下去怎麼辦呢？」

後來，每當上課時，朱實就坐在第一排的位置，認眞做筆記；不管聽得懂聽不懂，他都把老師寫在黑板上的字抄錄下來。因爲這樣，講授國文的黃肅秋教授就注意到這個學生了。有一天，下了課，他就叫朱實把筆記本交給他；第二天，他才把筆記本還給朱實。「我翻開來看，」朱實說：「我看到他已經用紅鋼筆，密密麻麻地寫滿空白的地方；他不但幫我改了錯別字，我遺漏或是寫不出來的字，他也都替我補上去了。就像魯迅在〈藤野先生〉所描寫的那樣。以後，我就準備了兩本筆記本，交替使用，請黃教授修改；直到我能較完整的記筆記，黃教授也認爲不必再交給他改爲止。」

黃肅秋，河北天津人，畢業於北平燕京大學國文學系，曾任教於天津中西女中與江蘇省立太倉師範高中，台灣光復後來台，擔任台灣省立師範學院國文學系專修科副教授，及台灣省立法商學院講師。一九四八年四月至八月期間，曾以本名及筆名「林莽」，在前後只發行了六期的《創作》雜誌，發表論文、散文及新詩多篇。

「當時，黃教授的生活是很忙的；」朱實又說：「可他在百忙之中卻願意犧牲休息時間，爲年輕的台灣學生批改筆記本；他這種教學態度，使我終身難忘。所以，我到大陸後，幾乎每年都要去看望黃老師。這種師生情誼一直持續到他逝世爲止。」

## 思想隨著認識變

就在朱實進入師範學院不久後的十二月廿四日晚上，北京大學先修班的女學生沈崇路過北平東單操場時，被兩個美國大兵強拉到小樹林裡強姦。事件披露後，廣大人民和學生長期鬱結在心中的怒火終於被激起，而觸發了震撼全國的「反對美軍暴行」的抗暴運動。台灣的學生團體也加入了這場全國性的反美暴行運動。一九四七年一月九日，台北的青年學生在新公園集會，會後並舉行示威遊行，聲討美軍暴行，並高喊「美軍滾出去」等口號。

「我和許多同學也都參加了這場運動。」朱實說：「我記得，當時彭孟緝已經住到台北，可能是調到警備司令部；當他聽說學生表示要遊行，還出來講話，要我們不要被利用，不要和大陸的學生一樣鬧事；我印象最深刻的是，他一再強調說：『台灣很重要，台灣需要安定。』可我們並沒有理會他。」

歷史地看來，原先因爲「語言隔閡」而互相陌生的外省學生與本地學生，已經通過這次的反美學運而緊密地結合起來了；「台灣人民的愛國運動也與大陸人民的反美反蔣反內

戰運動，完全匯合在一起了。」（吳克泰語）

就在一月九日「反美暴行」的示威遊行，結束不到兩個月後的二月廿七日晚上，台北延平路上查緝私煙所引起的官民糾紛，立刻激起全省人民積壓已久的怨憤，一場史稱「二·二八事件」的全省性人民蜂起爆發了。

「事件發生後，我們這些參加過『反美暴行』運動的學生們，幾乎都投入了反對國民黨貪官污吏的活動。」朱實說：「當時，台北街頭有一些本省民衆，凡是碰到看起來不像本省人的人，就用閩南話或日本話問對方是哪裡人？或是要去哪裡？如果對方聽不懂不會回答，或是口音不對，動手就打。可我們學生的表現就不是這樣！因爲在日據時代受過軍事訓練，大家都會用槍；學生就組織起來，準備展開武裝行動。」

事實上，台北地區的進步學生在地下黨的動員下，在三月四日編組爲三個大隊，分別在建中、師院和台大集結；準備在三月五日拂曉，總攻長官公署。

「那時候，」朱實見證道：「我參加的是在師範學院集合的隊伍。我和幾個同學先把學校的軍事教官（中校）抓起來，要他交出軍械庫和倉庫的鑰匙，然後把日本人留下來的三八式步槍和糧庫的米，統統搬出來，投入台北地區學生武裝隊伍的鬥爭行列。當時，我聽說，學生武裝隊的總指揮是一個從日本讀軍官學校回來的人。另外，我後來聽說，在師院集合的隊伍，由郭琇琮領導。可學生的武裝行動到最後卻沒有發動，原因是什麼？我也不清楚。到後來，國民黨從大陸調軍隊來之後，同學們就分散開來，各自逃躲。我也回到彰化老家。」

光復初期，由於對當時的腐敗政治不滿，朱實一度和一般學生的想法一樣，總認為：「外省人都是壞人，而本省人都是好人。」

「但是，」朱實解釋他思想的轉變過程說：「經歷了『反美暴行』和『二·二八事件』之後，我的思想也隨著我對現實的認識而轉變了。因為通過實際鬥爭之後，我認識到：原來替國民黨做壞事的，也有不少是台灣人；而外省官僚也不全是貪官污吏，也有不少好人是同情學生運動的。所以，我認識到：不能光用省籍來區分人的好壞；對當時社會的各種矛盾，應該用階級觀點來分析才對。」

## 中文習作試發表

朱實還認為，他的思想認識之所以會轉變，除了現實的教育之外，還有幾個重要的原因。

首先就是受到魯迅的影響。

為了鍛鍊自己的中文寫作能力，朱實除了上課勤作筆記，另一方面還勤跑圖書館，借閱了中文版的《魯迅全集》，一面對照著日文版讀，一面做筆記。

1948年8月29日「銀鈴會」會員第一次聯誼會出席者簽名，楊逵亦出席該會。

有天晚上，銀鈴會同仁陳金蓮，在朱實的弟弟朱商邱帶領下，穿越曲折黑暗的巷道，來到朱實棲身的一間狹小的閣樓；他看到，朱實的書桌上和椅子周圍，散亂著不少書籍；而讓他印象特別深刻的是，貼在牆壁上的那張朱實自繪的魯迅肖像。

顯然，朱實是受到魯迅思想的深刻影響，甚至非常崇敬的。

朱實自己說：「讀了魯迅的作品，尤其是雜文，不知不覺地就受到影響了。」

其實，通過中日文對照，閱讀《魯迅全集》以後，魯迅的作品不只影響了朱實的思想認識，同時也鍛鍊了他的中文寫作能力。這樣，經過一年多的努力，他開始在歌雷主編的《新生報》「橋」副刊，以及楊逵先生主編的《力行報》「新文藝」副刊，嘗試發表中文作品。

「那時候，」朱實先生謙虛地談到年輕時候的行事，有點不以爲然地笑著說：「說好聽的話是『初生之犢不怕虎』；其實，卻是『不知天高地厚』啊！」

談到這裡，朱實先生從襯衣口袋裡掏出一本記事本，然後跟我說：「爲了讓你了解我當時的想法和習作的成績，我就不怕獻醜地朗誦兩首當時的詩作，給你聽聽吧！」

朱實先生朗誦的第一首詩，是發表在一九四八年九月廿二日「橋」副刊第一六六期的〈蟄伏〉：

爲著未來的發展
　　更大的飛躍
忍受暫時的蟄伏！

甘受著
所有的
白眼，冷笑！

反抗著
一切的
誘惑，恐嚇！
要確信
有
新的明天！
蟄伏裡
不容有
逃避，怯懦！

另外一首，發表於一九四八年十一月廿九日的「新文藝」副刊，題爲〈探究〉：

去——
到山那邊去

去尋找眞實的人生！

去探究——
在那山村
人們怎樣地苦鬥？

在那茶廠
人們怎樣地勞動？
去探究——
茶商人大發其財的今天
生產者幹著什麼活？

朱實先生說：「它是贈送給將赴茶廠實習的銀鈴會同仁子潛和淡星的詩。」

筆名「子潛」的許育誠，在題爲〈一群誠實謙虛的朋友——參與銀鈴會之回憶〉的文章中提到：就讀師範學院體育專修科的他，因爲愛好文藝，於一九四八年春季的某一天，經由朱實的勸導而加入銀鈴會。這年暑假，爲了「探討社會貧苦一面，做爲寫作題材」，他和筆名「淡星」的另一同仁蕭翔文，一起到三峽一家私營的製茶廠做工。九月廿日，蕭翔文以此工作體驗所寫的一篇有關茶商交易的「生活報告」——〈呑蝕〉，發表在〈橋〉副刊第一五五期；「子潛」也寫了一篇隨筆〈阿葉〉，在《新生報》的「台灣婦女」欄發表。

朱實先生向我透露，這兩首詩，他是從未出版的詩集《黎明以前》抄錄下來的；它編寫在師院時期的筆記本上，一共收錄了三十一首詩，分四章，其中第四章題爲「染著油墨的詩」，就是他當年發表在《新生報》「橋」副刊及《力行報》「新文藝」副刊上的中文習作。

「這本詩集在我流亡三十幾年後還能夠保存下來，」朱實先生感慨地說：「我應該感謝我的三弟商羊，我想，他是冒著被殺頭的危險的。十幾年前，他終於趁著訪日探親的機會，把這本珍貴的詩集交還給我，使它得以留存下來。」

## 潮流到處新芽萌

除了魯迅，另外一個在思想上影響朱實的人，他自己認爲，應該是楊逵吧！楊逵和朱實及銀鈴會其他同仁的關係，主要是在他們辦《潮流》雜誌時，楊逵擔任《潮流》的顧問。

一九四七年冬天，《邊緣草》停刊還未滿一年，銀鈴會同仁經過商討後，決定復刊會刊，並更名為《潮流》。一九四八年一月一日，《潮流》第一冊「冬季號」出刊，內容包括：詩歌、小品文、隨筆、散文、小說和論著等等。作品有日文的，也有中文的。其中，朱實和蕭翔文是銀鈴會最早學會以中文創作的會員。

楊逵先生除了答應擔任《潮流》的顧問之外，同時也以實際的供稿表示對年輕一代的支持。在一九四八年七月刊行的《潮流》「夏季號」，他發表了一篇題為〈夢與現實〉的日文短評。通過這篇短評，楊逵鼓勵青年們要「拋棄夢境，直視現實，追究社會腐化的根源，並要養成透視社會的眼光，以深入考察這個社會，並確定社會的眞正走向。做為人民的先驅，勇敢地戰鬥。」

短評的最後，楊逵期待《潮流》能夠讓從「眞正與現實對決，並與之鬥爭的生活中所產生的朝氣勃勃的作品，充滿在《潮流》季刊上。」同時，他也「盼望這本《潮流》季刊，能與來自各地的『潮流』匯合，而成為一股推動時代的大怒濤」。

通過《潮流》結緣以後，到了暑假期間，朱實和銀鈴會的同仁們，就經常到台中拜訪楊逵和葉陶夫婦。

「後來，」朱實回憶道：「我們在彰化、台中和台南，辦了幾場文藝座談會，楊逵先生也都會出席。」

「夏季號」之後，緊接著，楊逵又在十月刊行的《潮流》「秋季號」，發表了一首作爲卷頭詩的〈寄「潮流」〉；再次表達了他對潮流的期望與支持。詩云：

星星之火可燎原
燒盡荊棘虎打完
潮流到處新芽萌
滿面春風光燦爛

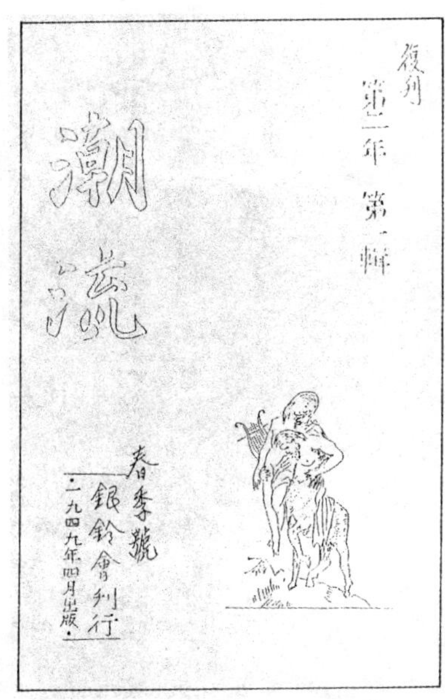

## 新的黎明將光臨

一九四九年，是中國的歷史走到關鍵轉折的一年，也是許多人期待的新的黎明將要光臨的年代。就在一月刊行的《潮流》冬季號，朱實爲該刊寫了一首題爲〈生命之歌〉的「卷頭詩」，明白表達了他當時的心情與期待：

新的黎明
　將要光臨——
手拿著
　新的鋼筆
在日記的
　頭一頁
我要寫上
　生命的欣喜！

「那時候，」朱實先生向我分析說：「銀鈴會同仁也分兩種人，其中一種就是像我、張彥勳（筆名「紅夢」）和林亨泰（筆名「亨人」）……等，主張要寫反映現實的文章，用比較激烈的方式來反映國民黨的腐敗，並表達對國民黨反動統治的不滿。另外一種，就是像台大的詹明星（筆名「微醺」）等，主張『爲文學而文學』，強調文學的『藝術性』，而不重視現實問題的同仁。」

作爲《潮流》顧問的楊逵，當然是主張現實主義文學的。正因爲認同楊逵的文學觀點，朱實說，他也常給楊逵主編的《力行報》副刊投稿。他還記得，當時的《力行報》副刊，經常發表他自己創作的民謠，或是關於台灣民謠和兒歌的採集稿。

關於這點，蕭翔文認爲，除了楊逵「他個人認爲這種民謠，能啓蒙大衆的思想，改善社會風氣」的因素之外，它也「和當時『台大麥浪歌詠隊』來台中市公演有關。」

台大的「麥浪歌詠隊」是在一九四九年二月初，到台中市展開全省巡迴的首站公演。朱實說，因爲正當放寒假期間，我們和他的關係又不錯，他就叫我們這些年輕人去幫忙。我印象最深刻的是：麥浪演出時，楊逵先生也讓他的長公子楊資崩，和幾個小孩，上台演唱「補破網」。

蕭翔文說，因爲這個主要由「台大外省籍學生」所組成的歌詠隊，表演了大陸各地「樸素、熱情、健康」的民歌與民舞，「帶給了當時因陰影籠罩而顯得有些沉悶的台灣社會，一陣清新的風。……所以，或許楊先生是有感於『台大麥浪歌詠隊』這種民謠演出，有其不可忽視的力量，才開始熱衷於之後的一連串的民謠創作工作，也說不定。」

## 自治會學術部長

除了魯迅和楊逵的思想影響之外，朱實表示，他同時也受到外省同學介紹進來的「學生愛國民主運動」思想的啓發與鼓舞，而投入實際的學生運動。他不但支持進步的同學鄭鴻溪競選師範學院「學生自治會」主席，並且應邀擔任學術部長的職務。

鄭鴻溪也是彰化人，他的父親鄭抱一原是台灣文化協會成員，因爲文協遭到鎮壓，於是在一九三〇年亡命福建，投入祖國人民的抗日運動。一九三七年初，中日戰爭迫在眉睫時，「爲了不當日本順民，不給日本帝國主義當砲灰」，他又冒險潛回台灣，將妻兒帶到廈門。一直到台灣光復後，才又攜眷歸鄉，並應台東縣長謝眞之請，擔任文化圖書公司經理。

「鄭鴻溪在福建唸過中學，國語講得很好，反而日本話，就說得不怎麼好。」朱實說：「至於學術部長的工作，主要是負責壁報跟社團活動。另外，那時候，我們師範學院有一個「大家唱歌詠隊」，它和台大的「麥浪歌詠隊」，經常聯繫。我記得，當時學生比較常唱的歌有：〈你是燈塔〉、〈傻大姐〉、〈康定情歌〉、〈我們爲什麼不歌唱〉……，還有一首由美國民謠翻譯過來的〈團結就是力量〉。」

除了歌詠隊，當時師院學生的戲劇活動也很活躍，它包括，以外省學生爲主組成的

「戲劇之友社」和「師院劇團」，先後演出過〈樑上君子〉、〈金玉滿堂〉和好幾齣獨幕劇。本省學生也組了一個「師院臺語戲劇社」，於一九四九年一月十五、十六日兩天，在師院大禮堂演出根據曹禺的四幕名劇〈日出〉改編的〈天未亮〉。

爲此，朱實特地寫了一篇介紹文章：〈寫在天未亮演出以前〉，發表在演出當天的《新生報》「橋」副刊第二〇一期，廣爲宣傳。他在文章中意有所指地指出：曹禺想在〈日出〉裡「寫出令人興奮的希望，暗示出一個偉大的未來。」而他也相信，「〈天未亮〉能給我們帶來天亮前的希望！」

〈天未亮〉演出之後，師院學生自治會又聯繫了「橋」副刊主編歌雷先生，於十八日下午七時，在師院新宿舍舉行了一場「〈天未亮〉演出座談會」；除了歌雷、鄭鴻溪及朱實等師院學生之外，出席座談會的人還包括師院教授鄭嬰、陳雲程和台籍作家龍瑛宗先生，以及導演蔡德本等人。在會上，朱實就這樣的戲劇演出提出改進意見說：「民謠最能夠發揚地方色彩，多多與民間接觸，採集眞正人民痛苦的吶喊，採取民歌形式，而加上藝術的內容來表演出來。」

「可以這麼說，」朱實告訴我：「那幾年，師院的學生運動，我們這些自治會的人都是帶頭的。那時候，我們就曾經鬥過師範學院代理院長謝東閔，質問得他無力招架。我記得，他還說過：『我謝東閔，今天還不如一條狗！』這樣的話。因爲，我們這些人的思想、行為，愈來愈左傾；所以，國民黨也開始注意我們了。」

朱實接著分析說：「二•二八事變後，本省學生的觀念轉變了，台灣學生運動的走向，也和大陸的學運合流了；合流的主要原因，實在是因為國民黨太過於腐敗。當時，國內學運提出的口號就是：『反內戰、反饑餓、反迫害』；台灣學生也提出相同的口號。這樣，就引起台灣的國民黨當局的注意。他們一定在想：為什麼台灣學生會提出和國內學運一樣的口號呢？它一定會懷疑學校裡頭有共產黨潛伏？這是可以理解的。」

## 風暴前夕的校園

一九四九年三月廿日，晚上九點十五分左右，台大法學院和師院學生兩名，共乘一輛腳踏車，經過大安橋附近時，被中山路派出所的警員以「違反交通規則」的理由取締，因而發生衝突；兩名學生被警員打了好幾下，並受拘押，事態即由此展開。到了十點多，先得到這個消息的師院學生，便集合兩三百名，趕赴肇事警察所屬的台北市第四警察分局交涉，沿途唱歌，經過新生南路台大男生宿舍（當時的大同中學，曾一度改為市女中、金華女中，現在是金華國中）時，台大學生聽到歌聲，於是也集合參加，出動了四五百名。

朱實說：「到了第四分局，兩校學生便要求警方釋放兩名學生，處分打人的警察；並要求警察局長向學生道歉，並保證不再發生類似的事情。但是，第四分局局長卻表示：在他的管區內，他可以保證，可在其他管區，他無法保證。同學們因爲要求沒有得到合理的解決，第二天，台大與師院的學生就聯合起來，由師院體育系的學生前後壓陣，轉去包圍警察總局。一路上，我們和國內的學生運動一樣高喊：『反內戰、反饑餓、反迫害』的口號，唱著〈你是燈塔〉、〈跌倒算什麼〉等歌；這使國民黨相當驚怕。然後，我們又把這些口號，寫在公共汽車上，讓它隨著汽車到處繞跑，這影響的範圍又更大了。」

據報載，當天，學生代表再度向警察總局局長提出：「嚴懲肇事人員，由警局賠償受傷同學醫藥費，由總局長登報，公開向被害同學道歉，並保證以後不發生類似事情」等五項要求。結果，在學生的壓力下，警察總局局長當場在那五項要求的書面上簽了字；最後，他又在學生代表

學生的反美口號

的要求下，親自下樓，向廣場上的學生道歉。兩校學生們的要求得到了圓滿答覆，於是又整隊，由中華路走回學校，這場風波才算平息。

三月廿九日，「單車雙載事件」引起的學生抗議風潮過後一個星期，以台大和師院為主的台北市中等以上學校的學生自治會，在台大法學院操場舉行一場慶祝青年節的營火晚會；台北市各中等以上學校的學生都熱烈參加，台中農學院和台南工學院的代表也遠來赴會。

「當天的營火晚會活動，以臺大『麥浪歌詠隊』的歌舞表演為主；」朱實說：「除了各種民歌之外，還演唱了〈你是燈塔〉、〈你是舵手〉及〈王大娘補缸〉……等歌曲，到後來，當『麥浪』成員在臺上唱〈王大娘補缸〉的時候，全場連秧歌都扭起來了……。最後，大會宣布：要在各校學生自治會的基礎上，成立『台北市學生聯合會』；同時決定在五月四日當天，舉行一場全省規模的學生大會，以『爭取生存權利』、『反對饑餓和迫害』、『要求民主自由』等口號，號召全省學生的聯結。」

朱實又說：「國民黨對學生的這些活動一定非常光火，認為不得了了。當時，陳誠正調到台灣來，他認為，台灣的學生運動一定要鎮壓；否則，難保台灣不會和國內一樣。因此，在三月廿九日的晚會，國民黨的職業學生也大量地混在現場，為即將進行的鎮壓行動作準備。果然，一個星期後的四月五日，陳誠就根據職業學生所提供的材料，針對台大和師院兩校比較活躍的一些學生，開出了『黑名單』；四月六日，就毫不手軟地展開逮捕行動了。」

## 四六凌晨大逮捕

四月五日，剛好清明節，學校放假。到了半夜，國民黨軍警包圍了師院及台大宿舍。

「那天，」朱實說：「我因爲回彰化掃墓，人不在現場；六日，我從彰化搭車，回到台北時，宿舍已經被包圍了。我後來聽說，那時，國民黨拿了一份『黑名單』，宣稱：只要學生交出名單上的人，就不會有什麼問題；而名單上就有我，因爲我是『學生自治會』的幹部。但是，同學們卻堅決表示不能接受國民黨提出來的條件。他們認爲，事情是大家的，不能全推到這些同學身上；雙方就這樣僵持了六、七個鐘頭。」

朱實接著向我轉述他所了解的現場情況，他說：

起初，學生用餐桌、椅擋住樓梯口，並且向軍警摔東西，不讓他們進來。但是，就像我先前說的，台灣人裡頭，也是有好有壞；就因爲包圍的隊伍裡，有台灣兵，他們一直喊著：「我是台灣人！」所以，學生就不敢再摔東西下去。這樣，部隊就衝了進來；衝進來之後，就一直抓人了。抓人的部隊是由軍、憲、警三個單位組成，有好幾輛大卡車，全載到警備司令部去。

朱實又說，四六當天，他大概在傍晚五點多回到台北；然後把身上戴的三角校徽拔掉，想要回學校宿舍探察狀況。

「可是，」他說：「那時候，學生自治會原來的布置，都已經散掉了。後來，我就到附近一個朋友家。我在他家看晚報，才知道我和鄭鴻溪的名字，都上了榜。名列黑名單之首的則是現任自治會主席周愼源。我後來聽說，大逮捕的當時，他躲在宿舍餐廳天花板的空隙間而倖免被捕。其實，在這之前，國民黨就先抓了周愼源。當時，他被情治人員架上三輪車，到了台大醫學院附近時，正碰到學生下課時間，有很多學生在門口，周愼源就趁機喊：『救命！』醫學院的學生於是衝過來，才救了他。所以，我認為，國民黨是因為個別的秘密逮捕行動失敗以後，乾脆就進入校園大規模抓人的。」

## 經由香港到北京

「四六」逮捕行動結束以後，陳誠特別以台灣省警備總司令部兼總司令的身分，發表「整頓學風」的談話。陳誠表示：「台省學風，向甚淳樸，惟近來台大及師院有少數外來學生，迭次張貼破壞社會秩序之標語，散布鼓動風潮之傳單，甚至搗毀官署，私擅拘禁公務人員，凡此種種違法干紀之行動，絕非學生所應為，本部為維持公共治安保障大多數純潔青年學生起見，經查報確實，業將首謀者予以拘捕。」他接著還解釋說：「本部此種措施，爲青年前途及本省前途計，實出於萬不得已，……尚望今後各方皆能善盡其責，務使不再有此類事情發生。」

另外，台灣省政府也以同樣的理由，電令師範學院：「即日暫行停課，聽候整頓，所有學生應變一律重行登記，再行定期復課。」同時要求「該校轉知全體教職員暨各學生家長仰體政府整頓教育之苦心，約束學生安分守法，不得再有越軌行動。」

四月七日，臺灣省當局爲表明整頓本省學風之決心，也組織成立了「師範學院整頓學風委員會」，並指定暫行代理師範學院院長的劉眞爲主任委員；積極進行整頓師院學風，以期早日復課。

四月十三日，師院學風整頓委員會訂定「學籍重行登記辦法」，規定從十六日至二十五日，辦理師院學生重行登記學籍事宜，經甄審合格者始得重行取得學籍。

「儘管他們一直聲明，只要我們師院學生重新登記學籍，即可復學，」朱實說：「可我知道我是不能去的啊！我要是去的話，一定會被抓走的。所以，我就和鄭鴻溪一起展開我們的逃亡生涯。我們首先逃到彰化。當時，我們想好了三條出路：第一條就是搭小船到福建去。當時，大陸的情勢發展的很快，解放軍已經打到福建，所以，我們第一個想到的就是，逃到福建，參加解放軍。另一條是，進入高山族的山區，準備打游擊。但是，這兩條路，在當時都行不通；因爲海岸線都被封鎖了，而入山也需要辦理入山證。因此，我們只好走第三條路，就是冒充商人，經香港到解放區。那時候，已經有身分證了，不過，製造比較粗糙；所以，鄭鴻溪就借一個福建人的身分證來用。我則向一個剛好分配到彰化女中教書的師院同學借；那時候，只要登報遺失作廢，一個星期後，就可以領到新的身分證，所以，我就和這同學商量，要他等我走後，再去補辦。後來，有一個叫張浩仁的同學，后里人，雖然他並沒有被列『黑名單』之中，可他知道我們要到解放區去，也要跟我們一起走。就這樣，我們三個人又從彰化回到台北，然後到基隆等船。那時又剛好遇上颱風，船無法開；等了四、五天之後，船才要開。因為船上設有警備司令部的檢查哨，所

## 私たちは「言語を越えた世代」です。

**朱　實**（俳号・瞿麦）

台湾師範大学教育学部卒業。80年に来日後、早稲田大学、二松学舎大学客員教授を経て、93年から本学教授。
中国上海俳句漢俳研究交流協会会長、
日本伝統俳句協会顧問他。

▼どのような学生時代を過ごされましたか。

当時台湾は日本の植民地でしたから、小学校から大学まで日本語の使用を強要され、日本語で詩や短歌、小説を書いて同人誌を出していました。それは20歳の時に終戦を迎えるまで続きましたね。

終戦後は小学校の教師をしましたが、中国語で教えなければならない。北京帰りの人に、放課後北京語を習い、翌日それを生徒に教えるという毎日でしたよ。同人誌も中国語で書かなければならず、戦後2年間は必死で中国語を勉強しました。だから私たちの世代は、日本語から中国語へ「言語を越えた世代」と言われています。

▼植民地時代のことを思えば、日本という国に対して、大変なわだかまりがあったことと思いますが、どのような経緯で来日されるようになったのでしょうか。

台湾にいるころ学生運動をしており国民党の支配下、指名手配を受け見つかれば銃殺という状況で大陸へ渡りました。そこでは最初、日本の文化人と交流する仕事を仰せつけられ、植民地時代のことを思えば、とても引き受ける気にはならなかったが説得されました。上海対外友好協会の理事として日本からやってくる文化人の接待をしました。その中には大江健三郎や水上勉、政治家では日中国交正常化の時の田中角栄や日本共産党の宮本顕治の通訳もしました。司馬遼太郎は著書のなかで、私のことを「まるで空気のように日本語を話し、そのもてなしは日本の茶道の心得があるようだ」と紹介してくれています。また「華岡青洲の妻」の中国公演も私が中国語の同時通訳の翻訳を手掛け、杉村春子にその出来ばえを感謝されましたよ。

しかし、文化大革命では、私が日本の文化人の賛辞を受けているのに対し「敵にほめられる人は悪い人」ということで農村に追いやられ、弾圧を受けた他のインテリと野良作業や豚の飼育に明け暮れました。しかし、

交流していた日本の著名人が絶えず関心を寄せてくれていましたので、紅衛兵もさほどの無茶はできなかったようですね。

文革後は、このままやめるのは惜しいと思い、比較文化や俳句と漢俳をライフワークにしようと日本に来ました。

▼まさに、歴史に翻弄された波瀾万丈の人生ですね。本学の学生にメッセージをお願いします。

私は、上海の大学で日本語を教えたことがありますが、その頃、中国の学生は全寮制で、朝6時頃起床すると、キャンパスを散策しながら大きな声で一生懸命日本語を朗読していました。言葉は耳と口で覚えるものです。何回も聞いて模倣練習を繰り返すことが大事です。それと異文化交流では、その国の人の立場にたって考え理解する「相互理解」がないと「相互信頼」は生まれません。折角、短期留学で中国に行っても、自分たちで日本語ばかり話していてはダメ。ゼスチャー交じりの片言でいいから、街に飛び込みその土地の人と話してごらん、きっと楽しい異文化交流ができるでしょう。

—海外編—

カリフォルニア州

日本雜誌關於朱實的報導。

以，我們三個人不敢一起上船。當時，我走第一個，鄭鴻溪走第二，張浩仁排後面；結果，我一上去，檢查人員收了我的身分證後卻說：『你等一等！』我以爲他看出身分證的破綻了，心頭一陣涼，可他並沒再說什麼，只是掏根煙來點。他吐了一口煙後，看了看我的身分證，又看看我的臉，就要我過去了。」

這樣，朱實和鄭鴻溪及張浩仁三人，終於逃離台灣，平安抵達香港；然後再通過已經參加地下黨的鄭鴻溪聯繫，抵達天津。

朱實說：「到了天津，就有人來接我們，住到招待所。一直待到十月五日，他們幫我們買了車票，終於來到剛剛建立新中國的北京。」

一九九三年夏天，在流亡了四十四年後，朱實先生才又能夠重返故鄉，探望親友。這時候的他，已經不再是當年黑髮紅顏的青春模樣，而是年近七旬的白髮老翁了。

採訪時間：一九九五年十一月十七日

採訪地點：京都立命館大學

# 本省作者的努力與希望

——談文學運動在台灣的意義——

朱　實

因爲光復以來的臺灣文藝界，實在過於寂寞無聊。因由日本帝國主義的桎梏解放的臺灣文化界的活動，一時現出了空前的盛況。各種的刊物相繼的出現，而除了作家之外，由於新進作家的參加，臺灣的文壇增加了不少的力量。因而臺灣文化界也開始了活潑的活動。這是過去在日本壓迫的殖民政策不斷的壓迫下，臺灣的文化仍然存在的一個很好的反證。

但是日文廢止以後，打擊了臺灣文學。我們並不是留戀日語的狂熱不捨，可是我們不可忘記，過去五十年間臺灣是在異族的統治下。因而在這過渡時期，本省的青年在文學上雖使用日文是出於不得已的。我們想問在學會國語以前是不是一定要保持沉默？而無從追問文學呢？

雖然，日文廢止而臺令在表面上是成功了，但因此許多的新作家的出路，終於被掩沒。在這時候，「橋」所展開的臺灣新文學運動，我特別感覺很

消甚豫

「橋」在兩次的茶會所得到的效果實在不少。尤其是新文學運動的展開，不僅使全省的欽羨，也可能使多數的青年們挽

把希望。我打算關於這個問題，提供微點的意見：

一，就作者方面而言：對新進份子的協助，鼓勵本省作家的吸收創作家間的互相批評 啓發與

溝通機構是現下的急務，所以「橋」的茶會是很要的。

二，就作品方面而言：爲了提倡新文學，不僅需要喚起本省青年對五四

實在新似入骨，但偶時空究自溺於水。然而日本在過去半世紀統治臺灣中，交通、衛生、建設、經濟等都有相當的成就，這是不能否認的。因而我們須要對日本的統治下的文化加以分析，這決不是對帝國主義的追慕。（二）要更發揮有文化的發掘：臺灣的風習，歌謠，高山族的生活，這些都是所謂鄉土色彩。我希望多出現取材於鄉土色彩的作品。（三）中日文學的交流：勿論文學與科學，中日文化的交流是今日文藝工作者的一大使命。魯迅、冰心、老舍的作品在日本施行了很多的評介，又由魯迅翻譯的，廚川白村、武者小路實篤、島崎藤村的作品曾經在

【附錄三】

# 本省作者的努力與希望

——新文學運動在台灣的意義

朱實

回顧光復以來的臺灣文學界，實在感慨無既（比）。剛由日本帝國主義的桎梏解放的臺灣文化界的活動，一時出現了空前的盛況。各種的刊物繼續的出現，而既成作家之外，由於新進作家的參加，臺灣的文壇增加了不少的力量。因而臺灣文化界也開始了活潑底活動，這是處在日本惡辣底殖民政策不斷的壓迫下，臺灣的文化界仍然存在的一個很好的反證。

但是日文廢止的嚴令卻打擊了臺灣文壇。我們並不是對日語尚在戀戀不捨，可是我們不可忘記，過去五十年間臺灣是在異族的統治下。因而在這過渡時期，本省的青年在文學上還使用日文是出於不得已的。我們想問在學得國語以前是不是一定要保持沈默?而無權過問文學呢?

雖然，日文廢止的嚴令在表面上是成功了，但因此許多的新作家的出路，終於被限制。在這時候，「橋」所展開（的）臺灣新文學運動，我特別底覺得很有意義。

「橋」在兩次的茶會所得到的效果實在不少。尤其是新文學運動的展開，不僅值得全省的欽佩，也可能使多數的青年們挽回希望。我打算關於這個問題，提供數點的意見：

一、就作者方面而言：對新進份子的協助、鼓勵，本省作家的吸收、作家間的互相批評，啓發與連絡情感是現下的急務，所以「橋」的茶會是重要的。

二、就作品方面而言：爲了提倡新文學，不僅需要喚起本省青年對五四以後的中國的新文學的注意，還需要鼓勵以白話文從事文學，對這一點本省的青年須要更加努力，但是在其過程中須要考慮一個補救辦法。

三、就作品的內容而言：（一）我們對過去日本帝國主義的殖民政策，實在痛恨入骨，但侵略者竟自溺於水。然而日本在過去半世紀無論產業、交通、衛生、建築工程等都有相當的成就，這是不能否認的。因而我們須要對日本所遺留的文化加以分析，這決不是對帝國主義的追慕。（二）臺灣特有文化的發揚：臺灣的風習、歌謠、高山族的生活，這些都是所謂鄉土色彩。我希望多出現取材於鄉土色彩的作品。（三）中日文學的交流：勿論文學與科學，中日文化的交流是今日文藝工作者的一大使命。魯迅、冰心、老舍的作品在日本獲得了很高的評價，又由魯迅翻譯的，廚川白村、武者小路實篤、島崎藤村的作品曾經在中國的讀書界也備受歡迎。

總之：在這一時期最重要的是本省新進作者能夠積極底誠懇的努力於學習國文寫作，以及既成作者與祖國的來臺文藝工作者，能夠不斷底給他們以刺激和鼓勵。（林曙光譯）

原載一九四八年四月廿三日《新生報》「橋」副刊第一〇五期

# 我的人生旅程從此改變了

## ——朱乃長的證言

朱乃長，一九二九年六月生，上海市人。
原師院英語系學生，「四‧六事件」中被捕；
以「妨害公共秩序」罪名，
處刑八個月，並遭學校開除。
出獄後重考台大外文系。
一九六四年四月經由汶萊回歸大陸，現居上海。

朱乃長，1999年9月24日，上海。（藍博洲 攝）

## 開場白

我會到台灣來，主要是因爲父親的關係。

父親是上海大夏大學法律系的畢業生，太平洋戰爭爆發，他就離家到內地去；戰爭結束後，因爲台灣有朋友，他就輾轉經由汕頭到台灣，任職行政長官公署法制委員會。生活安定之後，父親就要我們全家也到台灣來。因爲全家只靠父親的薪水過日子，經濟生活很緊張，我就去考享有公費的師範學院，妹妹也唸女子師專。那是「二・二八事件」以後的事了。

起初，我是想好好唸書，不管外面事的。但是，從小在上海長大的我，經常看到「打倒日本帝國主義」的遊行隊伍，因而就有不受帝國主義列強欺侮的志氣；再加上受到思想進步的父親影響，面對大陸內戰戰場急遽變化的形勢，自然也想爲祖國的早日統一，盡點心力。

因爲這樣，我除了熱心在學校辦壁報之外，也參加了師院學生組成的進步社團「大家唱」合唱團，通過唱歌、跳舞的方式，推展台灣的學生運動。

一九四九年三月，爲了迎接即將到來的解放，父親又帶著家人回到上海。台灣，就只剩我自己一個人了；於是我就搬到學校宿舍去住。

正因爲這樣，在「四・六」大逮捕時，我也成爲被捕的學生之一。

## 自行車事件

我個人認爲，所謂「四・六事件」，是把台灣作爲最後垂死掙扎的所謂「基地」的蔣介石政權，爲了鎮壓台灣學生和進步人士而製造的殘酷「事件」。而「四・六事件」的導火線，就是作爲他們的統治工具之一的警察挑起的「自行車事件」。由於時間久遠，「自行車事件」發生在一九四九年的三月十九日或是二十日，我已經記不清楚了。總之，就是這兩天中的一天。

這天，天氣晴朗，溫暖愜意，師院的不少同學利用課餘結件外出。到了晚上，男生宿舍裡的同學照例各在自己寢室看書，或三三兩兩聚在一起縱情談論，周圍一片寂靜。忽然，我聽到走廊外邊有人叫喊起來：「不好了，兩個同學給抓走了。」這聲呼號就像一個號令，樓上樓下的走廊裡頓時腳步雜沓，人聲鼎沸。有人問：「誰給抓走了？」「是誰抓的？」也有人在呼喚「老莊！老莊在哪兒？」還有些人在急匆匆地說著什麼。這時，一位身材高大的同學，聲音宏亮地喊道：「到食堂去，大家到食堂去。」於是，同學們爭先恐後，邁開了大步，穿過走廊，嘩嘩地下了樓梯，進了食堂。

記得，我跟著同學們擁下樓去的時候，心裡忽然一動，產生了一個不祥的預感。進了食堂，我發現那兒已經聚集了不少同學，都在仔細聆聽。一個操著不那麼純正國語的同學正在大聲講話：「剛才回校的路上，我看見幾個警察和共騎一輛自行車的兩個同學在激烈爭吵，接著互相推擠起來。這伙警察就不由分說，把兩位同學拖走了。只聽得同學在掙扎，在叫喊：『警察打人！……警察打人！』『救命！——救命啊！』圍觀的人隨著紛紛高喊：『不許打人，警察不能隨便打人』。可在場的警察卻厲聲喝道：『再搗亂！把你們這些傢伙全抓起來。』……」

同學們一聽，大聲喧嘩起來，七嘴八舌地議論開了。不久，有人喝了聲：「大家靜靜，靜靜。」我仔細一看，原來是學生自治會糾察部長莊輝彰。他接著問那位同學：「是哪裡的警察局把兩個同學抓去？」「四分局。」「好。同學們，我們是不是到四分局進行交涉？」莊輝彰的話音未落，同學們便一齊喊道：「對，到四分局去，要他們放人。」大家立刻從食堂裡一擁而出，步履飛快地衝出校門，沿和平東路拐到新生南路，朝四分局走去。

到了四分局門口，我發現已經有許多同學在那兒。這時，學生自治會的幾個幹部，代表同學們進局裡去進行交涉，其餘同學站在分局門口等候。我掉首四顧，看到了同班的宋承治和汪應楠。我們就湊在一起交談。等了好久好久，老汪擔心地說：「怎麼搞得這樣久，是不是他們不肯放人？」

果然，眞如老汪所料。代表從裡面傳出消息說：値班警察始終講他們不知道抓人的事情。而分局長和別的警官早已下班，都不在了。代表們要求値班警察打電話請分局長到分局裡來放人，値班警察也不敢，一味搪塞。

二百多位同學們站在四分局前面的路上，一直耐心地守候，直到深夜，進局裡談判的莊輝彰忽然出來了。他勸我們說：「同學們，時間很晚了，你們還是先回去休息，讓我們這些代表在這裡等候消息吧！我相信警察局不敢不放人的，你們還是先回去休息吧！」大家聽老莊這麼說，心中雖然不很樂意，然而，還是陸陸續續地轉身離開四分局，走回學校去。

走了一段路，我們就迎面碰上來自台大的百來名同學。原來他們才得到消息，急忙趕到四分局來聲援。他們聽我們說四分局還不肯放人，只有學生會代表在分局繼續交涉，就主張同學們不該回去。於是，大部分師院同學又和他們一起回到四分局。

當台大和師院兩個學校的三百多名同學，在四分局門前堅持到半夜過後，自稱是台北市警察總局的督察長和四分局局長的人，終於露面了。可是，我們萬萬沒想到：談了半天，他們兩個仍堅持說警察沒抓人。同學們儘管非常氣憤，卻拿他們一點辦法也沒有。有幾個同學氣憤不過，就隨手揀起幾塊石子，朝四分局的玻璃窗扔去。於是，「啪」、「嘩啦」接連傳來了好幾聲打破玻璃的響聲。屋子裡的警察大聲吆喝著咒罵起來，扔石子的同學也大聲回罵了幾句。這時，有人對自己的同學喝道：「別吵。別砸。要講道理。」外邊的喧嘩驚動了還在屋子裡交涉的同學，他們趕快跑出來，喝住了那幾個扔石塊洩憤的同學。這時，同學們都已疲憊。有人建議，大家先回去，明天商量好再說。有幾個同學就開始走了；還待在那裡的同學，也感到厭煩起來，覺得老這樣呆下去難得有結果。這時，不知誰出了個主意：警察抓了人還不承認，我們不要在這裡再跟他們談下去，要談，叫他們跟我們到台大新生南路宿舍（那兒離四分局較近）去談吧。早就疲憊不堪的同學，覺得這倒是個好辦法，完全沒有深入去想這麼做會造成怎樣的後果，就挪動了腳步。最妙的是，那兩個警官居然一不抗議，二無異議，乖乖地隨著大伙走了起來。

## 保護兩名警官

在台大新生南路宿舍進行的談判延續到深夜，雙方各說各的。同學們終於累得不行了。這時，有人建議，讓那兩個死不認賬的警官走吧！可也有人反對，認爲萬萬使不得；萬一他們一出法學院就去什麼地方躲了起來，讓警察總局出面向同學要人，怎辦？這下同學都犯了愁。因爲，早已過了午夜，警察總局又離得遠，而同學們也已累得不行了。別說總局，就是把他們送到離那兒不遠的四分局裡去，也沒人幹。萬一他們在路上跑了怎麼辦？可你也總不能讓在場的師院和台大的同學全都留下，呆在新生南路的操場上，陪著兩個警官直到天亮。因爲，明天還得遊行到警察總局請願，讓他們儘快釋放被捕的那兩個同學；所以，大家還得先回去休息休息。大家商量著，最後，不知哪個出了個主意：師院和台大各出一個志願者，由他們兩個留下來負責陪那兩個警察，讓他們躺下來睡覺，但決不容許他們溜走，免得事後麻煩。明天早晨，由前去警察總局遊行請願的隊伍前來接應，帶他們一同去，交給警察總局。

大家全都明白，要負責保護這兩個警官的同學，責任是何等重大，誰膽敢「毛遂自薦」呢？他們在站出來表示願意擔當這一重任之前，除了得掂量掂量自己的能耐，能否平安完成重任，還得想想往前跨出這一步，將來自己會因此惹上多大的麻煩，遭到多大的不幸。大家一時面面相覷，無人自告奮勇。過了一會，台大那一邊的同學有人默默地站了出來。又過了一會，我睜大眼睛，看見師院這邊人影晃動。我仔細瞧瞧，宋承治、莊輝彰和自治會裡的另一個同學聚在一起，好像在商議著什麼。我未經思索，也來不及和他們打招呼，就搶先往前跨出一步，說道，「好吧，我算一個」。這並不是由於我膽略過人，也不是因爲我有恃無恐，當時我只有一個念頭：與其讓自治會裡的同學站出來承擔，不如讓我這個「無名小卒」站出來，承擔這個「風險」吧。

果然，當我在「四・六事件」被捕以後，就嚐到了這個「風險」的厲害。

## 從黑夜到黎明

四月五日夜裡，軍警已經奉令把師院男生新宿舍團團圍住。同學們卻懵然不覺，好夢正酣。六日凌晨，忽然「鐺—鐺，鐺—鐺」的聲音大作。原來有個夜裡起來解手的同學，從廁所窗口忽然瞥見離學校不遠的地方，無數身穿軍裝、荷槍實彈的士兵，還有手持棍棒的警察。他立刻回到寢室裡，隨手抓起一只臉盆，跑到走廊，邊敲邊叫。被驚醒的同學們紛紛跳下床來，跑到走廊去看，這才發現宿舍已被軍警團團圍住；大家立刻喧嘩起來。這時，有個高大的身影站在三樓的樓梯口，大聲吆喝：「到食堂裡去！到食堂裡去！」大家於是匆匆下樓，到食堂集中，然後由自治會的莊輝彰臨時主持會議。經過急促而短暫的商議和爭論，大家又全部轉移到位於食堂東面的新宿舍裡。同時，住在底樓的不少同學都已跑上樓梯，和住在二樓、三樓的同學一起占住了樓梯口的制高點，決心憑險據守。有的同學到處收集瓶瓶罐罐，用來當作投擲的「武器」。有的則找來了不少掃帚和棍棒，作爲肉搏的「武器」。有的拖來桌椅、長凳，橫在樓梯口，當作障礙物。另一些同學則站在三樓房間的窗口，對著那些鬼頭鬼腦、躲在宿舍周圍的軍警喊話，要他們不要抓無辜的學生。有一夥打手旋即逐漸逼近宿舍，衝進底層。學生則居高臨下，不停地把各色各樣的雜物扔下去，有的搬來更多的桌、椅、床板，用它們作屏障，逐樓構築工事，堵住樓梯和樓梯口。

這時，有個身穿軍官服裝的傢伙，手持擴音筒，對著宿舍樓大聲喊叫了起來：「我們受上面差遣，到這裡來送交一份公函。你們別扔東西下來。我們要派個人上去，把它交給你們……」同學們商議後，決定不讓任何軍警上來，就從樓上向他們喊話：「你們把東西準備好。我們讓人下來取。」

過一會，果然有人下去取來了一疊油印的傳單般的東西。大家搶著一看，原來是警方想要拘捕的同學名單，就大聲臭罵起來。於是，雙方又對峙了很久。

看了黑名單之後，有人就把名單上的同學，藏在天花板和屋頂的隔層裡，還有人把同學們的學生證收集起來，埋在廚房的煤堆下面。他們認爲，只要大家都不說出自己的名字，不「按名指交」，軍警特務就奈何我們不得。

雙方僵持到早晨六時半左右，院長謝東閔和訓育處的一些人員來到新宿舍，企圖勸說同學，交出名單上的七個「首謀」，但遭到同學的嚴詞拒絕。七時左右，他們快快然離開宿舍，並扔下一句話：「一切後果，由你們自負。」他們剛走，凶神惡煞似的警察就揮舞著棍棒，衝了過來，對新宿舍樓上的同學重新發起攻擊。憲兵和特務則跟隨在後面，大聲吶喊，爲他們助威。警察似乎要報四分局一役中的一箭之仇，所以對我們格外凶狠、毒辣。他們用從底樓寢室裡搶來的毛毯、臉盆等東西，遮蔽身體要害和頂在頭上，揮舞著手裡的警棍，從宿舍的底樓逐層往上攻，學生則從樓上不斷往下擲玻璃瓶、熱水瓶等雜物，拚命抵抗。我看到不少同學被棍棒打得鮮血淋漓，鼻青眼腫。在軍警的棍棒和拳腳下，手無寸鐵的我們只能逐漸後退，直到一個個背靠牆壁，再無退路。

大約上午八、九點鐘，一場惡鬥以同學抵抗失敗告終。這時，新宿舍已經「體無完膚」，整幢樓裡，每一扇窗上的窗框和玻璃，已給復仇心切的警察用棍棒砸得粉碎。軍警把我們逐一反轉手臂捆綁起來後，拖拉推擠，把我們逐一押上等待已久的警車。接著又開來了幾輛大卡車，把反剪雙臂的兩百多個同學，統統押走。

## 集體囚禁警備旅營房

車子終於停了下來。我發現，這裡原來是駐在上海路上的警備旅的一所營房。我們被押解下車後，有個軍官模樣的人叫著口令，讓大家排成縱隊，進入一座大營房裡。然後，士兵走上前來，解開我們身上的繩索，讓我們依次上了已經編了號碼的床位（好像上下鋪各睡三人），接著，就有人按照床位，把各人的姓名一一載入一個本子。就這樣，二百多個同學開始了集體囚徒的生涯。

在荷槍實彈的士兵嚴密監視下，我們各自撫摸著身上被打、挨揍的痛處，一邊反省著，思索著什麼。我注意到，也有不少人左顧右盼，看看自己的鄰居是誰，哪些同學和自己一起遭了難。有些膽大的同學已經忍不住交頭接耳，交換起什麼「消息」來。同學們的情緒和表現還算鎮定，沒有人流露出恐慌或者局促不安的神態。

集體牢獄裡的日子過得很快。除了不能自由活動，不准走近營房門口以外，基本上沒受到多大的拘束。當然，大小便的時候一定要有兩個士兵在身後跟隨。不過，他們倒也沒有隨便打人、罵人。他們一味不和我們說話，問多了就衝著我們使勁搖頭。一日三餐的飯菜也還不錯──回想起來，比想像中的好得多──至少比天天讓你喝「米素稀滷」（日語，豆豉湯）的師院食堂裡的伙食強多了。

一天，軍警忽然把同學們召在一起，讓大家聚集在營房中的一塊地方，距離營房大門約有二十公尺左右。大家正在詫異和擔心的時候，大門開處，進來了二十來個同學和師長。原來「四・六事件」發生後的第二天，教師們和未被捕的同學組成了「四・六事件營救會」，這時他們派代表來慰問我們。我們看到親愛的同學和敬愛的老師，雖然只能隔著二十多公尺互相招手致意，通過目光來交流彼此的情誼，心裡眞是高興極了。

迫於輿論和形勢，當局不得不以「保釋」爲條件，准備釋放大部分被捕同學。營救會前來「探監」以後，就開始由特務對學生逐個進行「審問」。問題大抵是：「爲什麼跟隨共產黨鬧事？」「鼓動和組織鬧事的是誰？」「你究竟還想繼續讀書嗎？」每次審訊一批，十人左右。然後，由荷槍的士兵把每個學生帶回原來囚禁的地方。

## 移監情報處秘密監獄

幾天過後，通過交頭接耳，終於傳來了一個好消息：有家的同學將由家中父母兄姐前來保釋；在台無家可歸的同學，可由親友或師長前來保釋。這樣，過了大概四五天後，集體被捕的同學大部分被陸續保釋出去了。不容許保釋的同學日漸稀少，他們不免感到寂寞而擔心。不久，只剩下幾個，其中有我、樓必忠、郎立巍、魯敎興、趙制陽、莊輝彰、王俊廷等人。從此，再也無人前來「探監」，也無法得到外面的任何消息。各自整日價躺在床上，沉默不語，硬著頭皮熬下去。

一天深夜，營房裡進來了二十多個全副武裝的士兵。他們叫我們全都起來，命令我們排成一行，逐一叫著名字，讓我們每兩個站在一塊；然後有人過來給我們戴上手銬——每兩個的手腕銬在一起。然後又有人厲聲吆喝，讓我們一對對上了一輛黑色的囚車。車門砰然關上，卡嗒一聲上了鎖，車就風馳電掣地行駛起來，一路顛簸著行駛了很久。我們這些「囚徒」全都緊張地屏息凝神，頭腦裡一片空白。

行駛了一個鐘頭左右，車子停了下來。有人吆喝道：「下來，下來。」我們又兩個、兩個依次下了車。我悄悄地朝著周圍一看，只見自己站在一座上有一個綠色拱頂的建築物前面。接著，就有人指點著讓我們排成一行，走進屋子。拐了幾個彎兒，我們來到一間大屋子裡。屋子被隔成一排用原木構造的一個個囚籠，前面留剩一條狹窄的通道。我們被逐一叫著名字，然後，一對對「犯人」戴著手銬進入了囚籠。進去後，依然每兩個同學扣在一起。囚籠裡鋪著木板。我們這些淪爲階下囚的同學既然成雙作對地扣在一起，就只好一同躺下或坐起。各自的心裡七上八下，都覺得前途凶多吉少。囚籠周圍的環境倒很靜寂，聽不見嚴刑拷打時囚徒發出的慘叫或呼號。關在囚籠裡的人多半垂著頭沉默不語，我們也是如此。身在軍營裡的時候，我們還在心底裡企盼著的一切，如今全都沒了影兒。每當有人從過道裡走過時，我們都會身不由己地抬起頭來仔細看看，可看到的多半是戴著手銬甚至腳鐐的囚徒。

我們被迫依次「過堂」，逐一接受審訊。擔任審訊重任的人都身穿軍裝，三人一組。兩人詢問，一人筆錄。問的問題讓人聽了覺得玄乎：「你最愛看什麼樣的書？」「你喜歡和哪些人來往？」「你認識哪幾個共產黨員？」「你和同學裡哪些人最要好？」等等。每次「過堂」，耗時兩三個小時。最令我們感到奇怪的是：訊問的人居然表面上對我們還算禮貌，還很耐心，從不疾言厲色，更沒有對我們使用什麼酷刑。事後，有的同學甚至還開玩笑說：「他們自己心裡明白，從我們這兒撈不到什麼，懶得費什麼心、花什麼力。」

因爲被囚禁在籠子裡的人都不能戴錶，屋子裡又一直亮著電燈，我們無法判斷自己究竟在籠子裡待了多少天。一天晚上，夜似乎很深了，有人卻把我們叫起來，吆喝著命令我們兩個兩個從籠子裡出來。我們來到院子裡一看，一輛黑色的囚車正等著我們。不但如此，這回還有一輛大軍車停在囚車後面，車上面對面坐著兩排全副武裝、手持衝鋒槍的士兵。我們戴著手銬，默默地向關押我們一個多星期之久的，那座有著綠色拱頂的牢房，投以最後一瞥，依次上了囚車。車門重新砰然關上，迅即開動。「何處是歸宿？」我相信，當時每個人都在這麼想。後來才知道，囚禁我們的就是令人談虎色變的情報處秘密監獄。

## 兩校會師看守所

囚車行駛了一個多小時。車子一停，那些士兵抱著衝鋒槍，先從十輪大軍車裡依次跳下來。然後，車門開處，我們這些「囚徒」在吆喝聲中魚貫而下。寂靜而曠廣的周圍一片漆黑，只有遠處一盞路燈微微映現出昏黃的燈光，映照出那些一個個如臨大敵似的傢伙，端著衝鋒槍，迅速在附近布置好崗哨，個個背對著囚車，各自面朝不同的方向。

猛然，我們的耳畔響起了「哐啷」一聲鐵門開啓的聲音。那個領頭的武裝人員吆喝著走在前面，讓他的部下看押著我們走進一個黑洞洞的窄門。直到門在我們身後砰然關上，「咯嗒」一聲上了鎖。我們的那顆激烈地跳動著的心才逐漸鎮定下來，意識到自己只是進了一座昏暗的牢房。

這時，早有幾個穿著制服的看守迎上前來，清點了我們的人數，記完了我們的姓名，隨即與那個武裝人員交頭接耳了一會，這大概是交接完畢了。他們然後帶領我們七彎八繞，穿過一扇又一扇鐵欄柵，最後拐進一扇鐵門，進入一條兩旁有著一個個鐵門緊閉的牢房的通道。

這時，大概已經過了半夜。看守把我們分別趕進一間間牢房（三個人一間）。牢房大約三公尺半長，兩公尺半寬，地上鋪有地板，囚徒就躺在地上。有兩塊地板可以移開，下面就是便桶。牢門上有個遮著一塊活絡鐵片的小孔，專供看守隨時監視牢房裡的囚徒。一進牢房，我們就橫下身子，躺在地板上睡著了，睡得很香。這是我們從四月六日清晨以來，睡得最安逸的一覺。我們睡到天亮，才被一聲聲敲打牢門的砰、砰聲驚醒。接著又聽見有人在喊，「師院的來了嗎？台大向你們問好！」我們每個人聽了，心頭一熱，這聲音好親切。仔細聽聽，仔細想想。可不？一定是台大的被捕同學在呼喚我們。大家不由得興奮得大叫起來；「啊，啊！是師院！」就這樣，師院和台大的難友們在台北市地方法院看守所裡碰了頭。事後，兩所學校的同學稱之爲「兩校會師看守所」。

我記得，在法院看守所的師院同學包括：我、宋承治、樓必忠、魯敦興、趙制陽、莊輝彰、方啓明、郎立巍、王俊廷、毛文昌、薛愛蘭（女）共十一人。除了薛愛蘭被關押在看守所的女牢裡以外，其餘十人都在看守所裡和台大的被捕同學「會了師」。比師院同學早幾天來到看守所的台大的同學有周自強、黃金揚、王耀華、盧秀如、藍世豪、許冀湯、

張光直

楊逵

孫達人、許華江、陳琴、申德健和陳錢潮，一共也是十一人。另外，還有軍警在「四‧六事件」中拘捕的兩個中學生和幾位「社會人士」。兩個中學生中，一個是後來成爲國際知名的人類考古學家的張光直，還有一個是後來在台北地方法院法庭開庭時跳樓自殺的丘宏仁（聽說他是台灣名人丘漢平的兒子），都是建國中學的學生。社會人士有台灣知名作家楊逵、印尼華僑古可喜、台灣《新生報》的文藝副刊「橋」的主編史習枚（筆名歌雷），另外一個身分不確的名叫苗利生的北方人，一個北方籍的商人和一個寧波籍的商人，還有一個一直在鐵路上幹活的、頭兒模樣、蓄著山羊鬚的老先生。這些學生和社會人士相處尚算融洽。日久以後，彼此在荷槍實彈的一排士兵監視下，乘放封之便，這些難友在同學們的鼓動和指點下，在牢房周圍一片長滿草的空地裡，稍稍進行了一些文娛活動：扭秧歌、打棒球（用的是皮球和木棍）、競走等等。這些優厚的待遇都是我們經過各種不同鬥爭方式爭取來的。

## 「妨害公共秩序」之罪

坐牢的人，不管坐怎麼樣的牢，都殷切地渴望著自己重獲自由的一天。我們這些被囚的師院和台大的同學也不例外。我們這些「囚徒生」先後被台北市地方法院的檢察部門提審，有的一兩次，有的好幾回。大家也都盼望早日開庭審訊。最早一批被起訴和獲釋的都是師院的同學，除了我，還有宋承治、樓必忠、郎立巍、魯敎興等六人。

儘管我在「四・六事件」中和全體住宿同學一起被捕，可我並不是什麼「首謀」，黑名單上也沒有我的名字；可是，在此之前，我卻始終未蒙准予「保釋」。對此，我一直感到納悶。我被移送情報處進一步審訊後，經台北市檢察院和台北市地方法院以「妨害公共秩序」的罪名起訴和判刑的時候，出庭爲控方作證的證人，竟是我曾保護過的那個督察長和那個分局長。他們證明的內容無非是我在發生「自行車事件」的那天晚上，和別的同學一起，參加了包圍四分局的行動。這是他們指證我的唯一「罪行」。換句話說，那天晚上，我在關鍵時刻向前跨出了那一步，毅然承擔了看護那兩個警官的任務，因此，犯了「罪」，並被判刑八個月。從入獄的時候算起，一直待到一九四九年底才獲釋。

台灣師大「四・六事件」研究小組在一九九七年六月公布的〈研究報告〉，披露了當年台灣省政府主席兼警備總司令陳誠發給師範學院謝院長（東閔）的特字第貳號「代電」。看了這個要求謝院長按名指交「不法」學生首謀的「代電」，我才知道，當時我們居然犯了如此嚴重的罪：「……甚至搗毀公署，私擅拘禁公務之人員，肆行不法，殊屬居心叵測」。我們不能說「代電」所指之事子虛烏有，但是，小題大作，無限上綱，難道還不是欲加其罪，何患無詞？

儘管，我的人生旅程從此改變，而且走上了一條坎坷、曲折的道路。可我並不後悔！

我認爲我做了一件當時該做的事，如此而已。

## 出獄以後

出獄以後，我隨即被徵調到鳳山孫立人的「陸軍軍事教導總隊」服兵役。大概是因爲孫立人與老蔣有矛盾吧！役期還未滿，教導總隊就被撤了，所有的隊員也依命令提早歸休，回原單位。

儘管我原本是師院英語系的學生，可在「四・六事件」後已被學校除籍，因此也就沒有「原單位」可回！我於是找了以前的同學，替我向劉眞院長提出恢復學籍的陳情；可劉眞並沒答應。

爲了生存，我就到《新生報》的印刷廠做英文的排字工人；同時利用晚班後的閒暇，復習功課，準備重考大學。

一九五三年，我如願考上台大外文系。爲了解決生活問題，同時也在趙麗蓮教授辦的《學生英語文摘》打工，擔任編輯助理。

畢業後，我留在外文系當助教；同時也參與夏濟安老師的《文學雜誌》的編務。後來，低兩班的白先勇創辦《現代文學》雜誌時，也請我擔任編委，我以筆名「南度」發表了許多翻譯文章。

再後來，我以第一名的成績考上師大英語系碩士班（錄取五人）。所長梁實秋先生要我辭掉台大助教的工作，專心唸書；可夏濟安老師並不這樣看，要我繼續擔任助教；但梁先生不答應，夏老師就勸我別去唸了，以後再設法讓我去美國留學。我想，兩個老頭子，無論如何總要得罪一個；我只好請梁先生原諒，沒去唸了。

那時候，出國要有保人，像我這樣單身在台灣的人，很難出去。可後來，因爲英千里主任的支持，我終於有機會到汶萊教書。原先，我是想從汶萊再轉到美國唸書的；可到了汶萊之後，經常收到上海家裡的來信，因爲想家，也因爲想爲祖國的建設盡點心力，我就在一九六四年四月六日，離開汶萊，經由香港，回到上海。

回來以後，我就在上海師範大學外語系教書，每月工資六十圓。儘管只是汶萊收入的十分之一，可我並不後悔！

## 結束語

歲月悠悠，「四・六事件」已經過去五十年了。當年有幸親身參與這一轟轟烈烈的抗暴行動的師院同學都已垂老矣，有些甚至早已骨埋青山。作爲倖存者之一，我感到高興的是：近年來，台灣師大和台灣大學的老師和同學們，對發生在半世紀前的這場震撼全省的事件，進行了研究和調查，並且分別發表了《四・六事件研究報告》和《四・六事件調查報告》。我認爲，這是對歷史負責、對眞理和正義負責的表現。對此，我感到無比欣慰。但願在「四・六事件」中，台灣學生所體現的爲社會正義而大無畏獻身的精神，能夠在台灣青年一代發揚光大！

採訪日期：一九九九年九月二十四日下午

採訪地點：上海明珠飯店

參考資料：朱乃長〈關於「四・六事件」的回憶〉收錄於《「四・六」紀念專輯》，福建省台灣大專院校校友會編，一九九九年四月。

# 無怨無悔的青春

## ——曾文華及其妻子訪談錄

曾文華，台中市人，一九二四年生，

原師範學院英語專修科學生；

一九四九年「四・六事件」時被捕，繫獄三天；

同年六月畢業；

一九五〇年六月，再度被捕，處刑十年。

曾文華，1997年3月28日，台中。（藍博洲 攝）

一九九七年三月，為了採集一九四九年「四・六事件」受難人的歷史證言，我從台北一路南下嘉義、屏東、高雄而台南；二十八日下午，我來到台中市三民路和復興路口一處鐵路平交道旁的曾文華先生家，採集他那近五十年前的青春歲月與理想。

## 希望一個平等的社會

**曾文華**：我爸爸是日據時代師範前身的國語學校畢業的，跟一般人比起來，我們算是比較有思想的家庭。我們家也有一點土地啦！但是，我出去社會以後看到很多生活困苦的人，心裡就很同情；尤其，我讀的淡水中學，校訓是「信、望、愛」三個主張；所以，比較起來，我很早就有博愛的想法。我記得，學校的劍道老師曾經告訴我們：「劍就是修養，就是道！你的劍不是要去欺侮人的，它是要你保護弱者……。」我覺得很有道理。後來，我又看到淡水中學有很多有錢人的子弟，生活靡亂；我的心裡就很不以為然啦！從那時侯起，我就一直在想，如何才能實現一個平等的社會？但是，那時候的想法和做法，可以說是很抽象的啦！……

## 從青年師範到台北師院

**曾文華**：後來，淡水中學五年級的時侯，我還沒讀畢業就被調去讀青年師範；那是帶有軍事性質的皇民化教育的學校。青年師範在彰化，就是現在的彰化教育學院；那裡的校園很大，當時大概有三百多甲呢。

我們在那裡，天天都有軍事訓練。訓練的項目包括：匍匐前進，爬到手和腳都流血，非常辛苦。那些教官說，通過這樣艱苦的訓練，我們才能夠在戰爭時保住性命。

青年師範的日本學生佔大部分，他們只要找到理由就要欺侮我們台灣學生；我們當然不讓他們欺負啊！這樣，台灣學生和日本學生就鬥得很厲害。但是，那時候，學校教官或是教務主任的處理方法，並不偏向日本學生，基本上，立場還是公正的；對就是對，不對就不對。就這點來說，日本人也有他好的地方啦！但是，在根本制度上，它對台灣學生還是有歧視的差別。簡單來說，具體的差別就是：我們台灣學生絕對不可以表現得比他們還強；如果我們表現得比他還強，能力較高，他就要欺侮你。這是一種民族歧視的心態吧！另外，畢業以後同樣是教書，他們的待遇就比我們多六成。當它快要戰敗的時候，爲了兵源的需要，才做一些調整。所以，那時候，我就對這種差別待遇很不滿。我想，平平都生做人，爲什麼要有差別呢？

但是，沒多久，台灣就光復了。光復以後，國民黨說這個青年師範學校是「敵性」

的教育。皇民化的教育嘛！所以，就廢校了。青年師範廢校以後，我先去讀台中師範學校，後來，師範學院開始招生，我才去讀。

這時候，曾文華先生的夫人泡了一壺熱茶，給我們各倒了一杯，然後坐在曾先生的身旁，一起聆聽曾文華先生繼續回憶那段不堪回首的往事。

## 二．二八在台中

**曾文華：**一九四六年四月，師範學院頭一屆招生，我考進英文科。九月，正式開學；半年後，「二．二八事件」就發生了。那時侯，我和同班同學柯旗化、吳明烈住在宿舍的同寢室，聽到二二八的消息後，我就決定回台中。我於是從宿舍用走的，沿著山腳下的路，走到一個叫「崁仔腳」的小站才坐上火車，貨車啦！回到台中。這時，已經是三月初了，事件已經過了三、四天。我跟大部分有熱情的青年一樣，也想了解台中的情況到底怎樣了？我想，如果地方的治安不好，我們也應該出來維護一下。因爲有這樣的心理，我就到讀過一段時間的台中師範看看；我聽說那裡有一個「本部」。

到了師範附小，我看到有很多人被集中起來。我問人家，他們說是怕他們被壞人打，所以就把他們集中保護。他們包括本省人和外省人，有些還是官員，不管什麼人，反正容易被欺負的，就要保護啊！我就留下來，幫忙煮飯，做飯糰。

後來，另外一邊的人來包圍師範本部，什麼人我不清楚。好像是從海外回來日據時代當過日本軍伕的人比較多。他們要搶武器。我就覺得，那樣內鬥就沒意思啦！所以，我的熱情就有比較冷了。

經過這個事情以後，我很擔心在這樣的狀況下，台中一定會很亂！到時候，一些壞人一定會出來搶啊！幸好，後來台中並沒有什麼暴動發生。

我後來聽一個台中師範時候的朋友呂煥章說，他們跟著「二七部隊」進去埔里，到後來也不得不解散！他們只好就出來了，然後，大家就裝沒有事那樣，繼續去讀書。

我認爲，因爲「二七部隊」撤到埔里，這樣，「二・二八」時期的台中才比較沒受到什麼……屠殺，不像基隆

1946年6月25日《新生報》刊載的師院第一屆招生榜單。

和高雄那樣厲害啦！那時侯，「二七部隊」是由兩股不同性質的力量合起來的；一派是謝雪紅的關係，另一派是台中師範體育老師吳振武號召的一派。那時候叫一個姓鍾的當隊長。但是，當國軍登陸基隆前後，台中就已經不行了。因此，吳振武就退出了；姓鍾的不知道是和他一起退出還是怎樣？留下來的就是謝雪紅領導的；但是，雖然說領導了好幾隊，其實一隊只有十到十五個人左右而已！他們應該是擔心中部這邊如果內鬥的話，地方的損失會很大，所以就退到埔里。

## 通過白的認識紅的

曾文華：「二・二八」發生前，大家看到，許多接收官員不斷地把接收來的物資，拿到上海去賣；而台灣的物價卻一日一日漲啊！大家發現接收官員的手都這麼髒，就很反感。爲了追求社會平等，反對貧乏，我也支持人民反對腐敗官僚的行動。事變後，我們一方面見識到國民黨壓制人民的殘酷手段，同時也注意到，那些來台灣接收的官僚，有很多回去大陸後是被人民清算的對象。我就想，既然這些人會被清算，一定是他們在那裡也在做壞事，人家才不歡迎他嘛！那麼，相對地，清算這些人的政治力量應該是好的囉！這樣，我就發現大陸還有一股要求民族獨立、國家統一的政治勢力啊！可以這麼說，那時候我對祖國的認識才改變。

當然，我也讀過一些日文的社會主義的書啦！像是京都帝大經濟學教授河上肇寫的《貧乏物語》。讀了那本書之後，我才了解，人爲什麼會變窮，社會爲什麼會腐敗！那時候，報紙也看得到關於內戰的報導。我看到，國民黨的部隊正節節敗退；我就會想，爲什麼共產黨的條件那麼差還會贏？想來想去，惟一能解釋的就是：它得人心嘛！我認爲，歷史上，不得人心的政權早晚會崩潰的。我當時的認識就只是這樣而已，也不是說有多麼徹底啦！後來，大家都覺得，中國人打中國人沒有意思啊！所以，只要是自治會決定遊行，大家就會去。那時候，我們遊行的Slogan（Slogan就是口號）是：反飢餓、反內戰、要和平！這麼單純啦。

## 戰鬥的青春

**曾文華**：「二•二八」之後，「四•六」之前，師範學院學生的社團活動很活躍！這些事，對我來說，可以說是往事如煙啦！我現在沒法很清楚的記得。不過，我印象較深的是，辦壁報啦！文學活動啦！那歌唱就是歌詠隊啊！他們都唱進步的歌啊！戲劇好像和台大有合作還是怎樣？有一次還請烏來的歌舞團來師院禮堂表演。……

師院時代的曾文華。

1946年12月，曾文華（最後一排左一）與英語科同學。

我是班代嘛，所以，比較起來是什麼都有湊一腳，但是沒有專門參加什麼社團。我只有和自治會的關係比較深啦！

到了一九四九年年初，國民黨大軍在內戰戰場像雪崩一樣的崩潰啦！因為這樣，台灣突然來了很多從大陸撤退的特務、軍隊、公教人員，還有眷屬。到了晚上，大部分學校的教室、走廊，就有很多軍人掛起蚊帳，在那裡休息。當時我們就感覺到，有什麼重大的事情要發生了。

沒多久，三月二十，剛開學沒多久，有兩個學生因為單車雙載被警察取締，起了衝突；結果，這些學生被第四分局的警察抓起來關；學校裡的同學知道以後，就去包圍第四分局。……總之，事情發生以後，學生都非常勇敢，大家都有〈青春戰鬥曲〉歌詞裡頭的那種精神啦。

「那首歌的歌詞說些什麼？你還會唱嗎？」我打斷曾先生的回憶。

「歌，我唱得不好，就不獻醜了。」他謙虛的說：「不過，歌詞我還保留著；我可以唸給你聽聽。」

他於是從桌上的資料袋裡，拿出一張手抄的簡譜，然後唸給我聽：

我們的青春像烈火樣的鮮紅／燃燒在戰鬥的原野
我們的青春像海燕樣的英勇／飛躍在暴風雨的天空
原野是長遍了荊棘／讓我們燃燒得更鮮紅
天空是佈滿了黑暗／讓我們飛躍得更英勇
我們要在荊棘中燒出一條大路
我們要在黑暗中向著黎明猛衝

**曾文華**：第二天，也就是三月二十一那天，學生自治會認爲警察欺負人、迫害人，我們學生不能甘休啦，於是宣布：罷課遊行。那時侯，台大那邊的情況我不知道，可能也差不多啦！後來，師院的代理院長謝東閔就跑來阻止我們說：「你們不要去，不要去！」可是，我們學生就在禮堂那邊集合，有些人還穿著木屐，咯咯咯的走來走去；有些人就哈哈哈地大笑；沒有人要聽他的話。他就搖搖頭說：「今日的謝東閔還不如一條狗！」喔，這句話，我印象很深。然後，大家在禮堂集合後，就出發遊行；遊行的口號是：反對國民黨的特務統治！反壓迫！要和平！要民主……等等。我們就這樣一路喊口號，走到中山堂旁邊的警察局。到了那裡，圍觀的人就很多靠近過來了；也有人在寫標語……同情學生的聲音很大。那時候，大概是台北市的警察局吧？他看照這樣下去，要是擴大到像「二．二八」那樣，就麻煩了；所以，他就出來向學生道歉了事。

那次遊行之後，我們學生在民眾當中的聲望就變得很高啦！我舉個例來說，那時侯，我跟那個朱什麼啊……跑去上海那個……朱商彝，住在同一寢室，上下舖。有天晚上，讀書讀到十點多時，他說：「我們去吃麵啦！」我們就到外頭的麵攤吃麵。當時麵攤已有警察在那裡吃麵，可是麵攤老闆看到學生卻很高興，他也不管那個警察，就把警察原本在吹的電風扇拿到我們這邊來吹，麵也給我們下得比較大碗。其實，我們也不是什麼大人物啊！這就說明：那時侯的學生運動使這些平常飽受警察欺負的民眾，也出了一口氣就對啦！

三月二十九日，師範學院和台大的學生自治會，召集各個學校的學生，在台大法學院操場，舉行紀念青年節的營火晚會。大家在那裡，手牽手一起唱歌；唱麥浪歌詠隊唱的那些歌，像是：〈團結就是力量〉等等。晚會之後，台灣省警備總司令陳誠就決定把學運鎮壓下去了。

四月初五傍晚，陳誠第一個抓的就是自治會主席周慎源。但是，周慎源被抓以後又機警地脫逃。那個晚上，並且在師院宿舍的大餐廳，報告他被捕及脫逃的經過；台大那邊也派了代表來，一起開了一個反抗暴行的聲討大會。

## 四・六大逮捕

**曾文華：**第二天，天還沒有亮啊，就是四月六號的凌晨，警備司令部就派軍隊把師院和台大的學生宿舍包圍起來。當時，我在寢室裡頭睡覺，整棟宿舍也是黑漆漆的，我當然無法知道確實的狀況；但是，一共有好幾重的包圍是不會錯的。有些同學要出去卻被他們趕回來，在這種狀況之下，大家就說：危險啊！一定會來抓啊！大家於是動手，用那些桌子、椅子，塞住宿舍的樓梯口，阻止他們上樓來抓人。後來，他們要我們把什麼什麼人交出去，大家也不理啊！我們一直唱〈團結就是力量〉歌，喊口號，喊喊喊，喊到差不多天快要亮了。

他們軍警也一直想辦法要攻進來啊！我們學生只有勇氣啊！既沒有槍也沒有其他什麼武器，可以說手無寸鐵啦！沒辦法，就一直用東西丟；我們這邊丟下去，他們就躲起來。到後來，我們把所有能丟的東西都丟完了，只好連吉他、木屐、墨水瓶也拿來丟；最後，沒東西丟了，他們就衝上來了。在那個情況下，所有住宿舍的同學就統統被抓去了。嗯，抓去哪裡呢？就是現在的中正紀念堂。我聽人家說，日據時代，那裡是日本部隊的營房。他們就把我們抓到那個地方關著，同時還派一些拿機關槍的兵看守我們。三天後，學校方面才派人去把我們保出來。

曾文華與同學們在師院。

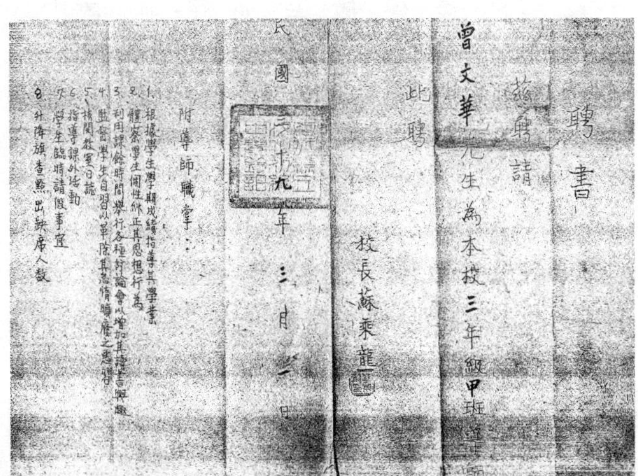

聘書

茲聘請

曾文華先生為本校三年級甲班導師

此聘

校長蘇秉龍

民國三十九年三月一日

附導師職掌：

1. 根據學生學期成績指導其學業
2. 體察學生個性糾正其思想行為
3. 利用課餘時間舉行各種討論會以增加其讀書興趣
4. 監督學生自習以革除其怠惰曠廢之惡習
5. 檢閱教室日誌
6. 指導課外活動
7. 學生臨時請假事宜
8. 升降旗查點出缺席人數

汐止初中給曾文華的聘書。

## 再度被捕

**曾文華：**出來以後，我想說既然沒事了，就回學校上課。這樣，六月就畢業了。畢業以後，自己就找到汐止初中實習；我和師院這邊的同學也就沒什麼聯絡啦！到了一九五〇年三、四月或四、五月時，我先聽到台大那邊有一部分學生被抓的風聲；後來，我的同班同學陳水木等人也被抓去了。當時，我就有預感台灣社會又有大亂要來啦！我想，他們可能是學生時候參加遊行牽連的吧！而我當時是班代，經常參加自治會的會議，恐怕也難逃被捕的厄運吧！

五月底左右，大概是五月二十八吧？我不放心把我太太自己一個人放在台中，就想把她帶上汐止。結果，我回台中那天，保密局也派人先到汐止初中抓我，他們抓不到我，第二天，就下來了。大概是凌晨三、四點左右吧！天快要亮的時侯，突然有人來敲門，說要戶口調查；我開了門，馬上就有六、七個以上的刑警闖進來，問也不問，就這樣把我抓到台中警察局。

## 疲勞審問

進去以後，他們起先假裝客氣地說：「你講啊！只要你統統講出來，你就可以沒事回家。」我當然知道這個厲害啊！也就不理他們。我不講，他們的問話方式就不同了。到了晚上二點到三、四點左右，我正好睡的時候，他們又故意把我叫起來「疲勞審問」；他們就用這種方式，問一些實在是無關緊要的事情。依我看，他們的主要目的就是要邀功啦！對他們來說，人既然抓來了，就算你是一塊白布，他們只要染一染，還是有邀功的機會啊！我想，他們大概認爲，問的越多，資料越多；這樣，他們就有更多的材料可以向上邀功吧！

他們主要問說，我在師範學院跟誰有關連啦？關連……我就說，「二・二八」之後，政府說要讓地方自治啊！我認爲，這個「自治」很好啊，就參加學校的學生自治會。我想，自治會的活動都是學校核准的，就照實講。他就說：「喔，這就是組織啊！」他們說，學生自治會就是「組織」。後來，我的罪名就是這樣來的。反正，白布硬要把他染成黑的就對了。

## 哪有這樣髒的人呢？

我在台中警察局關了差不多有一個星期。……那時候，家屬可以送東西去，見面就不行啦！

同房有一個小孩子，他是扒手，因此在裡頭常常被人家欺負。我進去以後，要是我內人有送東西來，就會分給他吃。後來，我就勸他說：「你出去以後一定要改過，叫你爸爸給你一點本錢去做生意，不要再做這樣子的事情了。」因爲這樣，當他看我經過「疲勞審問」被推回房時，他都會幫我按摩，讓我減輕疲勞。

那裡面的生活待遇，簡直連動物都不如啦！怎麼說？他不讓我睡覺也就罷了！可是，他們看守連我內人送來的食物或牛奶啦，也都把好吃的拿去自己先吃先喝；然後再把剩下來的東西，倒在木盒子裡被水浸得黑黑的稀飯中，舀了一瓢給我說：「拿去！」

既然吃的東西他們都要貪，那麼，其他更貴重的物品就不用說啦！

我被抓去的時侯，我太太給我一個戒指說：「帶著，帶著！」到了警察局，戒指就被拔下來，交給他們保管；可是，當我要送去台北的時候，我跟他們要回那個戒指，那個刑警隊長卻說：「哼！你們這樣子的人，送去台北就槍斃掉了，還要戒指做什麼？」結果，那個戒指也沒有還我。

當時，他們就是這麼樣的腐敗嘛！所以，那個時侯，有幾個犯了錯被抓進來的裝甲兵，也憤慨地說；「這些人實在太髒了！哪裡有這樣髒的人呢？」

## 台北車站的紅榜

談到這裡，我轉過去問一直坐在曾文華先生的身邊，安靜地聽我們談話的曾太太——陳足女士：「曾先生被抓的時侯，妳的心情怎麼樣？」

陳足女士害羞地說：「那時侯，我也不知道發生了什麼事情啊？心裡當然很急，很煩惱。天亮以後，我就四處去探聽，看看人被抓到哪裡去了？可是我問來問去，也沒有人知

曾文華的太太陳足女士。

曾文華與兒子。

陳足與兒子。

道是抓去哪裡？幾天後才知道是抓到警察局，我就給他送些吃的東西。……後來，我聽說要把他送去台北，我就到警察局等，然後一路偷偷地跟著他們到台北。到了台北，我原來明明看到他們下了車，可是，一出車站卻找不到人了。我後來才知道，我從前車站出去，他們卻從後車站出去；所以，找不到人。沒辦法，才又回來。」

「後來妳是怎樣又知道他的消息的？」

「後來，」她說：「他送到軍法處以後，寫信回來。我才知道他的下落。」

「那妳知道以後有去看他嗎？」我又問她。

「有啊！我去看過好幾次，都差不多是禮拜日去。」她的聲調稍微提高地說：「我去到台北車站時，心裡就很害怕！因為車站那裡的牆壁，都有寫名字。用紅筆寫槍殺幾個。我都先去看，不知道他會不會有事？如果沒看到他的名字，我才安心的去會面。那個會面的時間也很短，東西送進去，就差不多要叫你回去了。那時候，我們有兩個小孩，他被抓去的時侯，小的才六個月大而已，大的一歲多了。後來，小的在學走路，一次去會面的時侯，我就讓小孩在後庭那裡走給他看；他就從窗戶那裡看。」

「那是百葉窗，」曾文華向我解釋：「早上散步洗臉的時侯，把它撥開來，就可以看見。」

陳足女士繼續說：「讓他看孩子會走了，那些管理的人就說：走走走走，不可以在這裡！一直趕就是了。以後他去新店，我也去了好幾次。」

「妳知不知道他是犯了什麼案才被關的？」我故意問她。

她說：「我只知道他是什麼思想犯而已。」

「思想犯，」我繼續問她：「是什麼樣的思想妳知道嗎？」

「不知道。」她說：「我只知道，他這個人不是一個壞人啊！普通在學校也很受大家歡迎，怎麼可能會做出什麼事情呢？剛開始，還沒有判刑的時候，我很煩惱！因為每次去會面都會看到很多人被槍殺的告示；心裡就很怕啦！怕他也被槍殺了！我想，那就麻煩了。……。」

我不忍讓陳足女士過於陷入當年的悲苦情境中，於是就暫時讓她休息。然後，我轉向曾文華先生，請他接著談談後來的移監經過。

## 在保密局的難友

曾文華：我在台中警察局關了差不多一個星期之後，就被送去台北刑警大隊的拘留所；因為我們是保密局抓的，在刑警大隊就沒有審問。關了五、六天，大概保密局的押房有空位了，我和其他難友就被送去保密局。保密局就在……中華路附近，叫做……西本願寺，日本時代是軍官警備室。每間押房差不多六、七坪左右而已，但是卻關了十幾、二十個人。我那房包括：原來是國防部參謀次長的吳石中將、台大醫學院剛畢業的葉盛吉，及台大工學院的學生王超倫。……後來，我又換一間押房，就和那個台中的負責人……劉志敬一起。

劉志敬，他每天都在哭，站在窗戶旁哭說，他太太胰臟發炎啦！什麼對不住啦！可是，比起我們，他還有優待呢！保密局還炒牛肉，青椒炒牛肉，給他吃喔！我們就勸他說：「我們也沒有做什麼不對，哭什麼，怎麼可以哭呢？」聽說他還是參加過「二萬五千里」的？奇怪！我想，這就是人家說的：曾經「革命」的人，不一定就永遠「革命」啦！也許是這樣吧！……

另外，我要說的是，那裡的特務，眼睛都很利！怎麼說呢？舉個例吧！那時候，我身上有二、三百元，雖然不多，我想還是把它藏起來也好；這樣，萬一要用到錢的時候，還有得用。我於是把它藏在褲子的內裡。有一天，在散步的時候，我只是這樣而已喔（手摸腰部），沒想到其中一個看守就知道了，他就對我說：「來來來！」我跑過去以後，他就警告我說：「好，你這個案子啊，我要大就可以大，要小就可以小！……這次，我不罰你，但是……」沒錯！錢交出來給他就沒事啦！

但是，我要離開保密局的時候，他有還給我。從這點來看，保密局的紀律可能比較嚴格，不像警察局那麼骯髒啦！

在保密局，我也見到有個叫施部生的朋友；我想，歷史應該給他留下一些記錄才對！

施部生也是台中人，在外頭的時候，我就認識他。他家住在中華路的一條巷子裡頭。日據時代，他讀台中商業，是學校的柔道選手。有一次，他們學校有個已經

◎

**匪台灣省工委會台中武裝工作委員會叛亂案**

偵破時間：三九年三月廿四日至三月卅日　地點：台中縣

匪諜與處理情形

| 姓名 | 年齡 | 籍貫 | 處刑 |
|---|---|---|---|
| 施部生 | 二七 | 台中市 | 死刑 |
| 呂煥章 | 二七 | 台中市 | 死刑 |
| 張建三 | 二〇 | 台中市 | 死刑 |
| 李金木 | 二三 | 台中市 | 死刑 |
| 莊朝鐘 | 二三 | 台中市 | 死刑 |
| 林如松 | 二三 | 台中市 | 死刑 |
| 彭木興 | 二一 | 台中市 | 死刑 |
| 黃士性 | 二四 | 台中 | 死刑 |
| 劉嘉憲 | 二〇 | 台中 | 死刑 |
| 嚴勝河 | 二三 | 新竹 | 無期徒刑 |
| 許溪河 | 二三 | 台中 | 徒刑十五年 |
| 尤昭榮 | 一九 | 台中市 | 徒刑十五年 |
| 劉永生 | 二〇 | 台中 | 徒刑十五年 |
| 傅鐘韓 | 二三 | 福建 | 徒刑十五年 |
| 賴水池 | 二二 | 台中 | 徒刑十五年 |
| 隋宗清 | 二九 | 山東 | 徒刑十年 |
| 溫傳旺 | 四五 | 台中 | 徒刑二年 |
| 黃士樓 | 二一 | 台中 | 徒刑二年 |

| 判決文號及日期 | 死刑執行日期 |
|---|---|
| 一、三十九年九月十四日安潔字二一五四號判決。 | 二、三十九年十月二十七日執行。 |

施部生案的官方檔案。

畢業的、柔道二段的日本人要欺負他，就故意找他麻煩說：「你怎麼看到學長不敬禮啊？」施部生就回他說：「什麼，你已經是社會人了，我爲什麼要敬禮？」那日本人逮到機會就要給他下馬威，沒想到，他卻被施部生抓起來，摔到水溝裡面去。哈哈哈！從這裡就可以看出，他在日據時代就有一種不讓日本人欺負，不讓日本人看扁的骨氣啦！

我在保密局遇到施部生的那時，他的腳受了槍傷，走路一跛一跛的。我聽說，他在台中山區被圍剿時，腳被射傷；但是，被捕以後，子彈並沒有被取出來；到保密局以後，他們才幫他取出來。而且，保密局在給他取出子彈的時候，不曉得是故意整他還是怎樣？並沒有給他麻醉喔，就直接這樣拿。所以，那些看守看了，也對他有一點尊敬啦。他們說：這個是好漢，好漢！

## 軍法處

曾文華：保密局以後，我就被送到軍法處結案。

剛到軍法處的時候，我記得，我被關在第三排的押房；我記得，施部生在第一排。有一次放封結束，要回房的時候，我的木屐的鞋跟掉了，沒辦法穿，我就拖著拖著地走；施部生看到了就說：「來來來，我幫你，背你啦！」結果，他就眞的背我進來。……後來，我就沒再看到他。再後來，我又聽到他被槍殺的消息。第二排，我認識的是……呂煥章。呂煥章是很有正義感的人，他很高大，一百七十幾公分高。我們很早就認識了。「二・二八」以後，我們比較沒有在一起啦！他本來是在石岡的山裡，我聽說，他是因爲劉志敬要離開台灣的時候寫一封信給他，結果，他就這樣被抓了。在軍法處時，他就關在我對面，常常隔著走廊和我說笑話。有一次，我跟他說：「我們從小就在一起，現在又在一起，那下一次不知道什麼時候又可以在一起啊？」他笑笑說：「七月半啦！」哎！我聽了既哭不出來也笑不出來。這個人，實在……，當時，他還沒判刑，可是卻已經有覺悟啦！

他們這些要被槍決的人都是從軍法處被叫出去的。他們來叫，大概都是早上四、五點，天還沒亮的時候。那些知道自己早晚要被槍決的難友，大都早就給自己換上清潔的白色內衣（那時候要上衣也沒有啦）；當那個門答答答答地開了，叫了名字，大家知道，那就是有人要被押出去槍斃了。所以，一時之間，押房裡靜靜地，什麼聲音都聽不到；那種情況，可以說泰然，也可以講是恐怖啦！

我永遠記得，基隆中學校長鍾浩東要去的時候是一個一個握手，一點都沒有緊張的感覺。當時，在比較裡面的押房，有一個基隆中學高中部的學生，他看到校長要出去，就哭了。但是，這個鍾校長卻沈住氣跟他說：「好啊，我先走嘛，沒關係啦，解放的日子很快啦！」然後，他又對那看守說：「將來你也是要被解放的人啦！你要好好的對待我這些同志，不能隨便欺負他們。」他這樣說了以後才從容地走出去。……可以說視死如歸啦！

我還想到一個也是關在我對面房的一個難友，他叫什麼名字，我一直不清楚，我只知道大家都叫他「氣象台」。我那時候才二十多歲，他差不多是三、四十歲左右。這個人眞是了不起啊！他被叫到時，就安靜地換好衣服，然後跟看守說：「等一下，我解個手。」很沈得住氣喔。解了手之後，他就踏出押房。當時，他穿著一雙木屐，大概是想想不雅，又進去換鞋子。然後跟同房難友說：「大家再見！」

還有一個醫學博士，叫做江德興，苗栗銅鑼人，他是「屯仔腳」（后里）一個劉醫師的女婿，他大概認爲，反正這個被抓了，性命一定很難撿回來啦！他就利用倒馬桶的時候，手用毛巾包著，爬上那面高牆；雖然他的手還是被牆頭的玻璃什麼的割傷，血一直流，可是也被他爬過去逃走。後來，聽說大概是被抓以後一直關在裡面，沒有運動，腳比較軟；結果，跑沒多遠又被抓回來。後來就槍斃了。

所以說，那個時候有很多很優秀的人才，就這樣輕易地損失掉了；眞是可惜啊！

曾文華先生說到這裡，情緒抑制不住地波動起來。他沈默了一會兒，然後又勉強自己繼續說下去。

## 結案

**曾文華**：到軍法處之前，特務都騙我們說：「啊，你這個沒有事啦！你只要交代一下就沒有事啦！你這個很輕很輕的啦！……」據我所知，有很多人或者被騙，或者受不了苦刑，不管有的沒的，統統都交代出來了。一旦送到軍法處，大家才知道，這根本不會像特務講的沒有事！軍法處，就是要按照我們以前講的「口供」判刑的地方，不是沒有事的地

曾文華（後排右三）在綠島。

方。

結果，他們說：我在學校參加的學生自治會，就是參加「叛亂組織」！我這案子就算是「學委案」，一共槍斃了十一個青年學生！我們班，連我在內，有四個人因爲牽連所謂「學委案」而被抓去，其中陳水木、賴裕傳和鄭澤雄三人被槍決，就我一個被判十年。每次，一想到這裡，我的心裡就很難過……。

曾文華先生說到這裡又不由自己地低下頭去，然後陷入一陣哀傷的沉默當中。當他把頭抬起來時，我注意到，他的眼睛還含著被他強忍著而沒有流出來的淚水。這時候，曾太太進去廚房，換了一壺新沏的熱茶。曾先生為了轉移自己的情緒，就拿起茶杯，喝了一口茶。然後繼續向我介紹三名犧牲的同學。

## 三個犧牲的同學

曾文華：我認爲，那些犧牲的人都很優秀，眞的，我敢保證說，他們都是很優秀的人才啊！……

陳水木，剛入學的時候，我就感覺他的思想比別人還進步。太平洋戰爭時期，他去日本留學，還沒有畢業，台灣就光復了，他就回來讀師範學院。因爲他到過日本讀書，所以，我覺得，他的眼界比我們還要高一點啦！從交談當中，我發現他對台灣的社會問題及大陸的內戰情況，比我們一般的人有更深的了解。那時候，我們什麼關係都沒有啦，同學是同學，因爲我並沒有和他住同一間寢室，只有上課的時候才在一起，所以，也不是很清楚他具體的活動。但是，大家都覺得這個人不錯，有一種特別的活動能力。

他是一九五〇年四、五月的時候被抓去的。在哪裡被抓的？我也不知道。在軍法處的時候，我們幾個同學才有機會在一起，那時候，大家才知道有哪些人被捕。陳水木被關在第一排的押房，他見到我時還很驚訝地說：「你怎麼

陳水木

也進來了？」我就說：「我怎麼會進來，我也不曉得？」

我在軍法處看到他的時候，他並沒有被刑求啦！在保密局，可能就有。像他這樣的人，在保密局一定很不好過的。後來，他要被槍殺，我也知道；但是，我沒有看到他出去的情形。因爲，後來我們同案的就分做兩批處理，十五年以下的調去新店；那時，大家就多少感覺到，留下來的，大概就是要槍斃的！

接著，我想談談賴裕傳這個人。

賴裕傳是高雄人，中學的時候讀商業學校，所以，他對經濟問題很有興趣，可能也有讀過馬克思主義的政治經濟學。在師院英語科的時候，他又爲了讀原文，和我一起選修德文，做爲第二外國語。那時候，選德文的沒幾個嘛。

在軍法處，有段時間，我們曾經同過房。因爲押房太擠了，賴裕傳的體格又比較嬌小，晚上睡覺的時候，我就把他抱上我們自己做的、用來拉風的吊床，讓他在上面睡。後來，他可能覺悟到自己難逃一死，就交代我說：「如果你能回去，一定要去找我的父母。」最起碼，他希望我把一些狀況讓他父母知道一下。可是，一直到現在爲止，我還找不到他家。因爲他在紀念册上登載的通訊地址，只簡單地寫著：鼓山區稽仁里，這樣而已。

至於鄭澤雄，他是澎湖人，畢業後回到澎湖水產學校教書。他在師院的時候很乖，很安靜；結果，也被判死刑。⋯⋯

## 流放火燒島

「你後來是什麼時候、從哪裡出來的？」我繼續問曾文華先生。

「喔，」他說：「我是從火燒島出來的。」

「那麼，」我說：「請你談談那段經歷。」

賴裕傳

鄭澤雄

**曾文華**：我在青島東路的軍法處看守所和新店分所，湊一湊，前後差不多關了一年。一九六一年的時候，又再調去火燒島的「新生訓導處」。移監的時候，我們的手腳都被綁起來，押到台北樺山車站，然後搭火車到基隆；在基隆港，再搭一艘已經生鏽的美軍登陸艇，載到火燒島。

在船上，他們只發給我們一些發霉的麵包。……當我們到達時，岸上圍觀的老百姓看了都說：「啊！這些軟腳蝦，白皙皙的，怎麼會是……」後來，我們才知道，他們在我們到達之前就先跟那些村民宣傳說，我們是很壞很壞的人！叫他們不可以跟我們講話。可是，這些村民看久了以後就懷疑說：「這些新生很好啊！怎麼……」這樣，老百姓對我們漸漸了解之後，對我們也很歡迎。

那段期間，我們除了勞動之外，平常都要上政治課，讀「三民主義」及一些「匪黨理論批判」的書。經歷了那麼一場政治風暴之後，我對眞理的認識比以往還要渴望。我想，人只有認識到歷史的規律才有辦法了解事物的本質。然而，一般社會科學或人文科學的思想性的書，在那裡是不能看的，爲了認識眞理，我就努力看一些與思想無關的自然科學的書（因爲日文書不准閱讀就讀英文本的數學、化學和物理）。人家說，科學有兩個眼睛，一個是論理學，一個就是數學。而眞理是要通過一步一步地正確思考才能認識的啊！讀這些自然科學的書，也可以鍛鍊我的正確思考的能力。九年期間，每天晚上，我於是在微弱的油燈下讀書。儘管這樣，那些看守還是對我有意見，他們經常威脅我說：「政治課本你不好好的讀，卻在讀另外的書，這就表示你的思想還有問題……」但是，因爲這些書都是通過審核寄來的，我又沒有什麼特別壞的表現，所以，他們也沒辦法找我麻煩啦。

一九六〇年六月初，服滿十年的刑期後，我從火燒島坐船到台東，再搭公路局的汽車到高雄，然後從高雄坐火車回到台中。我太太帶著兩個小孩來車站接我，他們看到我都很高興！我那個女孩子，剛開始我去牽她的時候，還會不好意思呢！

曾文華（後排右三）在火燒島的樂隊。

## 望君歸來二十年

當訪談進行到這裡的時候，彷彿一場在恐怖的氣氛中進行的戲劇，在主人翁熬過種種生離死別的悲情折磨之後，到了戲要結束的時候，終於因為他勇於抵擋那一波又一波的考驗而走到了峰迴路轉的轉折點。曾文華先生的情緒似乎也隨著他自己敘述的歷史進程，走出了哀傷的情境。談著出獄當時，小女兒面對突然返鄉的父親時所表現的羞澀模樣，曾文華微微地笑了起來。陳足女士也跟著露出了溫暖的笑容。

我於是再次轉問陳足女士：「先生不在期間，帶著兩個幼兒的您，這日子是怎麼熬過來的？」

她依然微微地笑著回答我的問題：「他到火燒島以後，因為路途實在太遠了，我又帶著兩個小孩，家裡的長輩也說：一個女人家，去那麼遠的地方，不好！所以，我就一直沒去看過他。我們就用寫信的，互相安慰來安慰去的；有時候，就寄一些小孩子的照片，給他看。」

「這十年，」我問：「您們的生活怎麼辦？」

她平淡地說：「生活上，因為家裡的長輩都很好，有在照顧我們，所以，還不成問題。我為了多賺一點零用錢，有時候可以給他寄一些書，寄一點錢去，就去學燙頭髮。學

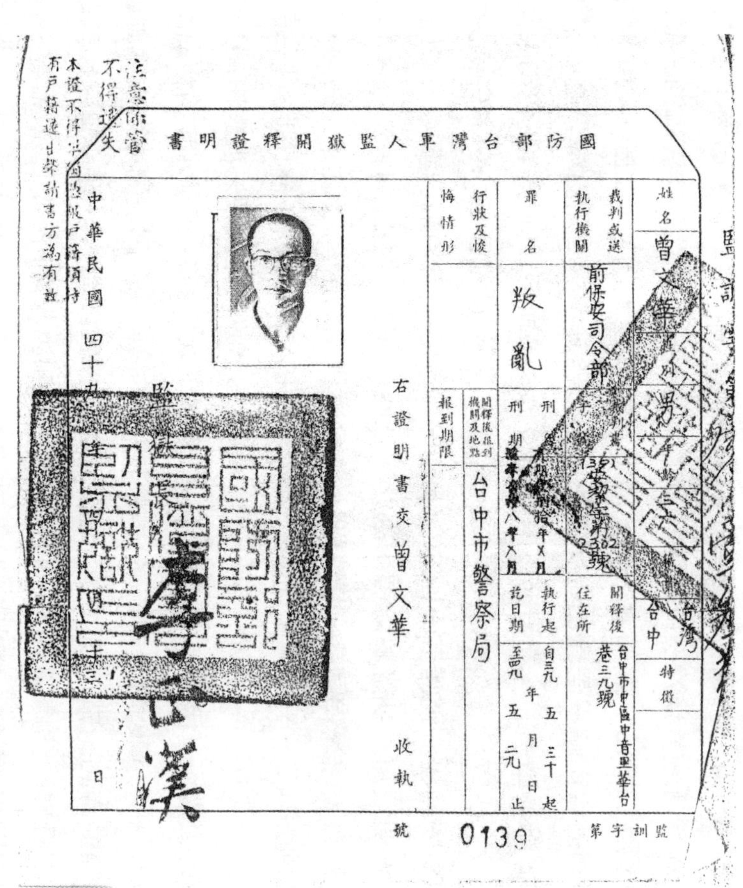

國防部台灣軍人監獄開釋證明書

| | |
|---|---|
| 姓名 | 曾文華 　性別 男 　籍貫 台灣台中 |
| 特徵 | |
| 裁判或送執行機關 | 前保安司令部 |
| 字號 | (39)安潔字判 2302號 |
| 罪名 | 叛亂 |
| 刑期 | 有期徒刑拾年X月 [illegible]八年八月 |
| 開釋後住在所 | 台中市中區中育里華台巷三九號 |
| 執行起訖日期 | 自三九年五月三十日起 至四九年五月二九日止 |
| 開釋後報到機關及地點 | 台中市警察局 |
| 報到期限 | |
| 行狀及悛悔情形 | |

右證明書交曾文華收執

監獄 [illegible]

中華民國四十九年 [illegible] 月 [illegible] 日

注意保管不得遺失

本證不得作為[illegible]戶籍須持有戶籍遷出[illegible]請書方為有效

監訓字第0139號

1960年5月29日刑滿出獄

了一個月而已，還不是學得很好，就到農村，幫人家燙頭髮了。這十年的日子，當然是過得很艱苦啦！如果碰到孩子生病還是怎樣，就更辛苦，經常整個晚上都睡不著。而且，那時候，像我們這種身分的人，雖然偶爾會有一兩個人對我們不錯，同情我們；但是，我們在社會上通常都被人家瞧不起。那十年，對我來說，的確是很難過啊！」

「那他有沒有寫信要您再嫁？」我故意問她。因為，據我所知，有許多政治受難人為了不連累妻小，會主動要求離婚或叫老婆改嫁。

「沒有啦！」陳足女士笑著替曾先生辯解說：「他不會這樣啦！已經有兩個小孩了，他不會這樣做。而且，我想說，他也不是當小偷，或是做了什麼殺人放火的壞事，我不能說就這樣不等他；所以，不管日子再怎麼艱苦，我還是眼淚當飯吞，忍耐下去，把兩個小孩帶大，等他回來。經過那麼久的時間，有那麼多人死去，他能夠平安回來，我當然很高興呀！就帶著兩個小孩，去車站接他。」

「嗯，我是很感謝她啦！」這時候，曾文華先生插進來說：「那個時候，我們難友裡頭就有好幾對夫妻鬧婚變的；但是，大部分的女人還是很忍耐啦！這個非常辛苦喔！你想看看，先生在監獄裡，她們在社會上就是遭人白眼，讓人看不起，也要忍耐啊！那個時代，說到政治犯喔，那是比什麼殺人犯還要讓人害怕，讓人看不起啊！人家如果朝我們臉上吐口水，我們也只好擦掉。當時的社會就是這樣嘛！可她就這樣等了我十年，我是真的很感謝她啦！」

「那麼，小孩呢？」我感到好奇地問說：「他們能接受這樣的事實嗎？」

「小孩沒什麼問題啦！」曾文華說：「我內人從小會教他們，而且，我一直有給他們寫信，回來以後，隨著他們年齡的增長，我也會適當地告訴他們一些歷史；所以，他們都能接受我。現在，我有一個男孩子在鹿谷農民醫院做醫生；過去，我常常跟他講：做醫生不是為了要賺錢，要有道德，對病人要有愛心，這樣才好。所以，他在那裡也很受歡迎。」

曾文華與陳足

## 無怨無悔

「最後，想請問你一個不是問題的問題；」我向曾先生說：「那就是，你會不會有一種要報仇的心理？」

「不是說完全不會啦！」曾文華笑了笑，說：「可是，像我們這些五〇年代的政治受難人，基本上，都是希望社會更有公平正義的人；我們年輕時候會去坐牢，也是因為我們都希望社會要更好。所以，雖然大部分人都坐了十幾、二十幾、甚至三十幾年的牢；但是，我們很清楚，這是國家內戰下的時代造成的結果，只是我們剛好就是承擔這種惡果的犧牲者，如此而已！所以，我們心裡不會對個別的人有什麼仇恨心。你要是說，一個沒有什麼思想和理想的人，像我們這樣突然被抓去關、抓去殺的話，對他們來說，那真的是很恐怖的！而且，那種恐怖會讓他或他的家屬後來一直充滿怨恨，想要報仇的，我相信。然而，因為我們有一個理想，一個看得到的理想，心裡就比較安穩踏實。……我不是說我多有理想，我只不過是個很普通的理想主義者而已。」

採訪時間：一九九七年三月二十八日
採訪地點：台中市曾宅

# 四六事件大事年表

## 一九四五年

11・15 台北帝大接收完畢。

11・20 國府行政院國務會議通過台灣大學設置案。

12・25 台大首次招生放榜，錄取三十六名。

## 一九四六年

03・22 台大醫學院職員要求發給正式證書而發動罷診。

03・25 台大第二附屬醫院呼應第一附屬醫院罷診。

05・ 台灣省立師範學院創立，聘李季谷先生爲首任院長。

05・10 據中央社電，台大擬於秋天招收新生每系十名，內地各省學生共招一百名。

06・05 師院校印啓用，並以此日爲校慶。

08・ 師範學院招生。

08・13 行政院會通過陸志鴻接掌台大。

09・師範學院正式授課，計有教育等七學系、公民訓育等九個專修科（四年制）及一年制的專修科一班。

12・20 抗議日本東京澀谷事件裁判不當，台北學生冒雨集會，要求陳儀代表國府促進對日交涉。

12・24 北京美軍強姦北大女生沈崇。

## 一九四七年

01・07 省立商學院正式併入台大，改制為台大法商學院。

01・09 以台大為中心的「台灣省學生界抗議美軍暴行委員會」，示威遊行抗議美軍暴行。

05・04 上海學生舉行「反飢餓、反內戰、反迫害」的示威遊行，運動迅速擴大到南京、杭州等大中城市，並遭到國民黨軍警野蠻鎮壓，造成「五・二〇血案」。台北學生深表同情與憤慨。

師院學生要求當局「改善生活」。

07・師院「改善生活委員會」與省府談判成功，除提高師範生的公費待遇之外，每個學生並獲發制服一套。

09・ 師院增設圖畫、勞作專修科一班，一年制與二年制先修班各一班。

## 一九四八年

01・14 教育部長朱家驊訪台。師院學生會組織同學到松山機場「歡迎」，要求將師院由省立改爲國立；但朱避而不見。

01・15 朱家驊視察台大，學生在「歡迎朱部長大會」上，高喊「提高經費」等要求。

02・18 台大中文系主任許壽裳遇害。

春天 師院實行民主選舉學生自治會主席，鄭鴻溪當選第一任主席。

04・07 上海《文匯報》刊載台大一內地生「要求公費待遇」的投書，呼籲「台大同屬國立大學，請勿與國內有懸殊」。

04・19 陸志鴻校長辭職，莊長恭繼任。

05・04 師院學生自治會舉行「五・四紀念晚會」，並首次在師院校園扭秧歌。台大學生在新生南路宿舍舉辦「五・四營火晚會」，宣揚「五四」運動的精神。

06・ 師院院長李季谷調掌浙江教育廳，由省教育廳副廳長謝東閔兼任院長。

06・19 京、滬、杭、華北、昆明、重慶等地學聯，發起成立全國性學聯；七月十日，

07・04 「中國學生聯合會」正式成立，台灣包括在內。
台大一百五十餘名教授、副教授（包括雷石楡等人）未獲聘書，等候校方裁示。

08・02 台大被解聘教授增發三個月薪津。

08・18 台大學生自治聯合會討論校務問題，並發表〈告各界人士書〉

09・ 師院增設體育、音樂、藝術三學系，並改公民訓育科爲教育科。
秋天，師院學生反對訓導處檢查學生宿舍。

10・ 台大學生反對續招轉學生。
同年秋天，國民黨任命原青年部副部長鄭通和擔任台大訓導長。
台大當局要求學生社團於年底前向訓導處登記。

## 一九四九年

01・07 台大學生自治聯合會要求改善公共汽車管理辦法，憑證半價。

01・13 聯勤總部徵調台大醫學院畢業生二十一人。

01・15 師院「台語戲劇社」改編曹禺的〈日出〉爲四幕劇「天未亮」，演出兩天。

01・18 師院「台語戲劇社」假該校舉行「天未亮演出座談會」。

01・19 傅斯年就任台大校長。

02・02 師院愛好文藝學生發行《龍安文藝叢刊》，自二月起每月出版一本叢書。

02・04 省政府命令台銀，停止辦理內地匯款來台業務。

台大麥浪歌詠隊在北一女中大禮堂公演兩天。

02・08 麥浪歌詠隊一行抵達台中市，展開全省巡迴演出。

02・17 台大自費生發表宣言，要求配米、貸金及比照立委之例開放省外匯兌，以解決饑餓問題。

02・ 師院「改善生活委員會」要求：自新學期起，公費金按照物價的提高指數發給；因為與省府的談判艱難，委員會決定要宣布罷課；省府終於答應委員會的要求。

03・05 中華全國學生第十四屆代表大會在北平召開，決議成立「中華全國學生聯合會」。

03・14 師院學生自治會改選活動開始，二十一日報名截止，二十三日下午發表競選演說，二十四～二十五日投票，二十五日下午開票。

03・20 台大、師院學生數百人，因警員處理學生違警事件不當，前往第四分局交涉。

03・21 台大、師院學生數百人，因警員處理學生違警事件不當，列隊前往市警局請願。

兩校學生自治會共同發表：〈敬告各界〉書。

師院學生自治會發放省府補發之公費金。

03・24 《公論報》刊載署名「一警員」的投書，駁斥學生的說法。

《公論報》針對此一學生與員警的糾紛，發表題爲〈青年運動〉的社論。

03・29 台大、師院兩校學生自治會，在台大法學院操場，舉行慶祝青年節的營火晚會，並宣布籌組全省性的學生聯合會。

04・01 南京政府派張治中爲首的和平代表團，北上議和；南京各大專院校近萬名學生，齊集總統府門前，舉行一場堅決反對內戰的集會遊行，結果卻是遭到軍警血腥鎭壓的「四一慘案」。

台大文學院大選結束，麥浪歌詠隊隊員王耀華組成的內閣，以七十比五十九的票數當選。

台大文學院「星雲社」發起校本部、法、醫學院三處壁報交換，輪迴張貼運動。

台大學生自治會在工學院四號館設「大家談」，以補沒有「民主牆」之失。

台大學生自治會服務股自本學期起，接辦本部食堂，分包飯和賣飯兩組。

04·04 中共中央發表〈南京政府向何處去？〉

04·05 師院校方突然接到上級通知，清明節放假一天（以往不放假）。

師院學生自治會主席周愼源被捕脫逃。

警備總部電令台大、師院兩校，拘訊「不法」學生十餘人。

晚上，陳誠、彭孟緝、傅斯年和謝東閔就稍後的逮捕行動，在陳誠家開會。

傅斯年向彭孟緝請求，「不能流血，若有學生流血，我要跟你拼命！」

04·06 警備總司令部拘捕師院學生，約二百人被捕及自動隨車受捕，是爲「四六事件」。

警備總司令陳誠針對逮捕學生的行動發表「整頓學風」的談話，宣稱此種措施是「爲青年前途及本省前途計，實出於萬不得已」。

省府電令師範學院：「即日停課，聽候整頓，所有學生一律重新登記」。

楊逵因〈和平宣言〉被捕。

04·07 台灣省參議會駐會委員會針對學生被捕事件發表四點談話。

台北市各級學校家長會，爲擁護政府整頓學風，發表〈告各家長及在校同學書〉。

師院成立「整頓學風委員會」，並指定劉眞爲主任委員。

省府發表任免令：謝東閔請辭師院院長兼職照准，聘師院「整頓學風委員會」主任委員劉眞暫行代理院長之職。

04・08 據報載，警總已備文將周自強等十九名「拘訊」學生，移送台北地方法院檢察處，依「法」處理。史習枚（《新生報》「橋」副刊主編歌雷）與董佩璜二人也已另案移交法院。另外，台大學生十二名，師院學生一〇五名，也已通知家長，領回管教。

省府主席陳誠在省府第九十三次例會上指示有關單位，研擬具體辦法，「解決學生出路問題，並改善教職員生活」。

省教育會發表〈告教育界同仁書〉：「擁護省政府整頓學風，重建台灣優良學風」。

台大學生組織「四六」事件營救委員會。

台大、師院兩校學生採取休課行動，以示抗議；但教授仍照常上課。

04・09 據報載，警總已清理完畢師院被捕學生，「少數送法院辦理，百餘交家長領回」。

陳誠在中山堂邀宴傅斯年以降台大教授一百七十餘人，闡述整頓學風問題；

傅斯年與幾名教授代表等致詞，表示贊同。

師範學院整頓學風委員會舉行第一次會議，積極進行整頓以期早日復課。

「台灣學生控訴四五『暴行』聯合會」發表〈告全國同學同胞書〉，控訴陳誠的暴行。

04・11 劉眞接長師範學院。

陳誠在中山堂邀宴師院全體教授，說明「整頓學風實非得已」。

04・12 台北地方法院檢察處首次偵訊「涉案」學生，問畢仍還押看守所。

警備總司令部公布處理「學潮」經過。

04・13 師院學風整頓委員會訂定「學籍重行登記辦法」，經甄審合格者始得重行取得學籍。

04・15 台大學生自治會舉行記者招待會，報告四月六日所發生事件的情形，並表示營救被捕同學的工作重點在於訴訟問題，希望當局早日依法辦理，各界主持主義。

台北地檢處首席檢察官告訴《中央日報》記者：此一學生案件，牽涉各方很多，偵察費時。

04・16 師院學生重行登記學籍的第一天，總計有二百二十四人登記。

04・19 師院學風整頓委員會公告，五月一日可正式開學。

據報載，師院宿舍雖已開放，但返宿者僅及原來人數的五分之一，學生均有「不堪回首」之感。

04・20 南京攻府拒絕中共所提〈國內和平協定〉（最後修正案）。

04・21 中共中央向人民解放軍發出〈向全國進軍的命令〉。三路渡江。

04・23 南京解放。

04・25 師院學生重行登記學籍截止。

04・27 師院學風整頓委員會開始辦理學生註册事宜。

04・29 師院正式復課。

05・01 台灣全島實施戶口總檢查。

省主席陳誠就任國民黨台灣省黨部主任委員。

05・10 署名「台灣全省大中學生聯合會」的團體針對「四六血案」發表〈告全國父老兄弟姊妹們〉的宣言，揭露「國民黨反動政府戰犯陳誠」迫害學生的「罪行」，並呼籲台灣十萬大中學生團結在「學聯」的組織下，「爲台灣的徹底解放而奮鬥，爲新民主主義新中國的建設而努力向前！」

05・19 台灣省政府、台灣警備總司令部宣告：自二十日起全省戒嚴，基、高兩港宵禁。

05・24 立法院通過「懲治叛亂條例」。

05・25 上海解放，蔣介石政權退守台灣。

05・27 警備總司令部發布戒嚴時期法令，防止非法行動，管理書報，非經許可不准集會結社，禁止遊行請願、罷課、罷工、罷市、罷業等一切行動。

05・28 警備總司令部頒布「出境登記辦法」。

06・07 省教育廳核定外省來台寄讀生可取得正式學籍。

07・31 警備總司令部決定肅清「匪諜」。

08・18 台大法學院畢業生王明德被捕，供出「台大法學院支部」組織，學生多人陸續被捕。

09・15 傅斯年向《中央日報》記者談「辦台大的目的與願望」時指出：「台大還在清理階段」。

09・ 師院原有的教育、國文等九個專修科，奉教育廳令，即予停辦。

## 一九五〇年

05．10 前台灣省保安司令部以「涉嫌叛亂」之由，陸續逮捕台大及師院學生四十幾名，其餘學生聞訊紛紛展開長達幾年的逃亡生涯。

11．29 師院學生陳水木等十八人被槍決，其餘被捕學生分別判處十五年以下不等刑期。

# 《天未亮》後記

一般認爲，一九四九年的「四六事件」是台灣五〇年代白色恐怖的濫觴。正因爲如此，在長期的反共戒嚴體制下，此一影響台灣學界與文藝思潮極其深遠的歷史事件，就像二二八及五〇年代白色恐怖的歷史一般，成爲台灣社會不敢碰觸的的隱疾。在這樣那樣的政治禁忌之下，這個歷史事件也就成爲人們聽之彷若天方夜譚般地歷史神話。儘管人證、史料俱在，可對年輕一代的台灣學子來說，它卻是一段不曾聽過，也無從打聽的校園神話。

回想起來，我開始知道台灣曾經有過那麼一場驚天動地的校園學生運動，應該是在八〇年代初葉的事了。而我基於「做爲台灣人當知台灣史」的認知，開始尋訪這段被湮滅的台灣人與台灣史，應該是在探觸到台灣近現代史禁區——五〇年代白色恐怖——的一九八七年吧！

然而，眞正比較具體深入地認識到「四六事件」的內容，卻已經是一九九〇年四月的事了。那時候，爲了尋訪二二八的歷史證言，我第一次到北京採訪流亡大陸的歷史見證人吳克泰、陳炳基等人；同時，也通過當年台大學生自治會聯合會主席方生（本名陳實）所提供的一篇文章，第一次系統地讀到關於「四六事件」的報導；這篇文章題爲〈一九四九台北四・六學生運動〉，作者署名「一貫」，原載一九七五年四月的美國《台聲》雜誌第五期。

後來，我又在台北、台中、嘉義、台南、高雄、屏東、京都……等地陸續採訪了盧兆麟、張以淮、孫達人、朱商彝、曾文華……等「四六事件」受難者；一直到一九九九年九月廿四日，在上海採訪了原師院英語系學生朱乃長後，關於師院（今師大）部分的「四六」證言採集工作，才告一段落。

收錄在《天未亮》一書的歷史證言，就是這十年來四處尋訪所得關於師院部分「四六事件」實況；至於台大的部分，我將在下一本題爲《麥浪歌詠隊》的書中呈現。

最後，這本書的完成要感謝書中諸位接受採訪的前輩，提供我密集採訪條件的T.V.B.S.的葛福鴻小姐，以及幫忙整理錄音初稿的劉小書、甘惠如、宋文揚與林靈等小姐先生。

希望這本書的出版對人們認識被湮滅的台灣史有一點貢獻！

藍博洲　二〇〇〇年二月廿九日，苗栗五湖

台灣歷史館 12

**天未亮** 追憶一九四九年四六事件（師院部份）

**著者** 藍 博 洲
**文字編輯** 林 美 蘭
**美術編輯** 王 志 峰
**校對** 郭 玉 敏 、 藍 博 洲 、 林 美 蘭

**發行人** 陳 銘 民
**發行所** 晨星出版有限公司
台中市工業區30路1號
TEL:(04)3595820 FAX:(04)3595493
E-mail:morning@tcts.seed.net.tw
http://www.morning-star.com.tw
**法律顧問** 郵政劃撥：22326758
**製作印刷** 行政院新聞局局版台業字第2500號
**初版** 甘 龍 強 律師
知文企業（股）公司 (04)3595819-20
西元2000年4月30日

**總經銷** 知己有限公司
〈台北公司〉 台北市羅斯福路二段79號7F之9
TEL:(02)3672044 FAX:(02)3635741
〈台中公司〉 台中市工業區30路1號
TEL:(04)3595819 FAX:(04)3595493

**定價380元**
（缺頁或破損的書，請寄回更換）
ISBN 957-583-854-8
Published by Morning Star Publishing Inc.
Printed in Taiwan

國家圖書館出版品預行編目資料

天未亮：追憶一九四九年四六事件（師院部份）
藍博洲著.－－初版.－－臺中市：晨星發行；
臺北市：知己總經銷，民89
面；　公分.－－（臺灣歷史館；12）

ISBN 957-583-854-8(精裝)
1.學生運動—臺灣　2.政治運動—臺灣

527.86　　89003009